沖縄／暴力論

西谷 修・仲里 効 編

未來社

沖縄／暴力論　目次

はじめに　西谷修　7

第一部　シンポジウム

一　「集団死」の特異性　間宮則夫＋仲里効＋米谷匡史＋西谷修　司会：中山智香子　17
はじめに　17　沖縄戦と「集団自決」の記憶　19　「反復帰」論・沖縄自立論の登場　21　『それは島』の文脈　27　証言とイメージの不在　34　生と死の分断線　39　加害／被害の重層関係　45　「愛ゆえに」を超える　51　大江・岩波裁判の争点　56　映画の批判力　60　「島」とは何か　63　一般性と特異性　69

二　暴力とその表出　目取真俊＋仲里効＋西谷修＋真島一郎　司会：中山智香子　72
沖縄と日本の縫合線　73　沖縄と暴力　77　「エネミー」の哲学　81　歴史をめぐる闘い　87　暴力を読み解く／神話・耳・場所　98　主体化のパラドクス　108　日常の見えない暴力　113　「暴力論」のジレンマ　119　九・二九、「暴力論」を超えて　121

『それは島』再訪　127
間宮則夫監督へのインタビュー　127
島人の証言でつづる渡嘉敷戦　134
島の老人たち（間宮則夫）　153

〔年表〕沖縄戦の記憶／記憶の戦争（米谷匡史編） 157
上映映画作品覚書 161

第二部　論考集

ブルー・ヴァリアント──『聖なる夜　聖なる穴』の迷宮から　仲里効 165
揺らぐ梅澤証言──「正論」二〇〇八年四月号　藤岡論文を読む　目取真俊 188
否認の政治と窪地からの声　土佐弘之 201
沖縄と開発の暴力　中山智香子 215
寡黙、吃音、狂気──〈反復帰〉論の言語と文体をめぐる覚書　中村隆之 230
軋みと閃光　米谷匡史 248
沖縄・揺れる活断層　西谷修 252
ひと房の〈共出現〉──あとがきにかえて　仲里効 261

装幀――岸顯樹郎

沖縄／暴力論

はじめに

二〇〇七年は沖縄の日本復帰三五年目にあたっていた。この数字にはとくに節目の意味もないが、沖縄の「復帰」に関しては、時が経つにつれて癒合してゆく体の一部のようにではなく、むしろ老朽化とともにそこかしこに亀裂や剝離を起こす原発施設のように、とめたはずの接合部がいつまでも軋みを立て、そのつど社会的な異和が表面化する。だから沖縄は、いつまで経っても、というより時が経てば経つほど、年ごとに「復帰」の齢を数えなおさねばならない。

とりわけ二〇〇一年以降、米軍の世界再編が進行するなかで、新たな国際秩序のうちに日本国家がアクターとしての位置を取り直そうとするに際して、沖縄は二重にクローズ・アップされてきた。というのは、沖縄は行政的に日本に帰属してはいるが、同時に米軍のアジアにおける最重要拠点として、その世界戦略のなかに位置づけられているからだ。そしてこの二重性にかぶさるようにして日米安保体制が成り立っている。だからここ数年、日本がこの新たな軍事秩序に参画すべく（米軍傘下であれ、違う見通しのもとであれ）国家態勢を整えようと動きを急にするなかで（教育基本法の改変や憲法改変プロセスの整備、防衛庁の省昇格などとして顕著になっている）、その最大のネックとして沖縄が浮かび上がってきた。

戦争を介して沖縄は、日本に統合されたり、独立回復の「質」に入れられたりしたあげく、ベトナム戦争で米軍基地がフル回転するなか一九七二年に日本に「復帰」することになった。けれども沖縄と日本との「縫合線」がつねに軋みを立てるのは、この「復帰」の性格によっている。沖縄の住民が求めたのは、軍事支配や基地の島からの脱却と人びとの自立的地位だったが、近年公開されたアメリカの外交文書からも明らかなように、沖縄の施政権返還は、日本政府の「領土回復」という政治的成果と、米軍基地の「支障なき運用」を取引するような内実をもっていた。この沖縄住民の願望と日本国家の意図とのずれは、「復帰」以後、莫大な「復興資金」の札束でブルドーザーにかけられ整地されてゆくが、そのずれは埋もれた活断層のように、圧力が鬱積すればするほど大地を軋ませることになる。

こうして起こる軋みを、九・一一以後の世界は、加速すると同時に照らし出しもした。イラク戦争に「占領と民主化」という沖縄の経験が二重写しになっただけではない。アメリカが唱えた「テロとの戦争」は、暴力を独占しそれを法のもとに置いて制御するという国家の遵法性のたがをはずし、「敵」と名指したものを無制約の暴力で抹消する戦争を正当化するようになった。この戦争の背後で語られる「力の論理」あるいは「強者の権利」とは、独占的かつ恣意的な暴力への厚顔な居直りでしかなく、国家の特権とされる戦争が、法度無用の暴力以外の何ものでもないことをあからさまにする。事実、最強国の発動したこの「戦争」は、「見えない敵」を想定することで、無差別的破壊や殺戮、捕獲者の特殊収容所への移送、拷問・虐待、権力によるあらゆるスパイ行為や検閲や予防拘束等を、「安全」の名のもとに一挙に解禁したのである。

この状況の現出に、多くの人びとがカール・シュミットの十八番である「例外状態」を想起したのは場違いではなかった。「例外状態」とは法の「例外的」停止状態であり、剝き出しの力（つまり暴力）の行使がそのつどの法の執行たりうる状況、ベンヤミンの「暴力批判論」の観点を重ねるならば、「法維持的暴力」がみずから無法を蔓延させてゆくような状況である。当然ながらそこでは、国家の法秩序や政治権力行使の正当性の根拠が問われることになるが、それは同時に法の根拠の「無」があらわになるときでもある。そしてこの問題系の発端には、ジョルジュ・ソレルが国家権力にたいする対抗暴力としてのストライキの正当性をめぐって、『暴力論』（上・下巻、岩波文庫、二〇〇七年）として提起した議論があった。

労働運動や社会運動のもつ力の発現は、国家機構による防衛や弾圧と衝突する。ストライキやデモが物理的には何ものも破壊しなくても、それは発現することですでに脅威と侵害とをもたらすとみなされる。何に対して？　既存の社会秩序とその下で進行する生産プロセスに対してだ。だから国家の治安機関はそれを「暴力」（私有財産秩序の侵害）とみなして弾圧する。けれども、さまざまな弾圧にもかかわらず発現するこのような「暴力」は、あらかじめ振るわれる秩序の側の「恒常的暴力」に対する拒絶や抗議の表明という意味をもつ。このような場面では「暴力一般」（「あらゆる暴力に反対」というときのような）なるものは成立しえない。というのは、そこに露呈するのは、相互に「侵害」しあう力と力の正当性をめぐる争いだからだ。

「テロとの戦争」は、国家（あるいは最強国）による武力行使の無制約化（「あらゆる手段を使って見えない敵を殲滅する」）によって、国家権力の発動としての戦争の正当性の足場を踏み抜くとともに、この「暴力論」状況をグローバル規模で透かし見させることになった。そしてこれに「イラクの占領と民主化」という主張が重なると、この図式は他でもない沖縄の半世紀を、いっきょに「暴力論」のプリズムで析出させることになる。「化外の民」の国民化が強行された島、総力戦の極限的暴力の猖獗にさらされた島、軍事占領下という「例外状態」を生きた島、その後も「特例」として巨大軍事力という暴力装置を負った島、そういってよければ、まさに沖縄は日本において「例外状態」を生きてきたのである。

その政治史的な経過については多くが語られてきた。けれどもそれだけではない。国家統合の圧力は、個々人の意識や生存を組織する社会の織り目を通して鬱積し、ときに行き場を失って細胞膜を突き破るかのような内破的な「暴力」として溢出する。それにまた、軍事占領下という掛け値なしの「例外状態」では、人びとの生存は細胞膜を失った脆弱な組織のように、鋼鉄で武装した支配の暴力に日々さらされる。

あるいはまた、日本の主権の空白というある種のアナーキーのなかで、密貿易がもはや「密」ではなく、占領軍の武器や物資の強奪が市民法的な不法行為ではないような（ただしこれは米軍の軍法によって厳しく処罰される）、行動の「自由」の余地が開かれる。そこからたとえば、沖縄の戦後社会を米軍統治と二重化するような、文字どおりインフォーマルな力と配分の社会組成が生じ、戦前には沖縄には存在しなかったというやくざ組織が生まれてゆくといった場面もある。アナーキーな生存状況から素手の暴力を糧に生じたそのような地場組織が、日本の主権回復とともに本土組織に圧殺されまたは糾合されてゆくといったドラマも、「復帰」とともに演じられる。このとき、本土の暴力団は組織暴力規制の圧迫でその「事業部門」を合法的企業に衣替えしており、表向きは港湾事業や建設業の請負業務等を受けもつ企業として、「復興資金」に群がるようになる。そしてそこに政治家の利権が絡めば、今日まで続いてときにマスメディアを賑あわせる、沖縄と本土との見えない「癒合」の関係もみえてくる。

東京外国語大学大学院の国際協力講座を軸とする研究グループは、いくつかの状況の符合から二〇〇一年以来毎年、沖縄関連の研究企画に取り組んできた。この取り組みの発端には、戦争の記憶をめぐる九〇年代からの議論が絡んでいたが、二〇世紀が映像メディアの時代だったことを考慮に入れると、この問題へのアプローチの仕方はかなり変わってくる。映像メディアは人びとの意識のあり方を大きく変えただけでなく、ドキュメンタリーとしてもフィクションとしても、証拠としてもイメージ表現としても大きな役割を果たし、コミュニケーションや議論のあり方をも変えてきたからだ。また他方、これは大学に足場をおく企画だが、よく言われる大学の「社会貢献」とは、作られた社会の動向に雪崩をうって迎合することではなく、むしろそこで打ち棄てられてゆく問題をこそ汲み取り、それをアクチュアルな課題として社会に呈示してゆくことだとする考えから、この研究企画は節目ごとの公開シンポジウムというかたちで展開されてきた。そして毎回そこに、テーマを集約するような映像記録や作品の上映を組み込んできた。

沖縄をめぐるこの一連の企画は、那覇市における『レヴェル5』の上映から始まった。そのとき那覇で上映の機会を設定し、それ以来われわれのかけがえのないパートナーとなったのが仲里効氏である。一九九五年の少女集団暴行事件ののち、斬新な批評的アプローチで「ディープな沖縄」を照らし出す稀有な雑誌「ＥＤＧＥ」を那覇で編集発行していた仲里氏は、その後われわれの一連の企画につねにインスピレーションを与え、東京から投げかける議論の最良の対話者となってくれた。その仲里氏とも協議しながら、「復帰」から三五年目にして日本の変貌とともにひときわ沖縄がクローズ・アップされる年に、これまでの企画の集大成的な意味も込めて、前述のような見透しを下敷きに「沖縄・暴力論　二〇〇七」という総題でシンポジウムを行なうことになった。

本書は、二〇〇七年十一月十日（土）と十一日（日）の二日間にわたって開かれたこのシンポジウムをもとに編まれている。議論を集約するために二つの軸を立て、第一日目は「『集団死』の特異性」、第二日目は「暴力とその表出」をテーマとした。議論の枠組みは企画メンバー間の議論をとおして準備したが、第一日目の枠組み設定の中心となったのは、日本近現代思想史を専門とする米谷匡史であり、第二日目は西谷が主に準備した。じつは、企画メンバーのうちには沖縄を専門的に研究する者はひとりもいない。けれども、それぞれの研究領域の視点から、あるいは個人的な来歴から、それぞれ沖縄に関心を寄せてきただけでなく、沖縄を視野に入れることが、各自の研究に対してどのような意味をもつのかということについても思いをめぐらしてきた。とくに沖縄とのかかわりが新しいメンバーは、このシンポジウムのために並々ならぬ熱意を込めて準備を重ねた。そのためもあって、沖縄から仲里氏と目取真俊氏を迎えて行なったこの二日間の議論は、もちろんこの両人のきわめて刺激的な、あるいは生々しい発言によって支えられた部分が多いが、全体として十分に公開にたえる密度をもっていると自負している。

なお、この議論の理解のために資料的に付した注は、元東京外国語大学大学院生の有馬智子の尽力に負っている。

本書にはこれに加えて、シンポジウムの議論を補完する七篇の論考を収録した。目取真氏は「集団死」への日本軍の関与をめぐる教科書検定問題の背後にあったいわゆる岩波・大江裁判の判決言い渡しを受けて、控訴した原告側の論者への追撃的批判の論を寄せられ、仲里氏は、シンポジウムでは触れられながら深くは言及されなかった桐山襲を本格的に論じ、この作家の黒い水銀のような凝縮に日本近代批判の核心を読み抜く一文を寄せられた。またシンポジウムでは司会に徹して議論には加わらなかった中山智香子は、戦後沖縄の経済状況を概観しつつ、その変容を通して展開された「構造的暴力」のありようを描き出す論考を寄せ、準備には参加しながら日程の都合でシンポジウムに出られなかった国際政治学の土佐弘之は、「集団死」をめぐって繰り返される「否認の言説」が現代世界を浸蝕する現象でもあることを指摘し、そのメカニズムを検証する論を寄せた。さらに、カリブ海クレオール研究の中村隆之が、「復帰」をいわば歴史として知った世代からの「反復帰論」へのアプローチの試みを呈示する好論を寄せた。西谷の論はこのシンポジウムを念頭に「ＵＰ」（東京大学出版会）に発表した一文に加筆訂正したものであり、米谷の一文はシンポジウム直後に刊行された「世界」臨時増刊号（「沖縄戦と『集団自決』」）に発表したものの再録である。

最後に特筆すべきこととして、この企画の準備過程でわれわれは、仲里氏の著作をとおして知った一九七一年の映画『それは島』を製作した間宮則夫監督と出会い、この貴重な作品とも出会い直した。そのため今回は、初日に『レヴェル５』とともにこの作品を上映し、「復帰」前後に「集団自決の島」に映画作家として向き合った間宮監督を迎えて議論に加わっていただいた。これを機縁に三五年の「眠り」から覚めたこの作品は、今年の沖縄全戦没者慰霊祭を前に宜野湾市の佐喜真美術館で上映され、仲里、目取真両氏によって沖縄で論じられる運びになったが、この作品に関連する貴重な資料を本書に収録させていただくことにした。

なお、二日目には間宮監督のもうひとつの作品『沖縄』と、今回の「暴力論」という総題のいささか生々しいエンブレムとして、中島貞夫監督の『沖縄やくざ戦争』を上映した。

本書は、ここ数年にわたる本土と沖縄との往還をとおした「縫合線」の分有の果実として、研究グループ代表の西谷と仲里氏との共編で上梓することとした。その経緯と「共」の内実については、仲里氏による巻末の一文を参照されたい。シンポジウムの企画者としてより、この本の編者として言うならば、ここに収録した一篇一篇の論文もさることながら、シンポジウムでの各人の発言はまた、それぞれ一篇の論文に匹敵するような内実をもって交差していると思われる。少なくとも「暴力論」というテーマ立ての核心に触れる議論がそこでは交わされている。それが企画者の自己満足でないことを願いつつ、この議論が沖縄に関心を寄せる多くの人びとに分有されてゆくことを願っている。

本書の発端となったシンポジウムは、科学研究費補助研究（基盤B）「戦争・経済・メディアから見るグローバル世界秩序の複合的研究」の一環として行なわれたが、この学術的実践研究の社会的意義を評価され、このような形で出版する機会を与えられた未來社社主の西谷能英氏に深く感謝したい。

二〇〇八年七月一日

西谷　修

第一部　シンポジウム記録

一　「集団死」の特異性

パネリスト：間宮則夫＋仲里効＋米谷匡史＋西谷修
司会：中山智香子

（二〇〇七年十一月十日　東京外国語大学研究講義棟二階　二二六教室）

はじめに

西谷修　それでは、本日のシンポジウム「『集団死』の特異性」を始めさせていただきます。

まず初めに、ゲストの方々をご紹介いたします。

私の右側にお座りの方が間宮則夫さん、いまごらんいただいた『それは島』の監督です。間宮さんの作品としては、明日もう一本、『沖縄』という映画をごらんいただきます。『それは島』を撮るきっかけになった五九年の作品です。

その隣が仲里効さん。今回の企画で、われわれのテーマ立てに大きなインスピレーションを与えた『オキナワ、イメージの縁（エッジ）[1]』の著者で、二〇〇三年の山形国際ドキュメンタリー映画祭[2]の沖縄特集「琉球電影烈伝」のプログラミングをされた方です。

仲里さんについては、どうも謎めいたえたいの知れないところがあって、私も人の経歴はあまり追求しないたちですが、本を読んでいるといろいろ臭うところもあって、若い頃はアジビラなども書いていたようです。九・一一直後の沖縄米軍基地周辺の様子を撮った『コンディション・デルタ』という映画がありますが、これを作ったチュン・リーという監督も仲里さんだという噂もあります。

われわれ企画メンバーの紹介もさせていただきますと、その隣が米谷匡史、日本近現代思想史を専門にする東京外大のスタッフです。彼はとりわけ東アジアの広域を視野に入れながら近現代日本の思想を扱っていて、昨年、岩波書店から『アジア／日本』という本を出しています。

その隣が、今日と明日を通して、司会と議論の整理を担当する中山智香子です。専門はヨーロッパの経済思想、とくに二〇世紀経済思想の銀座ともいえる大戦間期ウィーンを中心に研究しており、現在のグローバル世界を経済思想の観点から照らして、われわれの共同研究の大きな枠組みをつくることを担当しております。

そして私は西谷修と申します。この大学でグローバル・スタディーズという科目名で、グローバル化した世界の諸問題をまとめて考えようということをやっております。もとは二〇世紀フランス思想が専門で、世界戦争の問題を扱っていたら何でも呑みこまざるをえなくなったということです。

ついでに、簡単な紹介だけさせていただきますと、そちらにいますのが今回の企画のもう一人のスタッフで、真島一郎です。文化人類学でフランス語圏アフリカ、とくにコートジボワールなどの地域研究をやっており、われわれが大変頼りにしている、私などからすると「若い」スタッフです。明日の議論に参加します。

沖縄戦と「集団自決」の記憶

司会（中山智香子）　それでは、これからシンポジウムを進めさせていただきます。
　まず、年表をご覧ください。「集団死」というもののとらえ方とその特異性を考えるために、まず基本的事実を確認しながら、年表を作成した米谷さんから説明をさせていただきます。

米谷匡史　先ほど上映された間宮監督の『それは島』では、島の人びとにカメラが迫ろうとすると、拒絶されたり、沈黙されたり、はぐらかされたりという様子が描かれていました。「集団自決」の問題は、深い闇をはらんで込みいっていますので、そこに分け入っていくのはとても難しく、外部の者には簡単には立ち入れない領域があります。
　この映画は一九七〇年に撮られたわけですが、「復帰」を前にして沖縄／日本が揺れうごき、厳しい局面をむかえていた転換期の一九七〇年前後に、「集団自決」というキーポイントに迫った映画として、とても重要な位置を占める作品だと思います。

（1）未來社、二〇〇七年。雑誌「未来」の二〇〇四年五月号〜二〇〇六年七月号に「1972オキナワ　映像と記憶」の総題で連載された論考をもとに書かれた。沖縄映像論であるとともに、一九七〇年代の「反復帰論」の系譜につらなる思想的作品。二〇〇七年度の沖縄タイムス出版文化賞正賞を、岡本恵徳『「沖縄」に生きる思想』とならんで受賞。

（2）一九八九年以来隔年開催されているドキュメンタリー専門の国際映画祭。二〇〇三年には「沖縄特集・琉球電影烈伝／境界のワンダーランド」が特集プログラムとして組まれ、仲里効がコーディネーターとして深くかかわった。また、これがイラク戦争の年でもあり、山形映画祭と連動して東京外国語大学で特別企画「沖縄、未来のドキュメンタリー」が開催され、三〇本あまりの沖縄関連の映画が上映された。

これから討議に入る前に、簡単な導入として、年表「沖縄戦の記憶／記憶の戦争」をご覧いただきながら、この映画が占める位置をまず確認したいと思います。

「復帰」前後の一九七〇年という時期は、沖縄と日本（本土）が、摩擦をかかえながら出会いなおす節目の時期でした。沖縄が近代日本への併合以来抱えてきた矛盾の集約点として、沖縄戦と「集団自決」があり、四半世紀の米軍占領をへて、再び日本に「復帰」するという転機をむかえたのが一九七〇年前後でした。この時期に、沖縄戦と「集団自決」の記憶が想起され、厳しい論議をひきおこしましたが、その情況に立ち会うかたちでこの映画は撮られたわけです。

年表でもいくつかのポイントを示してありますが、この時期に、日本軍と沖縄の関係が厳しく問い直されるようになりました。ひとつは、この映画の冒頭から問題になっていたように、赤松大尉という渡嘉敷島の戦隊長が、一九七〇年三月の慰霊祭に参加するために沖縄を訪れ、渡嘉敷島に渡ろうとして阻止闘争に直面した事件です。このとき、沖縄戦をめぐる記憶のキーポイントとして「集団自決」が想起されました。そして、赤松大尉自身は、自分は「集団自決」の命令を下していないと主張していましたので、軍命の有無が争点となりはじめた時期でもありました。

そして、もうひとつクローズアップされたのは、日本軍による「住民虐殺」の記憶です。一九七二年五月には、施政権が米軍から日本政府に返還され、沖縄が日本に「復帰」するわけですが、それにあわせて自衛隊が沖縄に進駐し、新たに基地をつくりはじめます。これは、一九六九年の日米共同声明の頃からその準備がはじまっていたものですが、一九七〇年、七一年頃から、日本政府は沖縄に自衛隊を配備するらしいとくりかえし報道されます。当時、防衛庁長官だった中曾根康弘が、その地均しのために沖縄を訪問して（一九七〇年十月）、それに対する抗議行動もおこなわれました。そしてついに、七二年四月から沖縄に自衛隊がやってきた。そういう動きのなかで、沖縄戦における日本軍の記憶が想起されたのです。

そこでクローズアップされたのが、久米島の日本軍（鹿山戦隊長）による住民虐殺事件でした。沖縄の教職員組合などが真相究明の活動をし、「沖縄タイムス」や「琉球新報」が連載記事を組んで大きくとりあげました。「復帰」の節目の七二年五月には、『これが日本軍だ――沖縄戦における残虐行為』（沖縄県教職員組合）というパンフレットも刊行されています。

このように、四半世紀にわたって米軍占領下に置かれ、日本と切りはなされていた沖縄が、自衛隊に名前を変えてやってきた日本軍と再び出会ってしまった。そこで、沖縄戦とは何だったのか、そのとき日本軍は何をしたのか、日本軍と共存したことによって沖縄では何が起きたのかをめぐって、沖縄戦の記憶が想起され、問いかえされたのです。一方では「集団自決」、他方では「住民虐殺」という非常に苛酷な事例ですが、この二つの厳しい記憶が四半世紀をへて想起され、大きな政治的争点になりました。そういう時期に、間宮監督たち一行は渡嘉敷島を訪れ、「集団自決」の問題を取材しました。このように、『それは島』という作品は、一九七〇年前後の転換期に立ち会いながら、その問題の核心に迫ったドキュメンタリー・フィルムであったわけです。

「反復帰」論・沖縄自立論の登場

米谷　その意味を、これからゆっくり討議していきたいのですが、この映画がこの時期に撮られたことが興味深いのは、当時は、「反復帰」論・沖縄自立論が登場する時期であり、このドキュメンタリーはその情況と交差していたと思われる点です。それまで、革新勢力を中心に「復帰運動」が行なわれてきたわけですが、日米共同声明の路線で、米軍基地を温存したまま「復帰」するという現実が迫ってくるにつれて、このまま「復帰」していいのかどうか、みずから「日本国民」になろうとする「復帰運動」とは何だったのかについて、疑問や批判があらわれ、「反復帰」論・沖縄自立論が登場するのがこの一九七〇年前後です。それは、沖縄の「戦後」思想史のなかで、とても大きな意味をもっているわけです。

このように、一九七〇年前後に「反復帰」論・沖縄自立論が立ちあがっていくその現場に、この映画の撮影は立ち会っていたのではないかということについて、今日は考えたいと思うのです。「反復帰」論の代表的な論客として、新川明さん(3)、川満信一さん(4)、そして、昨年亡くなった岡本恵徳さん(5)がいます。沖縄と日本が厳しい出会いを迫られた一九七〇年前後に、再び沖縄戦の記憶を蘇らせ、沖縄戦とは何だったのかを考えることから、日本への併合以来、矛盾を抱えながら生きてきた沖縄の近現代史の全体を問いかえしていく営みとして、「反復帰」論・沖縄自立論が提起されたのではないか。「反復帰」論が立ちあがっていく時期の有名な本として、谷川健一編『叢書わが沖縄』の第六巻『沖縄の思想』(木耳社)があり、一九七〇年十一月に刊行されました。そこに「反復帰」論の論客たちが重要な論文を書いていますが、岡本恵徳が寄稿した「水平軸の発想」という論文のなかに、このような言葉があります。「誤解をおそれずあえていえば、『渡嘉敷島の集団自決事件』と『復帰運動』は、ある意味では、ひとつのもののふたつのあらわれであったといえよう」(『現代沖縄の文学と思想』再録)。

このように、非常に際どい表現を用いながら、同化・皇民化の帰結として、沖縄戦と「集団自決」

まで行き着いてしまった沖縄の近現代史のあり方を、戦後の「復帰運動」と重ねながら批判しています。「復帰運動」のなかにはらまれた、みずから日本への同化を求め、日本国家に呪縛されてしまう沖縄人のあり方を厳しく批判し、そこから解放され自立していく可能性を探るなかで、あえて「集団自決」と「復帰運動」はある共通の根をもっていて、それが二つの形をとってあらわれたものではないのか、と問いかけているのです。

その共通の根とは、近代の沖縄人が、差別から逃れるために日本への同化をみずから求め、日本への憧れをもって内面化してきたようなあり方です。このような沖縄人の「内なる同化志向」こそが、

---

(3) 新川明（あらかわ・あきら）一九三一年、本島中部の嘉手納町生まれ。琉球大学文理学部国文科在籍中に同人誌「琉大文学」に参加、詩や文学評論を発表。五六年、沖縄タイムス社に入社、大阪・八重山等の支局勤務を経て、同社刊行の「新沖縄文学」の編集長や『沖縄大百科事典』（一九八三年）の編集責任者をつとめ、のちに沖縄タイムス社社長・会長を歴任。復帰前後から、日本との「差意識」や「異族性」を論拠に、「復帰」になだれ込む沖縄人の精神構造を問いただす「反復帰論」を展開する。著書に『反国家の兇区』（初版一九七一年、増補版・社会評論社、一九九六年）、『異族と天皇の国家』（二月社、一九七三年）、『新南島風土記』（初版一九七八年、岩波現代文庫、二〇〇五年）など。

(4) 川満信一（かわみつ・しんいち）一九三二年、宮古島生まれ。琉球大学国文科在籍中「琉大文学」に拠って詩作を始める。高校教員を経て沖縄タイムス社に入社。新川や岡本とともに「反復帰論」の論陣を張り、沖縄における天皇制思想を批判して独自の言語論・共同体論を展開した。著作に「沖縄における天皇制思想」（谷川健一編『叢書・わが沖縄6――沖縄の思想』木耳社、一九七〇年）、『川満信一詩集』（オリジナル企画、一九七七年）、『沖縄・根からの問い』（泰流社、一九七八年）、『沖縄・自立と共生の思想』（海風社、一九八七年）など。

(5) 岡本恵徳（おかもと・けいとく）一九三四年、宮古島生まれ。琉球大学国文科で「琉大文学」に参加。高校教員を経て渡日、東京教育大学大学院で日本近代文学を専攻、一九六六年より琉球大学教員。沖縄近代文学の研究を主導するとともに評論活動を続け、反基地や環境問題など住民運動にも貢献、また「けーし風」などの雑誌の編集・刊行にたずさわる。二〇〇六年八月逝去。著書に『現代沖縄の文学と思想』（沖縄タイムス社、一九八一年）、『沖縄文学の地平』（三一書房、一九八一年）、『現代文学にみる沖縄の自画像』（高文研、一九九六年）など。一周忌に友人や教え子によって編まれた『「沖縄」に生きる思想――岡本恵徳批評集』（未來社、二〇〇七年）は、二〇〇七年度の沖縄タイムス出版文化賞正賞を仲里とともに受賞した。

「集団自決」と「復帰運動」の両方を産み出した地盤であるととらえて、それをあえて批判し、えぐりだすことから、沖縄の自立を立ちあげようとする。そういう賭けの言葉を、岡本恵徳は、「集団自決」の記憶を呼び起こしながら書き記したのです。

　このように、一九七〇年前後に「反復帰」論が立ちあがっていく過程で、沖縄戦の記憶、とりわけ「集団自決」事件が非常に重要な触媒となっていました。そして、それを梃子にしつつ、「復帰」という沖縄／日本の摩擦をはらんだ経験を通過するさいに、主体が抱える矛盾をあえてさらけ出しながら、近現代の沖縄人のあり方を問いかえしたわけです。

　そのような時期に、間宮監督たちはドキュメンタリーという方法で「集団自決」の問題に迫っていったわけですが、当時間宮さんが書かれた文章として、「新沖縄文学」[6]一九号（一九七一年三月）に寄稿された「何故私たちは〝集団自決〟を映画にするのか――『それは島』を撮りおわって」があります。それからもう一篇、「青い海」[7]一九七一年九月号に、「集団自決の思想――集団自決の記録『それは島』撮影後書」という文章を書かれています。

　ここで興味深いのは、これらの文章で間宮さんが、人びとの意識のなかの内なる「赤松」という問題を提起している点です。「集団自決」についての責任を自覚しない赤松大尉に見られるような、日本軍の体質を厳しく批判すると同時に、じつは、赤松が命令を下したかどうかそれ自体が問題なのではない、と言うのです。

　赤松大尉が自決命令を下さなかったとしても、代わりに命令を下す他の「赤松」がいただろうし、さらに大胆に言えば、住民個々の意識のなかに「赤松」が存在していたかもしれない、と問いかけています。これは沖縄だけの問題ではなく、日本人全体の意識のなかに「赤松」が存在していた、そして沖縄は、同化の圧力に強く迫られた地域であるだけに、より大きな「赤松」に支配されており、離島であった渡嘉敷島の人びとはさらに巨大な「赤松」に支配されていただろう。そのような人びとの意識のなかに存在する「赤松」なしには、「集団自決」は起きなかったのではないか、ということを論じながら、主体が内面化した内なる「赤松」という呪縛から、いかに解き放たれるかを問いかけていることが、私にはとても興味深く感じられました。

「新沖縄文学」に書かれた方の文章の末尾で、間宮さんは「大和人が、沖縄人が、『共に否定し、乗り越え』なければならないものは何なのか」と書かれています。内なる「赤松」という呪縛からの脱却は、渡嘉敷島や沖縄の人びとだけの課題ではなく、日本（本土）の側の人間の課題でもある。「赤松」に代表されるような日本国家の力に呪縛されてしまい、それをみずから内面化して、国家に従属してしまうような主体のあり方を、いかに批判し克服していくか、その課題に日本（本土）の側から迫っていったことが、この言葉からもうかがえると思います。

ここには、「復帰」を前にして、あえて「反復帰」論・沖縄自立論を唱えながら、日本という国家を内面化し、それに呪縛されてしまう主体の矛盾をあえて批判していった岡本恵徳たちの言葉と、み

（6）沖縄タイムス社発行の季刊誌。一九六六年四月創刊。当初は文芸雑誌として出発、小説「カクテル・パーティー」で六七年沖縄初の芥川賞を受賞した大城立裕をはじめ、沖縄の文学者に貴重な発表の場所を提供。復帰後は新川明のもとで（七五～八一年）「文化と思想の総合誌」へと脱皮、文化活動の拠点となる。七五年に「新沖縄文学賞」を創設、又吉栄喜、目取真俊などを送り出した。九三年五月最終号。

（7）一九七一年四月、津野創一らにより大阪で創刊された月刊誌。「復帰」の激動のなかで生きる沖縄の若い世代（集団就職で本土に暮らす若者）にメッセージを発した。七五年より那覇で発行、「沖縄の郷土月刊誌」をうたう一般向けの総合誌として、多様な視点・角度から沖縄を論じ続けた。一九八五年九月を最後に休刊。

ごとに響きあう言葉が見られます。間宮監督が、ドキュメンタリー・フィルム『それは島』を撮り、これらの文章を書かれたお仕事は、当時「反復帰」論・沖縄自立論が立ちあがっていくその現場に、みごとに立ち会わせていたと言えるでしょう。

これは、この文章が掲載されたメディアからも確認できます。「新沖縄文学」一九号は、一九七一年三月に出たものですが、ちょうどこの号は、じつは「反復帰論」特集の第二弾、「続・反復帰論」という特集号になっています。この前の一八号（一九七〇年十二月）で「反復帰論」というタイトルで特集が組まれ、新川明さんたちが文章を寄せているわけですが、「反復帰」という言葉がクローズアップされたのはこのときだったと言われています。その続編として、この一九号が出されたわけです。

同じ号には、岡本恵徳が池沢聡というペンネームで「沖縄の『戦後民主々義』の再検討」という文章を書いていますし、ほかにも大江健三郎、谷川健一や、比屋根照夫も執筆しています。沖縄と日本（本土）の思想家が、それぞれの立場から沖縄の自立や「反復帰」について考える議論の場が立ちあらわれてきた。先ほど挙げた、『叢書わが沖縄』の第六巻『沖縄の思想』が刊行されたのも、この直前の一九七〇年十一月でした。まさにそのような時期に、この特集号に間宮さんの文章が寄稿されているわけです。転換期であった一九七〇年前後に、「反復帰」論・沖縄自立論が立ちあがっていく現場に、間宮さんのお仕事はみごとに立ち会われていたことが、このようなさまざまな事実からも確認できると思います。

では、私からの導入はこのくらいにして、これから間宮さんのお話をゆっくりうかがいたいと思います。「集団自決」の軍命を削除させる教科書検定をめぐって、沖縄／日本の関係が再び緊迫している現在、この映画が三〇数年ぶりに上映され、このシンポジウムが開かれていますので、一九七〇年前後の当時をふりかえりながら、現在の問題もふくめて、間宮さんに今日は存分に語っていただきたいと思っています。

中山　ありがとうございました。以上、七〇年、七一年と、ちょうど映画『それは島』が世に出るあたりにフォーカスして年表の確認をしていただきましたが、米谷さんが作ってくれたこの年表はさらに続き、八〇年代、九〇年代を経て、現在二〇〇七年に至るまで、論争も含めて整理してあります。このあたりをごらんいただきながら、シンポジウムでもやがて現代の問題にまで引きつけて考えていきたいと思っております。

『それは島』の文脈

中山　さて、ここで沖縄をめぐる年表に、もうひとつの歴史、つまり間宮さんが映画を撮ってこられた歴史を重ねることにいたします。

七〇年代当時の観客からは、難しいという評価が多かったそうです。音だけを聞いていると画面は違うことをやっている。画面だけを見ていると、何か違うことが聞こえてくる。歌が聞こえてくることもある。これは間宮さんの独特のつくり方、撮り方であり、映画に向かうある種の姿勢を、はっきりと映し出されていると思われます。そこで、その姿勢や方法を、間宮さんがどのように形成されたのか、お話を伺いたいと思います。

間宮則夫　とくに映像と音声の違いというのを意識して撮ってきたわけではありません。はじめは映像として、まず七〇年代の渡嘉敷島の島人の日常生活の映像をとらえる。動体映像としては現在形でしか撮れないわけですから、それを撮る。音声は、島人が過去の記憶をたどって語ってくれたわけです。それを別々に撮りまして、仕上げるときに、素材の画と音をどのようにモンタージュしていくかといろいろ考えていまみたいな方法を試みてみたわけです。

なぜこういう方法をとったかといいますと、まず、『それは島』は、「集団自決」の問題を解説する、いわゆる解説映画にはしたくない。「集団自決」という悲惨な行為が、なぜ起こったのか、これを見ながら考えてもらう、そういう映画にしようと。ではそのように考えてもらうにはどうしたらいいのだろうか。例えばインタビュー構成やトーク構成の場合は映像と音声はシンクロしていて、誰がインタビューを受けているかすぐわかるわけです。その反面、映像（日常性）と音声（非日常性）がぴったり重なっているので、そこからは何も新しいイメージは生み出されてこない。これに対して、映像と音声をシンクロさせないということは、日常性（映像）と非日常性（音声）の「衝突のモンタージュ」であり、衝突させることによって新しいイメージがそこから生み出されてくる可能性があると考えたわけです。

それで、話が飛んで、試写会をやってみましたら、やはりというか案の定というか、疲れるだけで何を言っているのかさっぱりわからないと言われまして、現地録音の音声状態が悪く、雑音で聴きとりにくい部分があり、一時は私もそうかなと思って、じつはこれはお蔵というかたちでしまい込んでしまった。さっき米谷さんが大変擁護的に評価してくださったわけなのですが、結果としてそうとっていただければ大変ありがたい。自分でよくできたなと納得しながら今日見ていたのですが、やはり音声がちょっと苦しくて、その点は皆さんに大変ご迷惑をおかけしたなと思っております。

中山　この映画は、いま間宮さんがおっしゃったように、どちらか一方だけではもう一方がわからないようになっておりますので、受け手に要求されるものが多いのですね。全力を使い、耳も目も全部使っていろいろなことを体験してくださいというメッセージであり、もちろんそれは失敗ではないと思います。その手法自体が、当時の杉並シネクラブなどの映画運動で進められていた手法とも、連動しているのではないでしょうか。

間宮　一九六七年に、杉並シネクラブというのが結成され、私もその運動に参加しました、シネクラブというのは一体何なのか。映画鑑賞組織とか、そういうふうに皆さんはとられるかもしれないのですけれども、杉並シネクラブというのは、鑑賞だけではなくて、観客と、つくり手が同じ地平に立って、それで対話を進めながら映画をつくっていく。そしてそのつくっていく場を広げていく。そういう新しい映画運動なのです。

普通、メジャーの映画というのは、企業ペースですべてつくっていかれるわけです。情報もつくり手から一方的に流されます。それを受けて、われわれ一般の観客は上映の段階で初めて具体的に接するわけです。ところが、これに対してシネクラブというのは、自分たちと同じ立場で自主的につくったり見たり、そういう往復運動のなかで映画づくりを進めていくわけで、私たちは新しい映画運動というふうに杉並シネクラブをとらえていました。

ちなみに、シネクラブというのは、何も杉並シネクラブが発祥でも何でもなくて、同じような組織で一九三六年、アンリ・ラングロワ(8)によって始められたシネマテーク・フランセーズというのがあります（規模はフランスの方がはるかに大きい）。古典映画の保存・修復・上映などを目的として活動していたのですが、一九六八年、ラングロワが当時の文化相アンドレ・マルローによって更迭されそうになったとき、多くのフランス映画人たち、アラン・レネ、ゴダール、トリュフォー、ヨリス・イヴェンス、それに今日作品を上映した『レベル5』をつくったクリス・マルケルなどが擁護に立ち上がった。

シネクラブというのを、私たちはそういう新しい映画運動としてとらえたわけなのです。一九六〇年代の後半から七〇年代の初めにかけて、シネクラブ運動は盛り上がりを見せ、全国的に広がっていきました。ちょっとのあいだですけれども、那覇シネクラブもつくられ、そしてこの那覇シネクラブも一緒になって、『それは島』の撮影を始めたわけです。そんなかたちで、全国的な規模でシネクラブ運動というのは行なわれていました。

最近でも、よく〇〇映画製作委員会とか、そういう委員会を組織して映画をつくっていますが、それと同じではないかと思われるかもしれないのですけれども、そうではなくて、〇〇映画製作委員会というのは、その作品をつくると、上映運動をやって、目的を終えるとだいたい解散してしまったり、次へつながっていかなかったりしています。シネクラブというのは、それをつくって、さらにそれを運動として広げていく場をつくっていこうというのも含まれているわけなのです。そういうふうなかたちでの組織が七〇年代の初めごろに一番ピークになりまして、そういうなかで『それは島』も多少刺激を受けてつくった。ただ、これは別にシネクラブでつくったわけでも何でもなく、シネクラブに参加している私と友人がシネクラブ運動の影響を受けながらつくっていったということです。

西谷　少し介入していいですか。いま間宮さんからお話があった六〇年代から七〇年代にかけてのシネクラブ運動のようなものはフランスでも盛んで、『レベル5』のクリス・マルケルは、そのほとんど中心的なオルガナイザーだったといってもいい人です。当時のフランスあるいはベルギーで社会運動にコミットしながら、その運動を映像でサポートしながらドキュメンタリーを作ってゆくといった作業をずっとやっていて、そこから、ヌーヴェル・ヴァーグの監督たちを集めた『ベトナムから遠く離れて』[9]というオムニバス映画もできたわけです。

だから、間宮さんが関わられた運動というのは、当時の世界のある同時代性のなかにあって、先ほど触れられた音と映像の別々の扱いといった技法についても同じようなことが言えます。イメージやシークェンスを繋ぎ合わせるだけでなく、イメージと音声とをモンタージュしてしまうわけですね。イメージに音が張りついているのではなく、両方をそれぞれ独立の要素としてモンタージュしていく。もともと技術的には別なわけですから、それを調和的に組み合わせて整合的なリアリティをもっともらしく作り上げるのではなく、その両者をモンタージュすることで生まれる効果を、映画独自のものとしてその構成に取り込んでゆく。そういうやり方をみごとにやったのはマルグリット・デュラスで、『オーレリア・シュタイナー』三部作などがあります。

それはある種の一元的な物語、イメージと音とが調和的に作る物語のなかにメッセージを閉じ込めてしまわず、むしろその乖離の間で思考や想像力を働かせる、そんな意識だったと思うのです。そう

(8) アンリ・ラングロワ (Henri Langlois 一九一四〜一九七七)。オスマン帝国（現トルコ）イズミル出身。映画フィルムの保存・修復の先駆者で、フランス政府出資のフィルム・ライブラリー「シネマテーク・フランセーズ」を創設。六〇年代にヌーヴェルヴァーグの担い手となるトリュフォー、ゴダール、レネ、ロメールらは、この影響下で自らのシネクラブを作る（クリス・マルケルもその一人）。

(9) 原題 "Loin du Viêt-Nam" 一九六七年、フランス。アラン・レネ、ジャン゠リュック・ゴダール、ヨリス・イヴェンス、クロード・ルルーシュ、アニエス・ヴァルダ、ウィリアム・クラインの六名による集団監督作品。クリス・マルケルが編集に深くかかわった。米軍の爆撃（北爆）に晒されるハノイの日常の映像を中心におき、ベトナム反戦運動に呼応して南ベトナム民族解放戦線への連帯を表明している。

いう運動の延長上に沖縄というテーマが出てきて、とりわけ集団死に突き当たるというのは、まさに集団死というテーマがそのような作り方を要求するものだったということではないかとも思います。

中山　『レベル5』は、フランス人の監督が一九九〇年代に沖縄戦を大きな素材として使い、間宮さんは、一九七〇年代当時、日本の本土から沖縄を扱ったのですが、お二人の手法や視点には、いくつもの同時代性や共通性があるようです。間宮さんが『それは島』をお撮りになる前に、『沖縄』という作品がありました。そこで沖縄というテーマに向かわれた頃のことを、少しお話しいただけますか。

間宮　一九五九年に沖縄に初めて参りました。そのときは沖縄のことを、何も知らないで撮りにいったのです。一生懸命撮ったつもりなのですが、結果として顔のない映画を撮ってしまった。顔のない、と言ってもおわかりにならないと思うのですけれども、つまり、だれが撮っても撮れるような映画といいますか、そういったものを撮ってきてしまって、撮ってからそういうことを言っても、自己弁護でずるいとなるかもしれませんけれども、初め、沖縄を訪れたときに、じつは一番ショックを感じたのは、日の丸掲揚問題といいますか、そのころ、五九年というのは、まだ沖縄に「祖国復帰協議会」ができておらずに、その翌年の一九六〇年にたしか復帰協ができるわけなのです。沖縄から見て本土ははたして復帰に値する「祖国」であったかどうか疑問でもありますが、その当時の沖縄の現実をヤマトンチューがどれだけ知っていたか、また深い関心をもっていたか。大方のヤマトンチューは（米軍というベールに覆われてもいたが）沖縄についてほとんど関心をもっていなかったのが実状だと思うのです。渡沖するにも厳重な身許調査があり一月近く許可が下りなかったり、憲兵隊で重罪犯なみに十本の両手指の指紋を採られたり、行方不明になった作家の話を耳にしたり、反米軍行為は死刑を含む極刑という恐ろしい集成刑法[10]が大手を振っていたり……。

その時代は、本土では日の丸というのはファシズムのシンボルとして、私もそうですけれども、大方の国民が否定的にとらえていたわけです。それに対して、その当時、沖縄では、復帰運動のシンボルとして日の丸をとらえ、それを掲揚する。五九年までは、日の丸の掲揚は正月の元旦一日だけ。だから、よけい復帰協は日の丸をひとつの運動のシンボルとして取り上げたのだろうと推測しますけれども、そんなような状態であったわけです。

この日の丸のなかに、本土と沖縄の複雑にからみあった沖縄の人たちの屈折した心理状態があったと思うのです。そこらへんの斟酌をまったくしないで、現象にあらわれた沖縄を撮って帰ってきて得々としていた。そういうふうなかたちで、映画『沖縄』から『それは島』へ、一〇年間という、長い道程の経過が私自身の成長の度合いとして考えられると思うのです。

中山　じつはシンポジウムを準備し始めた頃には、私どもも『沖縄』という映画の存在を知らなかったのですが、間宮さんはそれを、だれでも撮れるような観光映画だとおっしゃるのです。しかし、間宮さんのお仕事について勉強させていただくためにぜひとお願いして、見せていただきましたところ、これが、皆様にお見せしないでおくのはもったいないような、すばらしい映像でした。それで急遽、私どもの企画を組み直したのです。『沖縄』が撮られたのは五九年ですから、『それは島』が撮られた復帰直前の沖縄とはまた全然違っていて、例えば基地の建設現場が出てきたりして、記録としても価

(10)「刑法並びに訴訟手続法」の通称で、復帰前の沖縄で米国民政府が制定した刑法。占領下でも戦前の刑法が生きていたが、米軍関係者にかかわる犯罪や民政府に対する犯罪をそれとは別に処罰するために制定されたもの。個々に発布された法令をひとつに集成したことからそう呼ばれる。米兵犯罪が続き、「祖国復帰」運動が盛り上がるなかで五九年に改訂が行なわれたが、強い反対運動によって施行は無期延期に追い込まれた。

値の高いものです。一方、間宮さん独特の撮り方、アングルや特徴などは、この作品にもすでにあらわれています。

『それは島』では字幕も特徴的ですが、これについてご説明願えますでしょうか。

間宮　なるべく解説はしない、感じとってもらうということを基本原則にしてつくり出したものですから、ナレーションというものをまったく考えなかったわけです。ナレーションにかわるべく、無機的な、感情の入らない、事実だけを述べるのはどうしたらいいかということで、サイレント映画の時代は大変字幕を多用して、あの字幕というのは便利で、ひとつのエピソードを簡潔に見せることもできるし、また場面転換にも使えるということで、字幕を使ってみようと考えました。

証言とイメージの不在

中山　私どもが『それは島』という映画について知ったのは、本日ゲストとしてお越しいただいている仲里さんのご本を通じてでした。ここで仲里さんからお話をいただきたく存じます。

仲里効　『それは島』については、『オキナワ、イメージの縁』のなかの「死に至る共同体」で書かせていただきました。それを読んでもらえば取り上げた理由などもわかっていただけると思いますが、今日は非常に個人的な『それは島』との出会いから話してみたいと思います。

この映画が出来上がった七一年といえば、沖縄から東京に出てきてまだ学生の身分でした。学生と言っても、ほとんど大学には行かず、路上の石と戯れていたり、沖縄出身の学生や労働者を集めて組織された小さな政治組織というか、実践組織みたいなところに加わり、「復帰」という名の沖縄の国家統合に反対する「反復帰」論的な言辞を弄していました。

先ほど西谷さんが、「えたいの知れない」という言い方をされましたが、たしかに当時の沖縄返還運動の主流から見れば「えたいの知れない」ことをやっていたことになりますね。いまもあるかどうか知りませんが、水道橋の中央労政会館というところで、ちょうどその頃、沖縄現地で日米共同声明に反対していく全島ゼネスト[11]が決行されようとしていたので、そこで、それに呼応していく「在日」の沖縄出身の青年たちが集まって集会をやったんです。その集会の会場で、『それは島』を上映したわけです。そのときが『それは島』との最初の出会いということになります。最初の出会いと言っても、全島ゼネストに呼応する政治集会ということもあって、とてもじっくり映画を見るような雰囲気ではなかったなと、いま振り返って思います。

二回目は、九五年の米兵による少女レイプ事件[12]をきっかけにして沖縄が大きく動いたときになります。この映画の製作にもかかわったカメラマンでもある知人が亡くなりまして、残された彼の遺品の

(11) 一九六九年十一月二十一日、佐藤栄作とニクソンの日米首脳は、七二年中に沖縄を日本に返還することで合意したと発表（日米共同声明）。この声明にもとづいて作られた「沖縄返還協定」に対し、七一年五月十九日、沖縄県祖国復帰協議会（復帰協）の主催により、「返還協定粉砕・完全復帰」を掲げる二四時間全島ストライキが決行された（五・一九ゼネスト）。二四時間ストは、沖縄教職員会・全沖縄軍労働組合（全軍労）、マスコミ労協などで実施されたほか、官公労などが年休行使で参加した。同年十月十九日にはこの「沖縄返還協定」を審議したいわゆる「沖縄国会」で、佐藤首相の所信表明演説中に沖縄青年同盟のメンバーが爆竹を鳴らし、「全ての在日沖縄人は団結して決起せよ」とよびかけるビラをまいて逮捕、起訴されている。

(12) 一九九五年九月、米軍海兵隊の兵士三名が十二歳の沖縄人少女を集団で暴行した事件。この事件と米軍の対応への怒りは復帰後最大の反基地運動へと発展し、第二の島ぐるみ運動とも呼ばれた。運動の高まりを背景に、当時の革新県政（太田昌秀知事）は基地使用の代理署名を拒否、翌年には住民投票で米軍基地に対する拒絶を県民規模で表明した。

なかに『それは島』のフィルムがあったのです。ところがそのフィルムは部分的に劣化していて、完全ではなかったのです。それを友人がＶＨＳに落としてくれたので、見ることができたということです。

そういった出会いがあり、今日、七一年の東京での集会で見てはいたがよくは覚えていなかった完全版を改めて見たということになります。「死に至る共同体」は完全版ではなく、その一部が劣化したものに基づいて書いていたことになり、そういった意味であの論考自体は充分とはいえず、改めて論じ直さなければいけないということを痛感しています。とはいっても、なぜ『それは島』を取り上げたのか、あるいは『それは島』という映画がもつ核心点みたいなものはおそらくはずしていないだろうと思っています。以上が間宮さんの『それは島』との個人的な出会い損ないも含めた出会いのいきさつということになります。

「集団自決」をテーマにした『それは島』を、沖縄で取り組まれた日米共同声明に反対していく全島ゼネストに呼応する政治集会で上映したことの意味は、米谷さんが先ほど指摘したように、沖縄の復帰運動に内在する問題を批判的に乗り越えていく問題関心からきたものです。

もう一点付け加えますと、「集団自決」がわれわれ沖縄の戦後世代にとって抜き差しならない問題として、これに向き合わざるを得なかった事情は、友人の友利雅人[13]が七一年に「現代の眼」に書いた「あまりに沖縄的な〈死〉」という文章に集約されています。日本復帰運動の心情と論理をつきつめていくと「集団自決」の問題にいきつかざるを得ないという問題意識が基調にありました。沖縄の戦後世代が、復帰運動に孕まれた同化主義を批判する作業を通して「集団自決」と出会い、「集団自決」をテーマにして撮った『それは島』を上映したのは、そういった理由があったのです。

最初にこの映画を見たときに感じた、映像と音声の意味的な連関をあえてズラしていくということを方法的にとられたということは、先ほどおっしゃったお話で納得しました。

それと、映像を見て気になったのは、渡嘉敷の集落の路上で、島の人たちにインタビューをしていく様子を八ミリで撮るところがありますが、その撮影行為自体をもうひとつのカメラで撮っていくシーンは、島びとから「集団自決」について話すことを拒まれる場面にもなっています。ドキュメンタリーとしての『それは島』の構造的限界というか、撮ることを撮るという二重の行為によって撮影主体を相対化するカメラワークになっていたのではないかと思ったりしますけれども、その事情について聞いてみたいですね。

間宮　大変難しい問題なのですけれども、私自身もいま考えますと、やり過ぎたかなと、正直なところ考えているのです。といいますのは、あそこでわれわれの短絡的な部分が出たと、いまになっては考えているわけなのです。やはりあれはドキュメンタリーに反するのです。ドキュメンタリーを貫くのにはもっと違う方法をとらなきゃいけなかったかなと。はじめは、生意気なようですけれども、ブレヒトの異化効果みたいな、ひとつの場面を主観的表現からさっと客観的にとらえて見るということをねらったのですが、それを考えること自体が演劇的で、そこだけドラマになってしまった。仲里さんの『オキナワ、イメージの縁』を読んだときに、あきらかに前後のシークエンスと趣がちがうし、

(13) 友利雅人（ともり・まさと）一九四七年、宮古島生まれ。早稲田大学在学中に三里塚闘争にかかわる。沖縄闘争学生委員会（沖闘委）の流れを汲む結社「離島社」に参加。「反復帰論」の影響を受けた沖縄の戦後世代の視点から、戦争責任論を中心とする独自の沖縄論を展開した。主な論考に「あまりに沖縄的な〈死〉」、「戦後世代と天皇制――ひとつの前提」（「新沖縄文学」二八号、一九七五年）、「含羞と憤怒」（「青い海」七九号、一九七九年）、「思想の不在、不在の思想」（「新沖縄文学」五九号、一九八四年）など。一九九七年死去。

異質なショットの展開だと、いまではそういう感じをもっています。

仲里　「集団自決」の本質に迫ろうとして、結局は島の人たちから拒まれていく、ドキュメンタリー自体がそういうジレンマを構造的にかかえ込んでしまったと思います。ヤギや豚を屠殺するシーンがありますよね。あのシーンは、僕の読みですと、「集団自決」の内部に迫ろうとして、島の人たちから拒まれてしまったことのジレンマが意識されていて、そのジレンマからくるのではないか、と思ったりします。

　ヤギや豚の屠殺は、あの時代、沖縄のどこの島でも見られた日常風景です。しかしながら、「集団自決」をテーマにした、しかも渡嘉敷島を撮ったドキュメンタリーであるため、執拗に反復される屠殺シーンは、「集団自決」の現場をイメージとして喚起させていく作用があったのですけれども、結局、映像としては「集団自決」の核心に迫り得ないことのジレンマのようなものが、あのようなかたちの映像になったのではないかと僕は見ましたが。

間宮　結果的にはそう受け取られても仕方ないのですが、本来の意図はそうではなく、ごく日常的な生活の一端というふうなかたちで撮ったわけです。それで、自決の話と結びつけたくなくて、島からの流出問題を語る音声を使った。つまり、日常性（豚の屠殺）と非日常性（流出問題）のぶつかり――を意図してみたのですが……。

中山　ではここで、映画に直接かかわる話をいったんおいて、今回のシンポジウムの企画をおもに立てた西谷さんと米谷さんから、テーマにかかわる問題意識についてお話しいただき、議論に入っていきたく存じます。

生と死の分断線

西谷　いまちょうど教科書の検定をめぐって、「集団死」のことは大きな話題になっています。実際、九月二十九日に沖縄で十一万人を集めた県民大会があって、このことが注目を集めていますが、それをたんに教科書が書き直される、書き直されないという問題に限定するのではなく、あるいは大江・岩波裁判のこともありますが、個々の事実経過がどうだったかといった詮索に足をすくわれることなく――実際「集団自決」は起こったわけで、このことは否定しようがありません――、コンテクストをできるだけ広くとって、その本質的な意味を問うような形にしたいというのが、この第一シンポジウムの基本的なモチーフです。

今回のプログラムの一番最初に『レベル5』をかけたのもそのためです。この映画はじつは、私や上村忠男さんなどが、仲里さんと共同作業をいろいろな形で進めるようになったきっかけになったものです。この映画は、私などが考えてみますに、クリス・マルケルというかなり戦闘的なドキュメンタリストにとっても、おそらくライフワークだったのではないか。ヨーロッパではあまり評価されていないようで、おそらく、日本好きのクリス・マルケルが、日本のなかでもまた特異な周辺部に焦点を当てて作ったというような受けとられ方で、それほど注目されていないのですけれども。

というのは、戦争の時代に生きて、レジスタンスで青春期を過ごし、そして戦後はずっと反戦活動を映画を作りながら展開してきた人で、ちょうど二〇〇〇年の秋口でしたか、私がこのフィルムをもらうためにパリの自宅に会いにいったときも、ちょうどコソボから帰ってきたばかりで、戦闘服を着ていました。それが日常着だそうで、八〇歳になってもそういう人なのです。

その人がなぜ沖縄についての映画を作ったかというと、青年期の自分がやっと戦争から解放される、戦争が終わると思ったときに、脳裏に刻まれたのが沖縄だったというわけです。戦争の最後に、極東の島で第二次大戦中最も悲惨な戦闘が展開された。それがずっと脳裏に残っていて、五〇年後、一九九五年に、日本ではちょうど戦争の記憶が消えるか引き継がれるか、あるいは改竄されるかという、ちょうどそういう時期だったわけです。

沖縄では、先ほど仲里さんが触れられた少女レイプ事件が起こって、八万人の抗議集会がありました。沖縄が、クリス・マルケルの言葉で言えば、伏していたドラゴンが身をもたげたわけです。そのことをクリス・マルケルが意識していたかどうかわかりませんが、彼の方は、冷戦が終わってヨーロッパが核戦争の恐怖から解放されたと思ったとたんにボスニアで内戦が始まり、やはりあそこでもエスニック・クレンジング（民族浄化）と言われるような凄惨な戦闘が起こったわけです。その余燼がまだ冷めやらない時期で、コソボでは抗争が続き、彼もやはり二〇世紀の戦争ということについて考えたと思うのです。それはたんに最近起こった戦争だけでなく、五〇年前の戦争と冷戦を挟んでつながっている。おそらくクリス・マルケルは、その経験の反復や伝達、記憶の継承といったことを念頭に置いていたと思うのです。

われわれが今日どういう環境に置かれているかというと、過去の記憶が文化的に継承されるような状況には全然なくて、いまやコンピュータ化された社会で、それぞれの人間がネットワークのなかでモナドのようにして浮遊して過ごしている。そんななかで、まったく遠いところの半世紀も前の出来事、それも今世紀の世界にとって決定的な出来事というものに、自分たちはどのようにして接近しうるのか。彼はそれを、ごくごく私的な経験という回路を通して、つまり恋人を失った一人の女性の私的な感情を、コンピュータのネットワークに接続するという設定で問うてみた。もはや人は自分の記憶に頼らなくてもいい。情報はネットに蓄積され、記憶はすべてハードディスクに納まっているというような時代に、どうやって五〇年前の出来事に届きうるのか。そういう問題をすべて含めた作品なので、本当にこれはライフワークだと思うのです。

そのときに、つまり戦争の世紀、あるいは世界の戦争ということを考えたときに、クリス・マルケルは沖縄に目を向けた。そして、沖縄戦に接近しつつ、とりわけ「集団死」に焦点をあてることになった。それはどういうことなのかということを、私などは考えさせられました。

これは、逆の側から言うと、先ほど仲里さんが触れられた友利雅人さんの言っていたことに結びつきます。仲里さんの近しい友人だった友利さんの「あまりに沖縄的な〈死〉」というテキストはとりわけ重要なテキストだと思っていますが、ここにじつに重要なことが書かれている。われわれは日本復帰とか、祖国復帰とか、ともかく「復帰」という言葉を使います。けれども、その「復帰」には必ず括弧をつけなくてはいけないような、「復帰」という言葉では言い切れないような何かがある。

それは琉球処分以来のことですけれども、友利さんは、沖縄のウチナンチューにとっての「国家の回復」という言葉を使っています。「国家の回復」とは、要するに国家における国民として、法的主体としての権利を得るということです。米軍占領下、あるいはアメリカ統治下ではそういうことはない。国家がない状態で、人びとは一種の難民状態におかれて生きている。それが、日本に施政権が戻ってくると言うにしろ何にしろ、とにかくウチナンチューにとっての「国家の回復」という課題だったと友利さんは表現しています。

そしてその「回復される国家」というのが、じつにまた剣呑なものであった。つまり、沖縄にとって「失った国家」とは何だったかというと、それはかつて、沖縄の人びとがそこの国民として死ぬための国家でしかなかったということです。そのことを集約的に示しているのが「集団死」だということです。それを友利さんは、二一歳の学生とはとても思えない適確さで、短い文章のなかでびしっと言っているのです。

クリス・マルケルはそこまで考えたかどうか、それはなかったと思いますが、ある直感から、この「集団死」というのが現在の国家体制にとって、あるいは世界のさまざまな「国民」にとって根本的な問いを突きつけるものだということは感じていたと思います。「集団死」についていろいろな議論が起こるのは、とにかくこれをある国家のための犠牲として、それも「自発的」な「献身」だったとして、国家の価値づけに回収したいという欲望や、それに促された運動があるからです。そうでなかったら、「集団死」に軍、つまり国軍の関与が否認される必要はないわけです。

そのときに、何のために死んだのか、どういうふうにして死んだのかということが、死んだ人の証言というものはないから、いろいろと勝手に語られるわけですけれども、根本にあるのは何か。根本にあるのは、友利さんが言ったように、死ななければ日本国民であり得なかったということです。死なない者は「非国民」や「スパイ」だとされるというだけでなく、沖縄の人びとは生きているかぎり日本人であることを示すことができず、国のために死ぬことによって初めて日本国民たり得るという、主観的かつ客観的な制約を負わされていたということです。

そして、そのことはいろいろな表現で語られます。「集団自決」というのは、「沖縄タイムス」がまとめた『鉄の暴風』(14)以来の呼び方として括弧つきで使われます。けれども、「自決」というのはふつう軍人が責任をとって死ぬことだから、この場合にはちょっと違うだろうということで、「集団死」とも言われますが、それではあまりに事態が曖昧になる。そこで事情をもっと明示的に示す「強制集団死」という言い方が提案される。そのことについては、沖縄を特集した「世界」の二〇〇七年七月号に、石原昌家さんのたいへんよく整理された文章があります。

では、実際その場にいた人たちはというと、渡嘉敷島の人たちは「玉砕場」と呼んでいた。つまりそれは「玉砕」とみなされていたということです。では「玉砕」と呼べばよいのか。しかしそれは、凄惨な悲劇を隠す美名です。では、起こったことはどう呼べばよいのか。ともかく、適確な呼び方がない。逆に言えば、どんな表現を使っても、「集団自決」と言っても、「強制集団死」と言っても、この出来事にはそれでは言い尽くせない何かがある。その言い尽くせなさというのは何か。そして、生き残った人、生きてこちら側にいる人は、なぜそれを語らないのか、語りえなくなるのか。結局、そこには死と生との絶対的な分断が含まれているということです。

死んだ人は死んでしまったのです。ほとんど偶然のように生き残った人は、肉親を死なせて生き残ったことでものすごく後悔する。『レヴェル5』で証言している金城[15]さんでもそうですけれども、なぜ肉親を手にかけたのか、と苛まれる。自分は生きているわけだから。そして、生きているから悔や

(14) 沖縄戦では地形が変わるほどの激しい艦砲射撃が行なわれたため、この戦闘を「鉄の暴風（Rain and a storm of the iron）」と呼ぶ。沖縄タイムス社編『鉄の暴風——現地人による沖縄戦記』（朝日新聞社、一九五〇年八月。再版以降、副題「沖縄戦記」、沖縄タイムス社刊行）は、沖縄タイムス社による初の現地編集の沖縄戦記録。多数寄せられた手記・日記や地元住民への聞き取り・座談会の記録を縦横に駆使し、住民の視点から沖縄戦の全体像を明らかにした。曾野綾子『ある神話の背景』（一九七三年）は、伝聞にもとづく不正確な記述を事実誤認と批判したが、沖縄戦記録の基本資料として強い影響を与え続けている。慶良間諸島の強制集団死について、「集団自決」の語を用いた最初の刊行物。

む。けれども、生きている自分からみて、生きていて当たり前だし、生きることができた、生きるべきだった、そういうことを生きていて初めて思う。でも、そのときはもう遅いのです。

そこには、生きていることと死んでしまったこととの絶対的な分断線があって、もう向こう側には何をしても手が届かない。その届かなさは、生き残った人すべての言い表わしようのない「無念」でしょう。その「無念」の沈黙を覆って、分断線をかすがいでとめるのが、結局は国家なのです。かすがいで留めて、断絶はない、歴史は連続的に流れていて、あの人たちは潔く祖国のために死んだのだ、だからその遺志を引き継いでわれわれは国を守らなくてはいけないという、そういうひとつの連続性を仮構するそのかすがいが国家だということです。逆に言うと、まさにそのかすがいが、打ちこまれるかすがいがきかなくなる、止めることのできない分断線を穿ち込んでいるのが、「集団死」と呼ばれる出来事だったのだと思うのです。

要するに、生者と死者との間に分断が刻まれ、生き残ったものしか生きていないという絶対的自明性の取り返しのつかなさが、失なわれた向こう側の届かなさが、この出来事には言い表わしえないものとして含まれているということです。そのすべてを言わないと、この「集団死」という言葉で言われている事態がつかめない。そして、まさにその言い得ない部分を、国家は自分のものとして回収するということです。これは本当にあらゆる国の国民の問題だし、いま、その国の輪郭がいろいろな形で揺らいでいますけれども、だからこそその締め直しが行なわれており、そのことを現在の沖縄が集約的に示して見せているということだと思うのです。

中山　国家という概念を媒介にして考えると、例えばクリス・マルケルがコソボを見てきて沖縄を撮るということの意味もわかってきます。コソボという場所は、明確な国家というもの、したがって明確な国境があるかないかの境にあり、それを明確にしようとするさまざまな力が、圧力としてかかってきた場所です。そのようなコソボを見た結果、同じような圧力のかかる場として沖縄が問題として浮かび上がったということですね。

加害／被害の重層関係

米谷　いま西谷さんが提起された、死ぬことによってのみ日本国民たりうるという「集団自決」の核心にかかわる問題について、私も考えてみたいと思います。

仲里さんが出された『オキナワ、イメージの縁』は、私もさっそく熟読させていただきましたが、そのなかでもとくに、間宮監督の『それは島』をとりあげて論じられた第四章「死に至る共同体」がとても印象深いものでした。そこで、この映画をぜひ見てみたいと思い、今回の上映会の企画にも参加させていただきました。

先ほどご紹介した間宮さんが書かれた文章でも、また仲里さんが言及された友利雅人さんの評論でも触れられているのですが、この映画では、外部のカメラが島のなかに迫っていき、「集団自決」の

(15)　金城重明（きんじょう・しげあき）一九二九年、渡嘉敷島生まれ。ニューヨークのユニオン神学大学に学び、五七年、沖縄キリスト教短期大学創設以来、九四年まで講師・教授を務める。渡嘉敷島で経験した「集団自決」の生存者としての証言活動を続け、家永教科書裁判、『レベル5』で証言、二〇〇七年九月の岩波・大江裁判の沖縄出張法廷でも、被告・岩波側の証人として出廷、軍命の存在を証言した。主な著作に『「集団自決」を心に刻んで——一沖縄キリスト者の絶望からの精神史』（高文研、一九九五年）など。

問題に触れようとすると、島の人たちは拒絶したり、沈黙したり、はぐらかしたりして、なかなか核心に迫れない。島の内部に入りこめず、問題の核心に迫れない溝のようなものを含めて撮った映像として、非常にインパクトがありましたし、それを論じた文章自体も強い喚起力がありました。それだけの磁場をもった映画を撮られたのではないかと思います。

「集団自決」はとても込みいった問題ですし、しかも、生き残った島の人たちが、それを語る言葉をなかなか見つけることができません。また、外部の者がそれを取材しカメラで撮ろうとしても、どのような言葉でそれについて語り合えばいいのか、共通の言葉が基本的にない。そのような問題として、「集団自決」があると思うのです。

表現する言葉が見つからず、絶句し、沈黙せざるをえないようなもの、なかなか分け入っていけない迷路のようなものがあって、「集団自決」について考えようとすると、そこに必ず突きあたります。仲里さんが「世界」七月号の沖縄戦特集に書かれた「『カラサンシン』を聴く耳」というとても印象深い文章でも、声にならない声を聴くことについて、触れていらっしゃいました。

私自身の経験でも、そのような言葉にならないものに一瞬触れる機会がありました。今年の五月に座間味島[16]に行って、「集団自決」の現場近くに立つ慰霊碑を見てきたのですが、そのとき、たまたまある民宿に泊まりました。座間味島はとても澄みきったきれいな海があるので、ダイビングの名所になっていて、民宿がたくさんあり、そのひとつに私も泊まったのです。

するとじつは、その民宿のマスターのお母様が、「集団自決」のサバイバーの方だったのです。家族が全員亡くなって、ただ一人生き残った女性の息子さんがそのマスターだということがわかりました。このことは、その宿に置かれていたあるガイドブックのなかで、その宿を紹介する文章を見ている間に気づきました。

ただし、「集団自決」について考えるために座間味島に行ったわけですが、それについてどういうふうに話せばいいのか困って、話の糸口がつかめないままでいました。そうしているうちに、食堂のテレビの下にいろいろな本が置いてあって、そこに座間味島の自然や海の美しさ、すばらしさを紹介する本と一緒に、沖縄戦についての本もいくつか置いてありましたので、少し話してみてもいいのかなと思い、「集団自決」の慰霊碑を見ようと思って来ました、という話をマスターの奥さんにしてみたわけです。すると、奥さんはちょうど赤ん坊が生まれたばかりの若い方で、とてもにこやかにいろいろ語ってくださる方だったのですが、「集団自決」のことに触れたとたんにさっと顔色が変わりました。そこには、言葉にならない絶句・沈黙の領域が垣間見えました。そして、ひと呼吸おいたうえで、そうですか、じつはうちのマスターのお母様は、「集団自決」で生き残られた方なのです、という話もしてくださったのです。

ただし、お互いにどういうふうに話をつなげばいいか、なかなかわからないでいたのです。向こうも簡単には語りにくい事柄なのですが、きれいな自然や海だけでなく、戦争や「集団自決」のことについてもやはり知ってほしいという気持ちもあって、だからこそお客の手に取れるところにそういう本も置いてあったのでしょう。そして、そのお母様が戦争経験について書かれた手記があって、これをぜひ読んでくださいと見せてくださり、一晩貸していただきました。泊まっていた部屋に戻ってからそれを読み、翌日に慰霊碑の場所を教えてもらって、村の裏手の坂を登っていった途中にある「平

(16) 沖縄本島の西に位置する慶良間諸島内の一島（行政単位は座間味村）。一九四五年三月二十六日に米軍が上陸し、渡嘉敷島と並ぶ多数の住民の「集団自決」が起こった。

和の塔」や、「集団自決」の現場になった「産業組合の壕」の近くに立つ慰霊碑を見てきました。

そして、慰霊碑を見ることができましたという感謝だけをお話しして、赤ん坊を抱いた寡黙なマスターと奥様に見送られながら、宿をチェックアウトして帰りました。

その後、そのお母様（宮里育江さん、旧名は宮平菊枝さん）の書かれた手記がいくつか残っていますので、あとであらためてゆっくり読んでみました[17]。

そこには、「自決」を決意しながらも、死ねずに生き残ったご自身の経験のほか、別の場所で「集団自決」し、全員亡くなられたご家族の様子などがいろいろ書かれています。そのなかで、今日のテーマに関連して気になった点がありました。「集団自決」で亡くなった弟さんが、村役場に勤めていた若い職員の方で、米軍が上陸した日に、忠魂碑の前に集まるように島の家々をまわって呼びかけた伝令役だったらしいのです。これは、先ほど西谷さんも触れられた、死ぬことによってのみ日本国民たりうる、という問題とかかわるのですが、忠魂碑の前に集まれという伝令を聴いて、島の人びとは、いよいよ「玉砕」の時が来たと思った、ということがさまざまな証言からわかります。忠魂碑は、戦死した兵士たちを、国家のために身をささげた「殉国者」として祀るシンボリックな碑で、戦意高揚のためにくりかえし儀礼をおこない、国家への忠誠を確認してきた場所ですから。

このことは、とても厄介な問題をはらんでいます。弟さんもふくめて、亡くなった家族全員の方々は「集団自決」の犠牲者なのですが、しかし、この弟さんは、島の人びとに忠魂碑の前に集まるように呼びかけた伝令役でもあった。日本軍の「玉砕」戦争への動員に呼応しながら、村役場の幹部たちが、島の人びとに忠魂碑の前に集まるように呼びかけ、「玉砕」へと誘導したわけですが、この弟さんはそれに関わった人物でもあるのです。

しかも、その伝令役をしたことは、この弟さんにとって、ある種の名誉だったのではないか、ということも語っていらっしゃいます。その弟さんは、病弱のために徴兵検査にも不合格で、お国のためになかなか役立てなかった、しかし、村役場で働くなかで、ある重要な局面で、忠魂碑の前に集まれという伝令役をしてまわったことは、おそらく当人にとっては、国家への忠節をはたす名誉ある仕事だったのではないか、ということを証言されています(18)。

この点は、この弟さん本人が亡くなられているので推しはかるしかないのですが、このようなことも含めて考えると、「集団自決」の問題の奥深くには、加害／被害が重層した厄介な問題がはらまれています。小さな島に日本軍が入ってきて、特攻隊の基地をつくり、軍事機密を知らせながら島の人たちを「玉砕」戦争に動員して、生きて捕虜となることを厳しく禁じて追いこんだあげくに「集団自決」が起こりました。ですから、根本的には、その責任は日本軍の強制・誘導にあり、亡くなった人たちはその犠牲者たちです。ただし、島のなかには、日本軍による「玉砕」戦争への動員に呼応し、協力しながら、島の人びとを誘導していった村役場の人たちがいて、そこにはある種の加害の責任の一端があるわけです。

これはとても厄介な問題なのですが、先ほど紹介した間宮さんが書かれた文章もその点に関わっていたと思います。そこでは、赤松が命令しなかったとしても他の「赤松」が命令したかもしれないし、

(17)『座間味村史　下巻』(一九八九年)、宮城恒彦『潮だまりの魚たち——沖縄・座間味島の戦世』(クリエイティブ21、二〇〇四年)など。
(18) 宮城晴美『母の残したもの——沖縄・座間味島「集団自決」の新しい証言』のなかの証言より。この本については註(21)を参照。

島の人たちの意識のなかにも「赤松」が存在していたのではないかと、あえてえぐり出すようなことを書かれていました。赤松大尉に代表されるような、「日本国民」として死ぬことを求める国家の圧力を、島の人たちが内面化していたのではないか。そこにはもちろん、内面化の度合いの違いがあって、深く内面化した人もいれば、あまり内面化せず、それによって生き延びた人もいたはずなのですが、内なる「赤松」を主体の意識のなかに内面化した度合いが強かった人たちが明らかにいたと思います。

その内面化の度合いは、おそらく世代や年齢によっても違うでしょうし、島のなかのポジション、職の地位によっても違っていたでしょう。とくに、男女のジェンダー差によっても違っていたはずです。そのなかで、日本軍に協力して島の人びとを「玉砕」「集団自決」に導いていった村役場の幹部たちは、その内面化の度合いが強かったのだと思います。彼らは、「軍官民共生共死」の「玉砕」戦争のなかで、率先して日本軍の動員に呼応・協力しながら、島の人びとを「玉砕」「集団自決」に導いていった人たちであり、自分の家族を含めて住民を道連れにしながら死んでいったわけです。

そこには、「集団自決」の犠牲者であると同時に、ある種の加害の局面もはらまれていて、生き残った島の人びとのなかに、加害／被害が複雑に重層しながら込みいった関係をつくっていて、だからこそそれを語る言葉がなかなか見つからない。この厄介な問題について、友利雅人さんの評論「あまりに沖縄的な〈死〉」が、深く分け入りながらあえて論じたのだと思うのです。

「愛ゆえに」を超える

西谷　大きな権力の働くところでは、つねにそういう被害と加害との錯綜が現われるのでしょうが、それが結局は「自発的隷従」と言いうるような状況を生み出すわけです。けれども、一方でともかく、その内部の関係がどうあれ、こういうことが起こったという事実は動かせないわけです。そしてこれに関して、その起こったことの内にいた人と、その外にいる人とでは、出来事に関する構えがまったく違ってきます。その中にいて、あるいはその出来事の渦中にいて、生き延びた人、あるいは先ほど言ったように生き残ってしまった人、自分で家族を手にかけた人がいる。金城さんは本も書いていますし、それから、いまの大江・岩波裁判で那覇に出張法廷が開かれたときにも証言されたとうかがっています。

その金城さんは、結局のところそれは「愛」であったと言っています。要するに、肉親、自分を生んだ母親、あるいは妹たちに対する「愛ゆえに」手にかけたと言うわけです。けれども、この人がそんなふうにして「愛ゆえに」と言うのと、まったく違った方向の「愛」という表現を、このシンポジウムの準備のためにわれわれは渡嘉敷島を訪れたのですけれども、そこで見てしまいました。

渡嘉敷島にはいわゆる「集団自決」の慰霊の場とは別のところに、もうひとつ戦跡碑というのがあって、それは島で命を落とした日本兵のための鎮魂碑です。その脇には大きな石板があって、「集団自決」にも触れており、ここで追い詰められた多くの島の人たちは愛する者を手にかけて死んでいった。「それは愛であった」と書かれている。最後に、曾野綾子という署名があるわけですけれども、そこで使われる「愛であった」というのは、まず根本的に違う。

金城さんが「愛ゆえに」と言うのは、あの人は生き残って、生きられるということを知り、やってしまったことを振り返る。もちろん死にたかったかもしれないけれども、生きている以上生きていくものなのです。生きていくものだし、おそらく生きていかなくてはいけない。そのときに、では、やったことをどう納得し克服してゆくか、あるいはこれから生きてゆくときの足場をどうするかというときに、「愛ゆえに」しか答えがなかったということでしょう。敵に身を任せて辱めを受けるよりも、この手で「愛ゆえに」殺してしまった。けれども金城さんは、そのこと自体を受け入れているわけではない。つまり、人が絶対の窮地に追い詰められて「愛ゆえに」肉親を殺さねばならないような状況に置かれることを受け入れてはいない。だから彼は、こういうことが二度と起こらないようにと、その悲惨さを証言し続け、戦争が人びとをそういう窮地に追い詰めるということを告発し続けているわけです。

金城さんは、キリスト教に出会うことで、償いがたい罪を負って生きるという生き方を知り、それに身を委ねることで、生き延びた者としての生を担うことができるようになった。けれども、「愛ゆえに」人を手にかけるということが美談として顕彰されるようになると、ほかの人もそういう場面になったらその例にならえということになります。それが曾野綾子のように、「それは愛であった」という言い方に込められている方向で、ここで言う「愛」は、まさに「祖国」に向けられたものとして、さきほど言ったように、死ぬことと生きることとの絶対的断絶を外からかすがいでとめるようなものになります。金城さんが「愛」と言うのは、自分を内面的に追い詰めた果てにやっと縋りつくように見出されたものだったのに対して、曾野綾子は「愛」をいわば教義化しようとしている。いずれにしても二人ともキリスト者ですが、一方が回心の「愛」だとすれば、もう一方はローマ教会が掲げる錦の御旗のようなものだとも言えるでしょう。そこには根本的に違いがあると思うのです。

ただ、それに関してもうひとつ、仲里さんに初めて『レベル5』を見せたとき、仲里さんははっとするようなことを言いました。私が、この告白は圧巻ですねというようなことを言ったら、仲里さんは、金城さんの言うこの「愛ゆえに」というのを克服するのが沖縄の課題なのだと言ったのです。そのときに本当に、あの穏やかな表情でふっと匕首を突きつけられたような気がしたのを覚えています。その仲里さんはその先のことを言わなかったので、どういうことを考えているのかというのはそのときはわかりませんでした。けれども、すでに七〇年代の初めに、仲里さんは友利さんたちとこういうことを論議していたということです。

たしかに、あれを「愛ゆえに」と言ってはいけないのでしょう。どんなに追い詰められても、人を生きさせるのが「愛」だとすれば、「愛」は殺させない。むしろ逃がすでしょう。逃げて生きようとして生き延びた人もいるわけで、狂気のなかで「愛」を失った、あるいはどこかで「愛」を捨てた、捨てることを強制されたからこそ、手にかける、殺してしまうわけです。そうすると、そこにある抵抗の線を引くことができる。何が殺させないか、殺すことをしないかということ、そこに何か楔を入れないと、沖縄というのが立たない。さきほど言った国家の呪縛に巻き込まれるだけだと。

だから、「祖国を回復する」という。けれども、回復した祖国もまた死ぬための祖国にすぎないとしたら、この全面基地の沖縄に最初にミサイルが飛んでくるかもしれないとしたら、「国家の回復」がそのためにしかならないということをもうすでに痛感していたから、死を肯定させる「愛」にも幻惑されず、いかにして歯どめを打ち込むかという課題がすでに設定されていた、そういうことをつくづく思うわけです。

間宮　いま、西谷さんが話された「愛」の問題に関連してですが、『それは島』のなかで、あるいは雑音がひどくて聞き逃された方もいるかもしれませんが、『レベル5』で二歳年上の兄と一家をこん棒でたたいたと金城さんが言っている、そのお兄さんのほうは、皇民化教育でがんじがらめに育てられた自分は天皇陛下のために死んでいくのだということを話してくれました。そのへんの問題は深くつかんでいないのですが、まだ大きな問題があるなと感じておりました。

仲里　金城さんが言った「愛ゆえに」は、キリスト教への入信とかかわっているように思えます。自分のおふくろや姉妹を手にかけた痛切な「集団自決」の体験をぎりぎりまで問い詰めたところに到来した究極の言葉であったにしても、最後に疑義が残ってしまうことは否定しようもありません。「集団自決」の闇は思想的に開かれるべきなのに、「倫理」の文脈に還元されてしまうことへの疑問といったらいいでしょうか。「愛ゆえに」の手前で、加害と被害がねじり合っている閾を、国家と軍隊と島共同体の縫合線に露出した沖縄近代のアポリアとして読み解き、それを超えていくのが、とりわけ沖縄の戦後世代の思想の核心ではないのかということをつねづね考えてきたように思います。

それは、先ほど紹介した友利雅人が、「あまりに沖縄的な〈死〉」のなかで論究していることとかかわっています。友利は「あまりに沖縄的な〈死〉」の前に、短いエッセイを書いています。小説家の大城立裕さんが、渡嘉敷島の「集団自決」をテーマにした『神島』という小説を書き、戯曲化もされ、東京で上演されました。「新沖縄文学」（第一三号、一九六九）で「『神島』の内包する問題」の特集を組んでいましたが、それに友利は「祝女の言葉」を寄せています。

先ほど米谷さんが紹介したように、沖縄の祖国復帰運動と「集団自決」というのは、じつは一つのものの二つのあらわれだという岡本恵徳さんの「水平軸の発想――沖縄の共同体意識について」のなかで言われた論点を、われわれの文体に練り上げていくことができるのかどうかというのが課題であったわけです。友利雅人の「あまりに沖縄的な〈死〉」はその先駆的な試みといってよいでしょう。

あとひとつは、六〇年代の後半から七〇年代をくぐったわれわれ世代にとって、「集団自決」の問題とともに、連合赤軍による同志殺害事件をいかに思想的に決済していくのかということをつきつけられたということがあります。同志殺害は、決して「敵」だからというのではなく、誤解される言い方になるかもしれませんが、「愛ゆえに」と近いものがあります。「革命戦士」とか「共産主義化」に向かって倫理を内向させる、その原理化というか、純粋化の過程で同志を殺害していく、「革命」という観念から逸脱していく日常性みたいなものをそぎ落としていく感じで殺人が行なわれていったと言えるのではないか。

あれは内向化した「革命」という観念が死に至らせたとみていいでしょう。ここでの「革命」はどこか「国家」に似ています。「集団自決」の問題は、もちろんそれとは直接的にはつながらないわけですけれども、金城さんが言った「愛ゆえに」とどこが異なり、どこで重なるのか。金城さんの場合はキリスト教への入信がポイントのような気がしますが、キリスト教への入信は金城さんにとっては言語を獲得する過程にもなり、肉親を手にかけた理由を「愛」に昇化させていった、といえなくもありません。

そうではない思想の言葉があるとすれば、それはどのように獲得されるのかといえば、いまもって明確な答えがあるわけではありません。ただおぼろげだが説明できる言葉がないわけでもない。沖縄戦と「集団自決」を特集した「世界」で、自分の息子をかみそりでのどを切って殺し、妻も死には至らなかったが重傷を負わせ、自分も声帯を深く傷つけ声を失う男の、声なき声を思想的に読解する試みとしての「『カラサンシン』を聴く耳」[19]というのを書きました。カラサンシンを弾く以外なかった男の戦後の生きざまというのは、金城さんの「愛ゆえに」手にかけたというのとは違う位相があることを論じたつもりです。

むしろ「愛」というものの不可能性をこそ生きた、だから男の「カラサンシン」は、無為をさらすしかなかった。無為は男が「やってしまったこと」をどのような倫理や観念にも昇化させず、ただ「やってしまったこと」を裸形でさらす。そこに出来事もまた裸形で到来する、といえるはずです。

中山　はっきりとした方向づけをしていただき、ありがとうございます。また、二つの乗り越えのうち二つ目の同志殺害事件、つまり革命や抵抗のなかで同志を死に至らせるというテーマは、明日のテーマであります暴力の問題、テロルの問題へとつながっております。

ここで明日のゲストとしてご登場いただく目取真俊さんをご紹介いたします。目取真さんは昨日大阪に立ち寄られ、大きな争点になっている裁判の公判をお聞きになって、その足でいそぎ、東京へいらしてくださいました。

大江・岩波裁判の争点

目取真俊　昨日は大阪地裁のほうで、大江健三郎さんと岩波書店が訴えられている裁判[20]があって、それを傍聴してきました。これまで三回傍聴していますけれども、昨日が一番大きな焦点ということで、六九〇名ぐらいの人が裁判所に集まって、門の前で右翼団体が街宣したりして、騒がしいなかで裁判が行なわれました。

座間味島の戦隊長であった梅澤裕さんは九〇歳でまだ健在です。その方と先ほどのビデオに出ました赤松嘉次さんの弟が訴えています。昨日は、その二人と大江健三郎さん本人が出て、本人尋問が行なわれました。

そのなかで、梅澤さんは大江さんの『沖縄ノート』を訴えているのですけれども、その本をいつ読んだかという質問に対して、「去年読んだ」と。訴えたのは一昨年の八月ですから、訴えるまでその本を読んだことがなかったというのにあっけにとられました。

先ほどの米谷さんの発言との関係で、この点は詳しく言っておきたいのですけれども、民宿の方の弟というのは、宮平恵達さんという座間味村役場の職員なのですけれども、その方を含む五名が、二十五日に梅澤裕戦隊長のもとを訪れて、玉砕するから弾薬を下さいと、そう述べたというのが、宮城

(19)「世界」二〇〇七年七月号（岩波書店）特集「沖縄戦とは何だったのか」、九六ページ以下。

(20)二〇〇六年、旧日本軍の戦隊長らが、慶良間諸島における住民の「集団自決」は軍命によるものとする大江健三郎著『沖縄ノート』（岩波新書、一九七〇年）の記述に対して「事実無根で名誉を傷つけられた」として、著者・大江と版元・岩波書店に出版差し止めなどを求めた訴訟。「生存者らが戦後、遺族年金を得るために軍の命令だったと証言したのが真相」と主張する原告に対し、被告側は地元の新たな証言も得て「軍の命令はあった」と反論。さらに二〇〇七年三月末に公表された高校用日本史教科書の検定において、沖縄戦での住民の「集団自決」に対する日本軍の強制についての記述が削除されたさい、文部科学省がこの裁判の資料を原告側の「冤罪訴訟」とする呼称のまま検定意見の根拠資料として用いたことから、裁判と教科書検定問題が、ともに戦後沖縄の歴史意識に対する重大な否定の徴候であることが判明した。事実、「新しい歴史教科書をつくる会」につらなる歴史修正主義の運動が原告側を強力に支援している実態が明らかにされている。本シンポジウムの前日にあたる二〇〇七年十一月九日には、大江氏本人に対する証人尋問が行なわれ、訴訟は最大の山場を迎えた。なお、二〇〇八年三月二十八日、原告の請求は棄却されたが、原告側はそれを不服として、大阪高等裁判所に控訴している。

晴美さんの書いた『母の遺したもの』[21]という本に書かれているのです。

そのときに、梅澤さんは、「今日のところは一応お帰りください」と弾薬を渡さずに帰した。宮城晴美さんの本では、そこまでしか書いていないのですけれども、昨日の裁判では、梅澤さんは「自分は自決をするなと言った。食料もちゃんと備蓄してあるし、村民がともに生き長らえて軍とともに戦いましょう」と。「彼らがしつこく弾薬を欲しがるのにうんざりしたけれども、追い返した。私は自決しろと言ってない。だから、私にはいっさいの責任もないし、それを感じてもいない」そう明言したのです。だから、座間味島の「集団自決」は、梅澤さんのもとに来た五名、とくに助役で兵事主任の宮里盛秀さんが決定して、宮平恵達さんを使って村民に伝達させ、一カ所に集めて玉砕を図った。梅澤さんの論から言えば、すべての責任は助役、兵事主任の宮里盛秀にあるということです。

いま、この宮里さんの妹さんが、宮里さんが子供たちを抱いて、軍の命令だからここまで大きくしたのに殺さなければいけない、そう言っていたと証言しています。どちらの証言が正しいかというのは、この裁判の大きな焦点です。本当に梅澤さんが自決するなと言ったのであれば、宮里盛秀が自分の子供三名を殺したのかということです。なおかつ、自分の家族に手をかけるだけではなくして、村人も集めて玉砕させるようなことを一人の助役が決断してできるのかということなのです。

当時の島の最高指揮官は梅澤さんです。そういう隊長の命令に逆らってまでできたのか。裁判ではそういったことが争われているのです。裁判は具体的な事実に基づいてしか議論は進められませんから、この結果がどうなるか。十二月二十一日に結審して、来年の三月に判決が出るようですから、ぜひ注目してほしいと思います。

あと大江健三郎さんの陳述書は支援する会のホームページに近々出るはずですから、ぜひそれをごらんになってください。

あと、この件に関して、村の職員のなかで、確かに軍に協力して「集団自決」にかかわっている人たちもいます。林博史さんの『沖縄戦と民衆』[22]という本がありますけれども、林さんは細かく住民を分けて検討しています。村の職員、教員、校長、助役、そういったリーダーと、防衛隊員、少年たちのつくっている鉄血勤皇隊など、軍に協力している組織があります。それと一般の女性たち、老人、子供は分けて考えないといけないわけです。

当時の七〇代の老人というのは、琉球処分が行なわれる以前に生まれた人たちです。四〇代の人でも、共通語をほとんど話せない人たちがたくさんいたのが当時の状況なのです。だから、どういう人たちにどれだけ軍の論理、あるいは赤松の論理が内面化されていったかというのは非常に幅広い差があって、その責任の問題というのも、具体的な村の人たちの社会構成をふまえて考える必要があるのではないかと感じました。

---

(21) 宮城晴美『母の遺したもの——沖縄・座間味島「集団自決」の新しい証言』高文研、二〇〇〇年。本書は手記や島の人びとへの聞き取り等をもとに、著者の母、宮城初枝が「集団自決」の語り部になる経緯や、戦後の「証言」に対する葛藤を描いた作品。宮城初枝は一九五七年、厚生省引揚援護局の調査において「住民は隊長命令で自決をした」と証言したが、これによって元戦隊長梅澤裕を社会的に葬ったことを後悔し、苦悩の末、証言を撤回する。「岩波・大江裁判」の原告側はこの撤回を論拠とし、「集団自決」が自発的な自殺であるとした。しかし特筆すべきは、同書が、直接的な軍命の有無に矮小化される状況に対し、むしろ「集団自決」へと至る過程全体が軍の強制を表わしていることを、生存者への独自の取材によって明らかにした点にある。なお現在、二〇〇七年の教科書検定を受けて明らかとなった新たな証言にもとづく改訂新版が刊行されている。

(22) 林博史『沖縄戦と民衆』(大月書店、二〇〇一年)

映画の批判力

中山　ありがとうございます。非常にタイムリーな最新情報をいただきました。次にもうお一人、共同研究のメンバーでメディアの問題に造詣深い石田さんからもコメントをお願いいたします。

石田英敬　いままでの議論のなかで私が考えていたことが触れられていましたので、本当に短くコメントしたいと思います。

『それは島』は、残念ながら映像の状態がよくなくて、しかも、このわかりにくさというのは、じつはそれだけではないのです。声も聞き取りにくいし、しかしそれは、まさにわざとそうなっている。そこをどう考えるかということがこの映画の評価の本質にかかわる問題だと思います。

今日の上映に関しても、上映の条件からして見にくいというところはあると思うのですけれども、それにまして、もっと本質的なレベルで「見にくい」、難しいところがある。それは音声と映像とのずれとか、サイレント的なインサートとか、そうしたものが映像の見方を、異化とおっしゃいましたけれども、その異化するというところ、批評性にあると思うのです。

それはクリス・マルケルともたいへん共通していて、ある種の同時代性があって、この時代、六〇年代の映像のもっている力というのは批判力だと思うのです。それが、とくにドキュメンタリーと、ヌーヴェルヴァーグの批評から出てきた人たちなので、そうしたところを世界的に共有していたという状況があると思います。現在の映画あるいはテレビ、ドキュメンタリー等がかなり失ってしまった批判の力が、この時代の作家たちには非常に明確にあるということが見えたと思います。

そのことと『レベル5』の問題は、じつは私のなかでは重なっています。クリス・マルケルはもう八〇歳を超していて、ヌーヴェルヴァーグ以後の映画の歴史を書きかえてきた人なのですけれども、九六年のこの『レベル5』というのは、ある意味で非常にクリス・マルケル的な批評性というものを発揮した作品であると同時に、その当時のインターネットのような、あるいはコンピュータゲームなどを素材にして、それから立ち上がってきたアーカイブ型の記憶という問題を扱って、それをどういうふうに自分として批評していこうかと、きわめて戦略的にシナリオが書かれた、非常にすばらしい作品だと思います。

そして、主人公の女性も、彼女が呼び出すクリス・マルケルとおぼしきクリスという人物も、つぶやくように低く話す。それがさっきのわかりにくさなのですけれども、私も通しでまず最初に見たときに、まあフランス語には慣れているつもりですが、それでも何回も聞き直さないと聞き取れないぐらい聞きにくい状態した。そして、そのつぶやき自体がもっている、その声でしか語れない、そういう語りでしか語り得ないものというのがあって、それに向かって進んでいこうとする、それが記憶にアクセスするという、この作品の非常に大きなステークになっている問題だと思います。

なぜこういう題材で、つまり、コンピュータゲームのプログラムを書き継ぐという役割を帯びた喪のなかの女性が、どうして沖縄の記憶にリンクしていこうとしているのか。そして、そのことによってどうして彼女は姿を消してしまうのか、そういう手の込んだ他者の歴史というものに近づいていこうとする、非常に大胆な試みをやっていると読めました。

もうひとつ、最後に言っておきたいのは、要するに、なぜこの作品、あるいは間宮さんの作品もそうなのですが、いま私たちの記憶の問題を考えるときに重要かということを考え直してみるべきだと思うのです。というのは、「集団自決」の歴史を消そうとしているということは、どういう歴史がどういう歴史を消そうとしているのか、どういう歴史の語り方を消そうとしているのか、どういう技術を使ってそれをやろうとしているのか、どういう想像力を消そうとしているのか、そして、何を消そうとしているのかということを考えなくてはいけない。

そして、そのときに、とくに日本の修正主義が行なっていることのメディアのベースは何に依拠しているか、どういう記憶に依拠して歴史の書きかえをやっているか、どういうメディア技術を使ってそれをやろうとしているのか、その特徴は何かということと、それに対する批判的なまなざしとの関係を考え直してみる必要があると思います。

とくにコンピュータゲームのようなもの、あるいは漫画とか、そうしたものに対する批判、イメージとしての批判はどうあるべきかとか、物語の語り方の批判はどういう問題を投げかけているのかということを考えていくと、いま僕が提起したような問題に近づいていくと思います。逆に言うと、修正主義的な動きの九〇年、二〇〇〇年代の依拠しているサブカルチャー的なものをどういうふうにキープしていけばいいのかということが、逆に非常に明快に出てくるのが『レベル5』ではないかと思いました。

中山　ありがとうございました。簡潔ながら、『レベル5』の意義と、それが提起している問いかけについてまとめていただきました。修正主義への対応がメディア戦略の分析をも必要とするという重要なご指摘でもありました。

それでは、今度はフロアの皆様から、ご質問、コメントをお願いいたします。

「島」とは何か

会場発言者　先ほど目取真さんからも、当時の島の人口構成も具体的に見ていく必要があるというようなご指摘があって、まったくそのとおりだなと聞かせていただいたのですけれども、そのことも少し関連して、実際「集団自決」が起こった場所の問題ということをお聞きしたいと思います。日本のなかの沖縄の、さらに離島の慶良間でこういうことが起こったということの問題性、間宮さんの映画のタイトルが、まさに『それは島』となっていますが、島であるだけでなくて、さらにそれが離島であるということ。離島という言葉自体が中心の島を想定した上で考えられるような場所だと思うのですが。

あの映画では「流出」という言葉が盛んに出てきますけれども、同時に離島において最も激しくファシズム的な近代が流入しています。最も激しく流入や「流出」が起こる離島という場所の問題性についてコメントをいただけたらと思います。

間宮　島というのは、陸地は隔絶されて、周りは全部海です。要するに退路を絶たれているという点で、自決のひとつの外的要因というのは行く場所がなくなったということがあると思うのです。

それから、『それは島』でとらえている「流出」というのは、経済現象です。なぜ「流出」と「自決」というのを並べて出したのかというと、それは「自決」も「流出」も、その底辺は共通の思想で結ばれていると思うからです。つまり「自決」も「流出」も結局は国家権力が棄てた民、棄民がまき起こす現象だと言えると思うのです。軍隊についても、島人は七〇年当時でも、自分たちを守ってくれるありがたい軍隊だという幻想をいだいていました。軍隊は領土を守るために島に駐留しているのであり、領民を守るためではない。島人の一人は証言のなかで、「銃後国民として軍に協力し、国のためなら潔く散りなさいという指導ですからね」と、はっきり死ぬことのための教育を受けてきたことを言外に訴えていました。

米谷　これは大変厄介な問題なのですが、どういう場所で起きたのかということと同時に、いつ起きたのかということも重要です。年表「沖縄戦の記憶／記憶の戦争」では、沖縄戦下で、何月何日に、どこで「集団自決」が起きたのかについても簡潔にまとめてあるのですが、今日話題になっている渡嘉敷島、座間味島など慶良間諸島の「集団自決」は、沖縄戦の最初期に起きています。

四月一日から沖縄島で本格的な戦争が始まりますが、三月下旬の時点で慶良間諸島では戦闘がはじまっています。三月二十六日に座間味島、慶留間島に米軍が上陸して、その日のうちに「集団自決」が起きています。そして、翌日の二十七日には渡嘉敷島に米軍が上陸し、その翌日の二十八日に「集団自決」が起きています。その後、四月一日に沖縄島で、読谷の近くの嘉手納、北谷の海岸に米軍が本格的に上陸をはじめますが、その直後の二日には、読谷村のチビチリガマで「集団自決」が起きています。

その後も、激戦の渦中で「自決」が起きますし、六月下旬に摩文仁や喜屋武岬に追いつめられた最終段階でも「自決」が多発しているのですが、沖縄戦が始まった出発点で、まずいきなり「集団自決」が起きるということが重要です。これは決して偶然ではありません。

日本軍が島に駐屯し、住民たちを「軍官民共生共死」の「玉砕」戦争に動員しました。日本軍は、投降して捕虜となることを許さず、投降しようする兵士を軍規違反として処刑しましたが、島の住民たちにも軍の規律を適用して、投降を呼びかけるビラを拾ったり、投降しようとしたりする住民を処刑・虐殺しました。このように「玉砕」するまで戦うことを前提とする沖縄戦がはじまったそのとたんに、「集団自決」が起きているわけです。ですから、「集団自決」は、沖縄戦のなかで偶発的に起きた事件ではなく、沖縄戦の矛盾が集約されたシンボリックな死なのだと言えるでしょう。

そのような状況では、投降して生き延びようとすること自体が、「非国民」として処刑されることを意味していて、住民たちも「皇国臣民」として死ぬことが求められていた。そのような価値観を内面化させられていたからこそ、「集団自決」が起きるわけです。

ただし、だからといって、島の住民全体が、内なる「赤松」を内面化し、丸ごと皇民化していたわけではないでしょう。この点については、先ほど私も少しふれましたし、目取真さんからもコメントをいただきましたが、同化・皇民化の度合いは、世代や年齢、地位、性差などによって異なっていました。島の村役場の幹部たちと、子供たち、若い女性たち、おばあさんたちでは、内面化の度合いはそれぞれ違っていたはずです。

先ほど、島の村役場の幹部たちにも責任の一端があるのではないかということをお話しました。これは、日本軍だけでなく、島の人たちにも責任があるじゃないか、というような責任転嫁を誘発してしまいそうな危ういテーマなのですが、もちろんそういうつもりでお話したのではなく、明らかに日本軍が「玉砕」戦争に動員して、命令・強制・誘導しながら死に追いやっているわけですから、日本軍に最大の責任があることはくりかえし強調されるべきでしょう。ただし、そのような軍の動員・誘導に呼応する、住民の側の主体の意識がなければ、あれほどの「集団自決」は起きなかったはずです。

仮に直接の軍命がなかったとしても、すでに既定方針としての「玉砕」戦争に動員・誘導されていて、島のなかにそれに呼応する体制ができあがっていたからこそ、あちこちで「集団自決」が起きるわけです。また、軍の命令がはっきりあったとしても、それに呼応・協力しながら住民たちを死へと誘導する島の幹部たちがいなかったら、組織的な「集団自決」は起きないでしょう。

これはとても微妙な問題をはらみます。軍の命令・強制の責任を問うことはもちろん重要で、教科書に何としても記述を回復させなければいけませんが、記述を回復させたら、それでもう一件落着という問題ではないでしょう。なぜ、軍の命令・強制・誘導にしたがって、島の住民たちが動いてしまい、「集団自決」が起きてしまったのか、ということを考えなければいけないと思うのです。

これはとても微妙な問題ですから、どのような言葉でそれについて語ればよいのか、なかなか厄介だと思います。おそらく、ある時期までは、それは「戦争責任」という言葉で語られていたのでしょう。島の人たちのなかに、軍と協力しながら「玉砕」戦争に住民を導き、「自決」に追いやった人たち、自分たちは生き残って、戦後も地域の有力者として地位を保っている人たちがいて、その責任はいったい何なのかを問うことが必要だった。いったんは「戦争責任」という言葉で語られた時期があったと思います。

ただし、この問題の奥底には、「戦争責任」という言葉だけでは言いつくせない何かがあります。沖縄の近代史のなかで積み重ねられた同化や皇民化の問題があって、それを内面化することで「集団自決」が起きている、ということを問い返さなければいけない。まさにその問題に、岡本恵徳さんたち「反復帰」論者たちが分け入って、問いを立ちあげたのです。その問いは、いまも形を変えて引き継がれなければいけないと思います。

それと同時に、死ぬことによって日本国民としての証しを立てるという道筋とは違うような、先ほどから仲里さんが提起されている、「愛ゆえに」というのとは違う語り方、文体を見つけ出さなければいけません。

この問題については、宮城晴美さんの問題提起が、大事な示唆を与えてくれると思います。宮城さんは、「『同化政策』の結末――沖縄・座間味島の『集団自決』をめぐって」[23]という座間味島の女性史についての論文を書かれていますが、そこでは、座間味島の「集団自決」の犠牲者のうち、女性や子供が圧倒的多数を占めるという点に注目しています。青年・壮年の男性は徴兵されたり、防衛隊員に動員されたりして不在ですから、「集団自決」の現場に居合わせていた人の多くは老人や女性・子供たちです。宮城さんの調査によれば、犠牲者のうち、八三％が女性や子供でした。

その女性たちのなかでも、同化・皇民化の価値観を内面化して「自決」に向かおうとする人と、それを拒絶する人がいました。若い女性たちほど、皇民化教育を受けていて、貞節を守る日本婦人として「自決」しなければならないという強迫観念にとらわれている。米兵に捕まって、レイプされ、殺される前に、貞節を守って死ぬべきだと、みずから「自決」しようとしてしまう。

しかし、おばあさんたちの多くは、皇民化教育をそれほど内面化していません。学校教育も受けられなかった「無学文盲」のお年寄りの方が、「集団自決」への拒絶反応を起こしていて、自分の娘や嫁が孫たちを殺そうとするのを、おばあさんがおしとどめ、孫たちを守りぬいたという例があるようです。

このようなことを考えてみると、一口に軍の動員に協力・呼応していく体制があったといっても、

(23) 奥田暁子編『マイノリティとしての女性史』(三一書房、一九九七年)所収。

島の村役場の幹部たち、その多くは男性たちだと思いますが、そのような立場の人たちと、「集団自決」で犠牲になった女性たち、子供たちとでは、同化・皇民化を内面化する度合いにかなりのギャップがあり、そこを含めてこの問題は考えなければいけません。「玉砕」の現場で、皇民化教育を受けてこなかったおばあさんたちが、あえて孫たちを守って生き延びたというところにも、死ぬことによって日本国民としての証しを立てるという道筋とは違った生き方が、非常に際どい局面で示されていたはずです。そういうところを大切に見届けながら、「玉砕」に向かう「国民」とは違う別の生き方を、見出していくことが必要ではないかと思うのです。

仲里　いまの米谷さんの発言で答えは尽くされていると思いますけれども、先ほどの方の質問に、資料で答えているのが、九月二十九日の県民大会のその日に「琉球新報」の朝刊で紹介された「軍が『死』強要　各地で悲劇」という記事ではないでしょうか。「集団自決」が、米軍が最初に上陸した渡嘉敷島や座間味島で起こったということで、非常に凝縮した形になったといえますが、座間味や渡嘉敷に限らず、この資料を見れば、沖縄のほぼ全域にわたって「集団自決」があったということがわかります。とくに軍隊が集中的にというか、戦略的に配置された場所で起こっているというのも特徴のひとつとして挙げられるだろうと思います。こういった現在までの沖縄戦の調査や研究の蓄積で証明された事実以外に、記録には残されていない多くの死者のなかにも「集団自決」で亡くなった人たちがいただろうということは、想像力を働かせればわかってくるのではないでしょうか。

もちろん、「集団自決」は目取真さんが言ったように、階層や性別や年齢の差など、幾つかの要素の絡み合いで見ていくということが基本的に必要だとは思います。

ですが、僕などがこだわっているのは、肉親を手にかけてしまった、殺してしまったことの取り返しのつかなさを、生き残った体験者がどのようにかかえ込んでいるのかをすくい上げていく言葉を獲得できるのかということです。はっきり解答は出せないにしても、そのことを潜らずしては、思想として次なるステージ、次なるアリーナに乗り継いでいくことはできないのではないかと思います。「集団自決」を回避したさまざまな事例が最近の証言で明らかになってきたとしても、思想としての問題は、「やってしまったこと」をどういうふうに読み解くことができるのか。そこがポイントではないかと思ったりします。

一般性と特異性

西谷　では、それを受けて、今日のまとめとして言わせていただきますと、いまのご質問と直接関係して、忘れてはならないのは、「集団自決」はどうして起こったかということです。それは、お前たちは日本人だと言われ、日本人だからこうしろと言われて起きたことです。だから、あえていえば「集団自決」は沖縄だから起きたのではない。あるいは渡嘉敷だから起きたのではない。もし仮に、米軍が遠州灘あたりに上陸してきたとしたら、そうしたら必ず私の故郷で起こっていたでしょう。いま仲里さんも、「集団自決」が起こったのは日本軍がいたところだということを指摘されましたが、まさにそれが日本軍がいるということだ、ということに思いを致すべきだと思うのです。日本人になろうとすると、あるいは日本人であろうとすると、国防を標榜する軍隊のために死ななければいけない、そう要求をする体質を日本軍がもっていたということです。

島というのは何か。もちろん地理的な島もありますが、沖縄へ行くとわかるように、皆、村のことをシマと言うわけです。やくざ言葉にあるように、日本の小さな地域共同体というのはシマなのです。だから、連合赤軍のようなことも起こるのであって、これは特別に沖縄だけの問題ではないということ、むしろ日本の問題だということを理解したほうがいいと思います。

最後に一言だけ明日の議論につなげておきたいと思いますが、要するにこういうことが起こってしまった。そうしたら、死んだ人はもう語らない。だからこそ、そういう死を国家は回収することができる。「愛であった」と言って「靖国」に回収できるわけです。ところが、生き残った人はそうではない。ただ、生き残った人もまともにものが言えなくて、ついに声にならない声でサンシンを弾くということしかできないかもしれない。けれども、届かなさに胸の潰れる思いをしたり、これは何だったのだと考えることができるのは生き残った人間だけなのです。

そういう意味では、生き残るということはとても重要なことなのです。生き残らなかったら、こういう問題さえ残らないかもしれない。そしてみると、生き残るということは何かというと、まさに断ち切られた死の向こう側、この断ち切る線というか、絶対的な境というか、縁というか、それを抱えてゆくということ、そして声が出なくなってもそれを語り出し、問い続けてゆく。さらには、経験のない世代を超えてなお、この分断線を語り伝えていく。

そして、われわれが生きる。そこで、まさにこれがたんに沖縄の問題ではなくて、日本の問題なのだということまで考えるような、自分たちの生の想像力の中に分断線を引き継いでいくということ、それが重要だと思うし、おそらくそれはいくつもの悲惨さを内に抱えていくことでもあって、またそれがわれわれの生存のうちに、やりすごしがたい暴力性のようなものを呼び覚ましていくのだとも思うのです。

二　暴力とその表出

パネリスト：目取真俊＋仲里効＋西谷修＋真島一郎
司会：中山智香子
（二〇〇七年十一月十一日　東京外国語大学研究講義棟二階　一二六教室）

司会（中山智香子）　シンポジウム「暴力とその表出」を始めさせていただきたいと思います。まずゲストのご紹介ですが、『オキナワ、イメージの縁』をお書きになった仲里効さんです。よろしくお願いいたします。（拍手）
お隣りが、みなさんご存知の芥川賞作家で、目取真俊さんです。（拍手）
そして、うちのスタッフの西谷修、真島一郎がパネリストとして入らせていただきました。（拍手）

沖縄と日本の縫合線

西谷修　それでは、全体の提題も含めて私から口火を切らせていただきます。まず、今回のシンポジウムのタイトルについて説明させていただきます。とはいっても、映画『沖縄やくざ戦争』を見ていただいたあとではなかなか言いづらいものがありますが……。

この映画の人物たちのことを文字どおり「暴力団」と言うわけで、こういうものをお見せするとちょっと混乱が起こるかと思うのですが、じつは混乱でもありません。今回のシンポジウムは総タイトルが「沖縄／暴力論」で、「暴力団」というわけではないのですが、それでも「暴力論」とテーマを立てると、「暴力とその表出」です。だから「アウト・ロー」というのが出てきてしまう。「アウト・ロー」というのは法の外にいる人間ですが、戦争は「非常時」として「アウト・オブ・ロー」です。そして、通常の法が停止される戒厳令も軍事占領も、言ってみれば「アウト・オブ・ロー」だし、そこでは人びとはむき出しの暴力、この場合は国家の暴力ですが、それにさらされる。そういったことを念頭に、国家と非国家、合法性と非合法、無法状況下での集団の組織化、あるいは政治的軍事的統合や経済的進出、といったさまざまな局面を考えると、とりわけこの『沖縄やくざ戦争』は、われわれの提起したい「暴力論」のきわめて特異なエンブレムになりえます。それで今回、この作品を上映することにしたのですが、この「とんでもない」映画にわれわれの目を向けさせたのはほかならぬ仲里さんですので、毒気にあてられた方はとりあえず、あのなにくわぬ笑顔で解毒しておいてください。

昨日の話題との関連で言いますと、「集団自決」というものも、ある極限的な状況での暴力の表出だといえます。それを、微視的事実の拡大で事件の本質を否認する――それが修正主義のやり方ですが――のではなく、むしろそのような惨事を生み出したコンテクストというものを見てみると、「琉球処分」以来の日本の近代国家形成のプロセス、そのなかで沖縄の人たちを「国民化」ないしは「日本人化」していくプロセスがあり、「化外の民」は死んでみせることによってしか、まさに『レベル5』に届くことによってしか、国民になれなかったという事情を印した出来事だったということが浮かび上がる。それを論じてみようというのが、一言で言えば昨日の議論のモチーフだったわけです。

昨日ここにおいでになかった方々も多いようですので付け加えておけば、この出来事は、日本との関係で歴史的・構造的にみれば、明らかに特殊沖縄の出来事である。友利さんの言葉でいえば、「あまりに沖縄的な死」であったと言いうる。けれども、もう少し想像力を開いて考えてみたら、おそらく日本軍、あるいは天皇の軍隊がいたところではどこでも起こりえたかもしれない。例えば米軍がよそに、浜松あたりに上陸したとしたら、三ケ日原人などが発掘されていまではみかんの大産地になっているあたりで、やはり軍の食料を確保するために住民は邪魔にならないように死ねとか、あるいは防空壕に入れてもらえない村人たちがパニックに陥って、米兵になぶり殺しにされるよりは、と言って「玉砕」すると、そういうようなことは十分想定できるわけです。だとするとそれは、「玉砕」の思想があるかぎり、われわれが日本という国家のもとに軍事的に組織されるときにつねに起こるかもしれない、そういう出来事でもあるということです。

今年（二〇〇七）でちょうど「復帰三五年」ということですけれど、復帰して時がたてば普通は、例えば身体一部を手術して接合した場合に、時がたつと縫い合わせた両方の組織がだんだん馴染んできて、いつの間にか前と同じようにというか、新しくできた細胞群や血管でつながった部分になるわけです。もちろん、一九七二年以来、沖縄と本土との接合はさまざまな面で強くなっていて、もはや切り離せない状態になっているでしょう。

にもかかわらず、三〇年たってもういいかな、次は一〇年後に四〇周年でもやればいいかなとふつうなら思う頃になったにもかかわらず、三一年、三二年、あるいは三五年後の後は三六年と、毎年この齢を数え直さなくてはいけない。つまり、年ごとに、日本のなかで「沖縄」がクローズアップされてくるわけですね。まさに縫合線が剝離するかのようにして。われわれはこれまでほとんど毎年、なんらかのかたちで沖縄関連の企画をやってきましたが、今年それを集約しながら「沖縄」を本格的に取り上げようとなったその理由は、おそらく今年、沖縄がわれわれにとって大きな課題になるということが予感されたからです。

去年、安部内閣のもとで教育基本法が改変され、それから国民投票法も作られて、いわゆる憲法「改正」の段取りもいちおう道がついて、その具体的なタイムテーブルが語られるような状況になった。これはじつは、サンフランシスコ条約締結のあとの一九五三年、池田・ロバートソン会談で当時の日本政府がアメリカに「約束」した、教育基本法をやめて、戦争へのアレルギーをなくし、憲法を改正して日本は再武装する、そしてアメリカの世界戦略に協力するという約束を、やっと五〇年たって果たす、そういう半世紀越しの約束がやっと実現するということなんですね。

そして今年は、防衛庁が五〇年の悲願の末に防衛「省」に格上げになった。われわれは「自衛隊」と言っていますけれども、実質的には「日本軍」がこの国の統治機構のなかに公式に復興したということです。その防衛省が最初にやった仕事というのは、ご存知のように、沖縄の辺野古沖に護衛艦を出して住民運動を威嚇するとか、密かに市民運動の関係者の身上調査をするとかいったことです。

この軍隊を公然化していくときに一番のネックになるのは、日本軍のイメージをつくり直すことです。というのも、池田・ロバートソン会談でいちばん問題になっていたのは、過ぐる戦争のために国民の間に戦争に対する根深い嫌悪感が広がっている、それを何とかしなくてはいけないということだった。戦争体験が酷かったというだけでなく、悪評高い日本軍の性格というのもあったでしょう。

日本の戦争という場合に、いちばんひどい戦場だったのが沖縄です。そうすると、軍隊や戦争を国民的に受け入れさせてゆくためには、この沖縄の戦争の記憶をポジティブなものにつくり変えてゆく必要がある。そこで、沖縄戦を祖国を守るための英雄的犠牲の戦いだったということにしなきゃいけないし、日本軍は劣勢のなかでよく戦ったし、それを助けて島民たちは、本島の人も離島の人たちも、みな国のためにすすんで死んでいったということにしなければならない。そういう要請が生まれてきます。だからこそ、そんな整形美談化を早くから厳しく告発してきた大江健三郎さんを標的にした裁判が起こされたり、それを利用して教科書が書き換えられたりとか、そういうことになっています。

それと、この数年われわれのかけがえのないパートナーだった仲里さんの本が今年の初めに出ました。仲里さんが素材として論じているのは復帰前後のいろいろな映画ですけれど、その重層的な解読を通して仲里さんは、いま言った「沖縄と日本との縫合線」、縫い合わせるその線ですね、そこに働くさまざまな力学、つまりその接合線をめぐってひび割れが起きたり、あるいはきしみを立てたりする、そこに働く力の錯綜というのを腑分けしたというふうに受け取ったわけです。そしてそこから浮かび上がるテーマが「暴力論」なんですね。いいかえれば「法外の力のせめぎ合い」ということです。つまりわたしは仲里さんの本を単なる復帰前後の映画の読解の本としてではなくて、まさに「沖縄／

暴力論」として読んだわけです。

沖縄と暴力

西谷　「暴力論」が浮かび上がる理由はもうひとつあります。とりわけいま、つまり二〇〇一年以降ということですけれども、世界に「テロとの戦争」という体制が敷かれています。これはアメリカが主唱したものですが、多くの先進国がこれに乗っていて、「国際貢献」のためとか、国際秩序の「安全」のために協力しなくてはいけないといった話がすぐに出てきて、「テロとの戦争」といえばなんでも正当化されるというお題目のようになっています。けれども、じつはこれはとんでもないことで、「テロとの戦争」とは何を含んでいるかというと、国家権力の行使は絶対的に正しく、それに反抗する者の行為は「安全」を脅かす「公共の敵」であり、それに対してはどんなことをしてもいい、いやむしろあらゆる手段を使って抹消しなければならない、ということを定式化するような表現なのです。「テロとの戦争」の当事者は、一方は国家ですが、他方は「テロリスト」です。つまり国家の警察力や軍事力行使の「敵」として立てられるものは「テロリスト」で、「テロリスト」というのは原理的に無法者で、自ら法の外に置き、法外な行為に出る、そして非道な活動を展開する者であると。国家でもないから正式な武力とか暴力行使の権利もない。だから国家は、万人の利益である秩序の安全を守るため、あらゆる手段を使ってそれをつぶす、あるいはその破壊活動を未然に防ぐために先制攻撃で殲滅する、そういう戦争だということになっています。

事実、ここ二～三年の報道を見てみると、たしかに「敵」は国ではないんですね。正式な組織ですらなくて、「テロリスト」とされた不特定多数の人間です。だから新聞報道でも、「アフガニスタンでEU軍が先週五百何名のタリバンを殺害した」とか、イラクの掃討作戦で、米軍が何十人かを「殺害した」と書いてある。これがいまの戦争の「戦果」です。つまり、かつてのように旅順攻略だとか、シンガポール陥落とか、そんな言葉で表現されるのではなくて、「何人殺害したか」というふうに表現される。これが「テロとの戦争」なのです。そうするとこの「戦争」というのは、国家の権力行使が剝き出しの殺人行為以外の何ものでもないということに公然と居座る、そういう戦争形態なんですね。だから、「テロリスト」の「無法」性が強調される一方で、逆に国家の武力行使というのが何であるかをあらためて露呈させてしまう性格をもっている。

そんなことを念頭に仲里さんの本を読むと、縫合線にせめぎあう諸力というのが、国家への統合圧力がさまざまなレベルで沖縄の人びとや社会を圧迫して、ひとつひとつの局面で噴出してくるものだと見えてくる。戦争はもちろん剝き出しの国家的暴力ですが、それは敵国によって振るわれるだけではない。戦場になるということはその暴力のるつぼになるということです。そしてその後の軍事的支配がある。さらに、「復帰」という政治的再統合を背景にして本土の経済進出が行なわれる。その経済進出によって、地域の自生的な経済活力だとか、そこにある生活基盤が徹底的に破壊されて、街の景観もすべて壊されてしまい、沖縄にお台場と同じような景観が出現する。そういう事態もまさに暴力ではないかというふうにして、あらゆることが暴力の多様な発現として見えてくるわけです。

仲里さんの本のなかで私にとって印象的だったのは、復帰直後に集団就職で東京に来たある青年が、私と同じナナハンのオートバイに乗って、国会議事堂の鉄柵に激突して死んだという出来事のことです。この青年については、ドキュメンタリー作家の森口豁[24]さんが作品化していますが、ある絶望の果てに、誰も道連れにせず、ただ国会の鉄柵だけを道連れに、言ってみれば彼は「自爆」したわけです。そうでもしないと出口がないような怒りや閉塞感がこの青年にはあったと思うんですね。たしか仲里さんは「たった一人のコザ騒動」と書いていたと思いますが、では、この鉄柵への衝突は「テロリズム」なのか。いまだったらすぐに、「すわ、テロだ」と言われるでしょうね。私もオートバイで国会の前をうろうろしていたら、テロリスト容疑で逮捕されるかもしれませんが、それが誇大妄想とは言えないほど、たとえば電車に乗っていても、「テロ対策にご協力ください」という電光テロップが毎日というか、毎分ごとに流れているわけです。

そんな九・一一後の状況のなかで、仲里さんの本を、沖縄という日本国家の境界にうっ積しかつ噴き出す暴力の分析、というふうにして読んだということです。「暴力論」というかたちで問題を立てると、国家の暴力も日常の暴力もある連続的な相のもとでとらえることができます。そのなかに政治的関係や人びとの行動を置いてみることができる。そうして表出される暴力の諸関係はどうなっているのか、そういった観点から沖縄の問題を照らし直してみたい。それが、この「沖縄／暴力論」というタイトルの趣旨だということです。

そこで、いまご覧いただいた映画に戻りますと、じつは私は、この映画を封切り当時には見ていな

(24)　この青年は、森口豁『激突死』（一九七八年五月二十一日、日本テレビ放送のドキュメンタリー作品）でとり上げられた上原安隆のこと。森口豁は一九三七年生まれ、映像作家、ジャーナリスト。高校時代に沖縄を訪れてその現実に衝撃を受け、以来、琉球新報記者、日本テレビ沖縄特派員として沖縄を取材、数多くのすぐれたドキュメンタリーを作る。「ひめゆり戦史・いま問う国家と教育」「島分け・沖縄鳩間島哀史」などで、テレビ大賞優秀個人賞を受賞。また一〇冊に及ぶエッセーも書き、『誰も沖縄を知らない――二七の島の物語』で二〇〇五年度沖縄タイムス出版文化賞を受賞している。沖縄を語る一人の会主宰。

いんですね。このあとで東映の大衆娯楽路線になった『仁義なき戦い』とかは見ましたけれども、この映画は仲里さんに教えてもらって、四年前の「沖縄、未来のドキュメンタリー」という企画のときに、アテネ・フランセを借りて上映しました。これは、沖縄の「本土復帰」ということが、要するに「縫合線」をつくるということがどういうことなのかということを、ヤクザの抗争というまったく生な、それこそ「法外」な力が衝突する場の物語であるがゆえに、じつに凝縮的に表現している。ヤクザ組織も本土では暴対法以降、会社組織に衣替えするわけですが、本土企業が進出するということはどういうことなのかとか、沖縄と本土との政治的あるいは経済的なレベルで起こる系列化や再編とはどういうことなのかといったことが、ここには剝き出しの暴力抗争の形でダイレクトに表現されています。

この映画で畳みかけるように出てくる暴力の質というのは、「広島死闘篇」とか、他の実録ものといわれるヤクザ映画でもある意味では同じようではあるのですが、とはいっても、やはり違うといわざるを得ない。米軍基地があるからいろいろな武器が手に入るということもあるし、あるいはあの凄惨なリンチとか、生き埋めとか、あれは実際に起きた出来事をモデルにしているんですが、このすさまじい暴力というのは、やはり「地獄を幾つも重ねた」といわれた戦場になったということと、それから、友利さんの言葉でいえば、その後で国家を奪われ、国家を回復しなければならないような状態に人びとが置かれた占領下の状況ですね。裏返していえば、国家というのは、それが法治国家であれば、あらゆる人に基本的に法的な主体としての地位を与えるものですが、そういう国家がなくなってしまって、剝き出しの軍事支配のもとで占領下に置かれるという、沖縄の人びとの基本的な生活状況と無縁ではないだろう、というよりもむしろ深く結びついているだろうと思われます。そんなことを念頭にこの映画をとらえ直していただけたらと思います。

中山　では、テーマ全体の課題を受け、ゲストのお二人からお話をいただきたいと思います。仲里さんからお願いいたします。

「エネミー」の哲学

仲里効　午前中の間宮さんの『沖縄』を見たあとの『沖縄やくざ戦争』を、どのように語ればいいのかうまく言葉をつなげませんが、まずはこの映画についてコメントし、西谷さんが『オキナワ、イメージの縁』を暴力論として読んだということに絡めながら、話をしていきたいと思っております。

この本自体は一九七二年前後に撮られた映像を読み解きながら、沖縄の日本復帰が何であったのかということと、それから、われわれの世代が時代とどのように出会ったのかを論じたもので、言ってみれば「一九七二年論」として書いたつもりです。それが「暴力論」としても読めるということは、「日本復帰」とその時代の本質についての再考を促すテキストになっているということでしょうか。

本のなかで、先ほど観ていただいた『沖縄やくざ戦争』を取り上げていますが、その前に、東映で一九七〇年にクランクアップして、七一年に正月興業映画として上映された、深作欣二監督の『博徒外人部隊』を論じています。これは、復帰直前に横浜のアウトロー集団が、新天地を求めて沖縄に乗り込むことによって起こる波紋や葛藤を描いたものですが、沖縄が日本に統合されていく過程で働く暴力の相を、やくざの抗争を通して、そしてその背後に政治的なメッセージも込めて撮った映画であったといえます。

非常に象徴化していえば、深作がなぜ映画名を『博徒外人部隊』と名づけざるを得なかったのかということにかかわることですが、沖縄の抗いは決して日本のフレームのなかに併合していくことなどできないんじゃないかということを、この作品は感じ取っていたということです。それが『博徒外人部隊』というネーミングに端的にあらわされているような気がします。

この映画はまた、一九七〇年の十二月にコザという街で沖縄民衆の怒りが爆発した、いわゆるコザ暴動[25]が起こりますが、そのコザ暴動の直前に撮られたことから、『博徒外人部隊』ははたしてコザ暴動を予感したのかということが、当時、映画批評家や映画にかかわっている人たちのあいだで問題になったことがありました。

かりにコザ暴動を予見したという言い方が成り立つとすれば、ヤマトから流れてきた集団の線においてではなく、『沖縄やくざ戦争』の千葉真一と重なるような、若山富三郎が演じたコザ派のボスの抵抗においてであろうと思います。鶴田浩二にひきいられたヤマトのアウトロー集団との抗争で、若山が演じたコザのボスが身体化した暴力の質は、コザ暴動の大衆的基底というか、最もエッセンシャルな部分とつながっていったんじゃないか、ということを論じたりしています。

沖縄の日本への併合は七二年に実現します。沖縄の歴史を一言で言いあらわせ、と問われれば「琉球処分」と答える人は少なくありません。一九七二年の「復帰」だって第三の「琉球処分[26]」じゃないかと言われました。実際、七二年の五月十五日の復帰の日に、那覇市民会館と東京の日本武道館で行なわれたセレモニーは、そういった意味でも象徴的でした。日本武道館では天皇、皇后列席のもと、当時の佐藤栄作首相をはじめ、日本政府やアメリカ政府関係者が一堂に会して、沖縄の返還を祝う記念式典があり、那覇市民会館では、沖縄県が主催して復帰記念式典が行なわれた。

これは、まさに日本国家の版図に沖縄を統合していく、ナショナル・セレモニーでもあったということができます。それ以前は国家をもたない軍事植民地的な「例外状態」(27)にあった沖縄を、国民や国家、領土の物語に接収する儀式であったといえます。それに抗議する集会が、復帰を祝う記念式が行なわれた那覇市民会館の隣の与儀公園で行なわれたわけですが、そのときも第三の「琉球処分」に抗議するスローガンが掲げられていたんですね。「琉球処分」という言葉が含意する沖縄と日本の関係性には、併合の暴力の問題が、集合的に記憶され、身体化されているといえます。

先ほど西谷さんが言われたように、明治の「琉球処分」以降、統合の縫合線に働く諸力の位相に、沖縄の抱える葛藤や抵抗が表出されていると思っています。

その縫い目に働く諸力を、『オキナワ、イメージの縁』では「エネミーの考古学」という視点から『沖縄やくざ戦争』を論じています。この映画の原典となった笠原和夫(28)のシナリオ『沖縄進撃作戦』では、ストーリーの節目節目で千葉真一が演じた国頭正剛という、本土の暴力団の沖縄進出に対抗し

(25)一九七〇年十二月二十日夜、米兵相手の飲食街として知られたコザの街（現沖縄市）で、米兵が起こした交通事故をきっかけに、日頃から米兵犯罪に対する処罰に不信をもっていた住民がＭＰ（Military Police）を取り囲み、騒然としたところでＭＰが発砲。怒りを爆発させた群衆が米軍人・軍属ナンバーの車に次々と放火して大騒動となり、嘉手納基地ゲートも破られる騒動までに激化した。戦後沖縄史でも有数の伝説的事件。

(26)一八七一年の廃藩置県の翌年に、明治政府は琉球王国を廃止させて琉球藩を置くが、清朝とのあいだで争いが起こり、台湾出兵を経て一八七九年、政府は軍と警察を派遣して藩の廃止を宣言、沖縄県を設置した。この一連の措置を琉球処分という。

(27)通常法が停止され執行権力の命令が法となる状態。カール・シュミットが『政治神学』他で強調。近年これが注目されるのは、「テロとの戦争」が国際レベルでこの概念を想起させるからである。

(28)笠原和夫『映画はやくざなり』（新潮社、二〇〇三年）の巻末にシナリオが収録されている。

て連合した旭琉会の一方の理事長が、暴力を行使するときの根拠となっている「エネミーの哲学」があるわけですね。「エネミー」というのは敵という意味です。

この「エネミー」は、国頭正剛においては三つの質をもっています。ひとつは、沖縄内部における暴力組織の縄張り争いでの敵対関係という形をとります。連合する以前は、那覇派と山原派に分かれて激しい抗争をくり返していたのです。

ついでに言いますと、沖縄における暴力組織[29]は、日本におけるやくざ組織の定型ではくくれないような質をもっています。むしろアメリカにおけるギャング組織に近いといわれています。たとえばイタリアのシチリーからの移民たちのなかからアメリカでギャング組織をつくるグループが出てきますが、それに似たような結集の質で、アメリカ占領下の沖縄でハバをきかすようになります。彼らは「アシバー」と呼ばれていました。アシバーというのは文字どおり「遊び人」のことですけれども、「ヒィートゥグァー」とも言ったんです。「ヒィートゥ」とは、イルカのことです。社会の定型から外れたアウトローのことを、なぜ「ヒィートゥグァー」と呼んだのかはくわしくは知りませんが、そんなアブない人をみると、「あれー、ヒィートゥグァーるやしが」とか言ったりしていました。日本のやくざ組織の定型は天皇制の問題とも絡んでいくわけですが、そういった暴力とは異なる質をもった暴力が沖縄戦とアメリカ占領下で形成されていくわけですね。

笠原和夫は、沖縄の暴力の根源は沖縄戦にあるというふうに言い切っています。『沖縄進撃作戦』の前に『日本女侠伝・激斗ひめゆり岬』のシナリオを書いていますが、これは藤純子と菅原文太の共演で、藤純子はひめゆりの生き残りで、菅原文太は日本軍の将校として描かれるわけですけれども、二人の戦後の生き方を決しているのは、沖縄戦での体験が核になっていました。

笠原は『沖縄進撃作戦』のシナリオハンティングで、南部の戦跡を回ったりしていますが、そこで見た異様な光景を『破滅の美学』(30)という本のなかに書いています。糸満の摩文仁一帯は一家が全滅した地域で、屋敷跡があちこちに残っている。その一家全滅の跡を見たときに、荒野を吹きわたる風がうなりを立てて肌を刺してくるような戦慄に襲われたことを告白していました。まさしく沖縄戦こそ、沖縄ナショナリズムと沖縄の暴力の出自なんだということを確信するわけですね。その沖縄ナショナリズムは独特なエネミー論となって、千葉真一が演じた主人公によって身体化されていきます。

二つ目の「エネミー」は、沖縄を占領しているアメリカということになります。三つ目は、明治の琉球処分で沖縄を併合し、戦後は天皇制と国体護持のために、沖縄を排除してアメリカのむき出しの占領下にゆだねた日本が、エネミーとされます。

この三つの「エネミー」が千葉真一が演じた国頭正剛によって重層的に生きられている、そういうふうにして描かれている。日本復帰をめぐって本土暴力団の沖縄進出に対抗した沖縄のアシバー集団は、日本復帰運動や政党組織の本土との一体化路線が目を伏せたというか、見て見ぬふりをして封印した対立を血で血を洗う形で演じてみせたといえます。

そうしてみると、国頭正剛の「エネミー」は、カール・シュミットが導き出した、政治的なものの概念としての「友－敵」(31)論になぞらえることができるのではないでしょうか。

(29) 戦前、沖縄にやくざ組織はなかったと言われる。戦後の暴力団の形成・抗争については、雑誌「月刊PLAYBOY」に連載の佐野眞一「沖縄コンフィデンシャル」に詳しい。
(30) ちくま文庫、二〇〇四年。
(31) 未來社、一九七〇年。「政治的なものにはそれ特有の標識がある。(……)政治的な動機や行動の基因と考えられる特殊政治的な区別とは、友と敵という区別である。」(同書、一四―一五ページ)

もうひとつは、フランツ・ファノンが格闘した、植民地における暴力の問題とかかわってきます[32]。ファノンは、植民地において暴力を根拠づけるものは、マニ教的二元論にならざるを得ない、そういうふうな言い方をするわけです。『沖縄やくざ戦争』のなかで発動される「エネミー」は、カール・シュミットが言った、政治的な概念を成り立たせている「友－敵」論と、フランツ・ファノンがいう植民地における「マニ教的な二元論」に「暴力のブーメラン運動」とが絡み合った質をもった暴力として表出されているのではないかと思ったりしています。

この「エネミー」は、間宮さんの『それは島』の冒頭に出てくる、糸満アンマーが怒りを込めて、「戦争の話をすると、自分は腹が立ってワジワジーしてしようがないんだ」とまくし立てる、その糸満のアンマーの「ワジワジー」と決して無縁ではない、と思います。

翻って、九月二十九日の教科書検定を撤回させる沖縄県民集会に、宮古、八重山も合わせると、一一万六〇〇〇人が結集したことについて考えてみたいと思います。なぜあれほどの人間が集まったのでしょうか。そして、集まった人たちを駆り立てるものは何だったのでしょうか。笠原和夫が一家全滅の屋敷跡で感受したように、沖縄における暴力の根源は沖縄戦であるということに立ち返えさせられます。『それは島』での糸満アンマーの「ワジワジー」も含め、目取真さんも言っていた、一一万名を広場に駆り立てる水脈の問題が浮かび上がってきます。

主催者側は当初、五万名を目標にしていたらしいですね。でも、九五年の八万名近くはいくだろう、あるいはひょっとすると超えるかもしれないという予感をもっていました。というのは、琉球新報社が五年ごとに沖縄の「県民意識調査」を実施していますが、そのなかの設問のひとつである「沖縄の近・現代の出来事で何が、最も重要だと思いますか」への回答から感じとれる、ある強度のようなものからです。

二〇〇一年も二〇〇六年もそうでしたが、一位は「沖縄戦」でした。五二％が、近・現代の沖縄の出来事のなかで「沖縄戦」を最も重要な出来事として挙げていることになります。四人に一人が亡くなった沖縄戦は、決して忘却されるものではなくて繰り返し回帰していく磁場としてあるということです。二位は「日本復帰」ですね。

このことをどう読めばいいのかとなりますと、先ほど触れたように、国家が沖縄を統合していくさいの縫い目に働く力を「沖縄戦」や「日本復帰」は問題化しているとみることができます。言葉を換えていえば、沖縄の人たちの歴史意識の潜勢力の指標として「沖縄戦」と「日本復帰」はあるということです。「集団自決」への軍命を削除する教科書検定は、そのことを軽く見たということであり、逆に言えば、一一万名の結集は、歴史意識の潜勢力を証明したといえます。

中山　ありがとうございます。非常に整理された形で問題を提起していただきました。

続いて目取真俊さんにお話しいただきましょう。

歴史をめぐる闘い

目取真俊　今日、久しぶりにこの『沖縄やくざ戦争』を見て、その感想から述べたいと思います。久

---

(32) フランツ・ファノン『地に呪われたる者』（みすず書房、一九六九年）参照。

しぶりに千葉真一の熱い演技を見て、改めてとても感動したのですけどね。この映画の舞台となっている一九七三年というのは、日本復帰の翌年で、私が中学校に入ったころなんですね。一九七二年の復帰の年が小学校六年生でしたので。私が入ったころの地元の中学校というのはものすごく荒れていたんですよ。下級生は殴られてばかりで、暴力が当たり前のようにあった。それもいま考えると、やはり復帰後の沖縄社会の混乱というのが背景にあったと思います。

私は北部の今帰仁《なきじん》というところで生まれ育ちましたけど、すぐ隣の本部町《もとぶ》で七五年に海洋博があって、復帰後に入ってきた本土企業がどんどん海岸線の美しい土地を買い占めていく。それで乱開発が始まって、見る間に海が赤土汚染に染まっていったり、人びとがそれまでの仕事をやめて建設業に従事して働きに出て行く。あるいはまた、会場周辺に民宿を建ててお金を儲けようというような発想が生まれて、北部が急速に変わっていった時期なんですね。

それに合わせるようにして、沖縄に進出しようとする暴力組織と沖縄地元の旭琉会なんかが抗争しているのが、中学生なりにわかるわけです。例えば国頭《くにがみ》の山中で三名を生き埋めにした事件なんていうのは、大々的にテレビや新聞でも扱われて、これを見て怖いなと思ったり、旭琉会の会長が犬を連れて散歩中に射殺されたりとか、そういったのも非常に記憶に残っています。

今帰仁というところもけっこう旭琉会の幹部が多い地域でした。北部の貧しい地域から中南部に出て暴力団に入っていく。だから、沖縄の暴力団は、この映画にも出てきますけれども、久米島とか、奄美の人たちとか、山原《やんばる》とか、そういった地域の方たちが多いわけです。そういったものを見ながら感じるのは、だんだん見ていてつらくなるわけですよ。やはり悲しくなるんですね。それはなぜかといえば、殺し合っているのは全部沖縄人同士なんですよ。ヤマトゥから来る暴力組織が沖縄に影響力を拡大していこうとするときに、それに同調するにしろ、あるいは反発するにしろ、結局、最後はウチナンチュー同士が殺し合っているわけですよね、最初から最後まで。

ヤマトゥの幹部の梅宮辰夫は生き延びるわけですよ。どうして、ラストでダイナマイトか手榴弾を釣船に投げ込んでぶち殺さなかったのかと、本当に見ていてストレスがたまるわけですよ。だから、ぜひ若い映画監督が沖縄から誕生して、ヤマトゥのやくざをウチナーの暴力団が徹底的にたたき殺すという映画をつくってほしいんですよ。こんなウチナンチュー同士が殺し合うような映画じゃなくしてですね。そういった思いに駆られながら、見ていました。

結局、そのウチナンチュー同士を争わせるというのは、復帰後ずっと続いてきた常套手段なんですよ。これが例えば形を変えて辺野古でいま起こっていて、新基地建設のために海で調査していますけれども、阻止しようと闘っている人もウチナンチューなら、潜水夫で雇われている人たちもウチナンチューなわけですよね。建設業者もまたウチナンチューなわけです。そうやって沖縄人同士を内部で争わせながら、本土がまた沖縄に基地を押しつけてうまい汁を吸っているわけです。あの構造というのは形を変えて、三五年後のいまも繰り返されているような気がします。

それと、映画のなかで、「ムヌクユシドゥ、ワーウシュー」という言葉が出てきますよね。成田三樹男が演じている那覇派の幹部が梅宮辰夫にすり寄っていくときに、「沖縄の連中なんていうのは、どうせ物をくれるやつに頭を下げてなびいていくんだ」と。この言い方を小林よしのりをはじめ、最近よく使うわけですよ。基地建設に反対するのは、振興策とか金が欲しいからだと。結局政府が金をあげれば、それになびいていくんだというとらえ方で言うわけです。これは本当はそういった意味じゃないわけですよ。「民を幸せにする国王を、私たちは選ぶ」ということなんですよ。

要するに、ムヌクユシドゥ、物を与える者こそ、というのは、経済的な繁栄をさせて民を飢えさせない、そういう民を幸福にする国王を私たちが選ぶということです。この発想は、万世一系の血を尊ぶ天皇制を根本から否定する思想なんです。沖縄には天皇制がなかった。中国のように国王というのは選ぶものであって、その選ぶ基準というのは民を幸せにすることなんだという。それを知ってほしいんですよ。あまりにも最近この言葉が卑俗に使われ過ぎて、天皇制を根本的に否定する思想だということが見えなくなっているものですからね。

それと七二年の復帰を契機に入ってきた暴力組織のひとつがやくざなら、もうひとつが自衛隊だったんですね。その問題と絡めながら、「集団自決」の問題とか、今回の県民大会の問題にも触れたいと思います。

一九七〇年に赤松隊長が沖縄にやってきました。昨日の『それは島』のなかで生々しい映像と赤松本人の音声が流れていましたけれども、資料の年表をご覧になってもらえますか。

「一九七〇年に渡嘉敷島戦隊長の赤松嘉次元大尉が慰霊祭参加のために来沖」と。それを阻止するために空港で昨日の映画に出たような阻止行動が取り組まれました。その半年後、九月に『沖縄ノート』[33]が発行されて、それをめぐっていま、大阪地裁で裁判が行なわれているわけです。そのなかで大江さんが繰り返し言っているのは「おりがきた」という言葉なんですよね。「おりがきた」というのは、要するに戦後二五年がたって、沖縄戦も、あるいは日本本土では戦争体験も風化が進んで記憶が忘れられつつある。いまなら、自分が渡嘉敷島に渡っても、沖縄の人びとはそれを受け入れて、何か欺瞞的な和解が成り立つというような、そういった「おりがきた」というふうに赤松は考えたんじゃないのかと、大江さんは繰り返し『沖縄ノート』で書いているんですね。

当然そういった意識はあったはずなんですよ。復帰を前にして、自衛隊が沖縄に本格的に入ってくるわけですね。戦争が終わったあとは沖縄のなかに日本軍、自衛隊はいなかったわけですから、七二年の復帰を契機にして初めて沖縄に、かつての日本軍が姿を変えて入ってくるわけです。これは非常に大きな意味をもっていたんですね。

私が子どものころの一九六〇年代、日本軍に対する怖さというのはまだ生々しくあったんですよ。親たちが繰り返し敗残兵の怖さを言うんですね。昼間、アメリカ軍が村にいるときには山の中に隠れていて、夜になったら食料を奪いに来たり、あるいは昼間米軍と接触のあった村の人たちを襲って殺害する。敗残兵という言葉は非常に怖いイメージとして私の子どものころにあったんです。それで、自衛隊が沖縄に来たときに、沖縄の人には大変強いアレルギーがあったんですね。それこそ、隊員の住民登録を拒否したりとか、琉球大に自衛官が入学するときも阻止されたりとか、大変な動きがあったわけです。七二年の復帰を契機にして自衛隊の動きが焦点になったときに、「集団自決」の問題が歴史のなかから浮上してきたというのは、当時の沖縄の状況を示す大きな特徴だと思うんですね。

七二年に沖縄への自衛隊配備が始まって、七三年に曾野綾子の『ある神話の背景』[34]が出る。それからずっと飛んで、一九八二年に再び「集団自決」の問題が起こるんですね。これはちょうど復帰一〇年なんですよ。そのときに、最初は当時の文部省が教科書検定で「住民虐殺」を削除する。今回と同じように県民の猛反発が起こって、記述が復活しますけれども、それと関連して、「住民虐殺」を書

(33) 岩波新書、一九七〇年。
(34) 文藝春秋、一九七三年。曾野は最近もまた、本書の改訂版『沖縄戦、渡嘉敷島「集団自決の真実」――日本軍の住民自決命令はなかった!』(ワック、二〇〇六年)を書いている。

くのであれば、「集団自決」のことも書きなさいということで、家永教科書裁判[35]が新しく起こっていきます。これも、そのころにやはり「おりがきた」と文部省や政府は考えたんじゃないかと思うんですね。

このころ、沖縄では西銘県政[36]が誕生して、それまでの革新県政から保守県政に変わっていく時期なんです。私は大学生でしたから、当時の状況はよくわかりますけれども、このころまで、例えば那覇市の小禄の成人式には、小禄に自衛隊基地がありますから、自衛官が参加するんですよ。その阻止闘争がいつも行なわれていました。私が大学二年のときの阻止闘争では、衝突があって学生が逮捕されたりしていました。右翼団体が宣伝カーで乗りつけてきて、ものすごいにらみ合いがあるような雰囲気のなかで成人式参加阻止闘争が行なわれていたんですよ。

西銘県政が誕生して、彼がさっそく始めたのは自衛官募集業務だったんですね。復帰後この時点までは、沖縄県内で自衛官を自治体が募集している地域はなかったんです。それを県政が初めて保守に変わって、自衛官募集業務が開始されました。このときも沖縄では非常に激しい抗議行動が行なわれました。当時の県議会棟前に、もうなくなりましたけれども、連日何千名も人が集まって、自衛官募集業務が本会議で可決されるときには、その会議場に数百名が入ったんですよ。僕らも中に入りましたけれども、傍聴席にいた右翼団体を二階から引きずりおろして、階段を下までおろして玄関からたたき出すまでのあいだに、みんなでパカないやっているような状況だったんですね。その後、みんな警察に両腕を抱えられて引きずり出されて、そのまま留置所に行くのかと思ったら放免されましたけどね。沖縄の八〇年代前半というのは、こんなことがあった時期なんですね。

だから、沖縄では保守県政に変わっていく。日本本土のほうでも中曾根内閣が誕生して、右寄りな路線がとられていった時期だったんです。その時期にもやはり政府・文部省は「おりがきた」と思ったはずなんです。

そして、二〇〇五年の八月に、大江・岩波裁判が起こって、今回の教科書検定に結びついていくわけです。今回の教科書検定は、明らかに大江・岩波訴訟とつながっているわけです。それを見ていくときに、今回もやはり「おりがきた」という具合に思ったはずなんですね。小泉内閣から安倍内閣に至る過程で有事立法が成立したり、自衛隊がイラクに派兵されたり、教育基本法が改悪されたりした。大きく時代が変わったということで、そろそろ沖縄でも「集団自決」の問題で教科書の記述を変えても許されるような状況にきたのではないか、という判断があったのではないかと思います。

これをもう少し詳しく述べると、昨日裁判を傍聴した話のなかで、原告の梅澤さんが、大江健三郎さんの『沖縄ノート』を読んだのは去年（二〇〇六年）だと言ったことを紹介しました。一昨年（二〇〇五年）の八月に彼は『沖縄ノート』などを訴えているんですけれども、その時点で本を読んでいない。なのになぜ訴えられるのか。同時に彼は、被告側の弁護士が「あなたはなぜいままで訴えなかったんですか」と訊いたら、資金がなかったから、お金がなかったから訴えなかったと言ったんです。では、今回の裁判はだれがお金を出したんですか、ということにもなるわけですよね。

そういったことを見ていけば、本当は梅澤さん本人や赤松さんの弟がこの裁判を起こそうと思って

(35) 高校用日本史教科書『新日本史』（三省堂）執筆者の家永三郎が、教科書検定をめぐって国を相手取って起こした一連の裁判。一九六五年から九七年まで続くが、このうち八二年の検定を問題にした第三次訴訟では、草莽隊、南京大虐殺、七三一部隊の記述とならんで、沖縄戦の記述が争点となり、大田昌秀、金城重明等の証言に対し、曾野綾子が国側の証人に立った。

(36) 屋良朝苗（七二年五月〜七六年六月）、平良幸一（七六年六月〜七八年一二月）に続く、三代目の公選知事。三期一二年をつとめ、九〇年十二月に大田昌秀の革新県政ができる。

やったのではなくして、それを後ろで煽って起こさせたのは、靖国応援団を自称する弁護士グループであったりとか、あるいは自由主義史観研究会や、新しい歴史教科書をつくる会、そういったグループだというのがはっきりしているんです。これは靖国応援団の徳永信一という弁護士自身が「正論」という雑誌に書いていて、当初、梅澤さんは、自分はもうあの世に持っていくと。歳をとって家族に迷惑もかかるから、いまさら裁判をする気はないと断ったのを彼らが説得して裁判を起こさせた。それをやったのが二〇〇四年の夏なんですね。その二〇〇四年の夏は八月に「SAPIO」で小林よしのりが『新ゴーマニズム宣言スペシャル　沖縄論』をスタートした時期でもあるのです。これは示し合わせてやっているというのではないんですよ。なぜ彼らが同じ時期に沖縄に関心をもち始めたのか、というのが大切なわけです。

翌年、二〇〇五年に自由主義史観研究会が、沖縄プロジェクトというのを戦後六〇年の大きな課題として立ち上げて、「集団自決」の問題を取り上げます。二〇〇四年から二〇〇五年に彼らが一斉に関心をもち始めたのは、ひとつは、日本全体の大きな流れからいえば、憲法改悪の問題とか、教育基本法の改悪とか、自衛隊の役割を増やそうというのがあります。しかし、もっと沖縄に限って言うと、二〇〇四年の十二月に新防衛計画大綱と次期中期防衛力整備計画が出されます、そのなかで何が言われているかというと、現在沖縄にある陸上自衛隊の第一混成団を旅団規模に格上げするとか、宮古島に陸上自衛隊を配備するとか、そういったかたちで沖縄の自衛隊強化が鮮明に出されているわけです。

これをもうひとつ大きな流れで言うと、かつてソ連脅威論を煽って日本の自衛隊の配備は北方重視だったのが、ソ連の脅威が消えて西方重視に転換していく。とくに中国の軍事力が台頭していくなかで島嶼防衛が強調されて、沖縄が改めて日本の軍事構想のなかで浮上してきているんですね。そういったかたちで新防衛計画大綱のなかで沖縄が前面に出てくるのと同時に、米軍再編のなかでも対テロ戦争と同時に対中国が言われて、沖縄が浮上してくるわけです。

だから、そういった時期に、沖縄のなかにおいていつまでも反自衛隊感情というのがあって、沖縄戦の教訓というかたちで、軍隊は住民を守らないとか、そういうことが言われている状況では、この国の防衛は成り立たないと考えた人びとがいたわけですよ。それは、やはり小林よしのりの政治センスだったと思うし、あるいは自由主義史観研究会などの人びとがいっせいに沖縄に関心をもち始めたことにつながると思います。

これは何を意味するかといえば、沖縄の人からすれば、国家と国家の最大の暴力的な衝突である戦争の前線に改めて沖縄が立たされるということなわけですよ。九月二十九日の県民大会にお年寄りをはじめ多くの人が参加したなかで、こんな感想がたくさん出てきたわけです。沖縄が、もう一回戦争とか、そういった危険な目に遭うんじゃないかと、いまの国の動きを見ているとそういう不安を感じる。子や孫たちをそういった目に遭わせたくないと言った戦争体験者が数多くいたわけですよ。冨山一郎さんが「暴力の予感」という言葉を使っていますけれども、そういった予感というものをひしひしと感じていたから、あれだけ多くの人が集まったのではないかと思います。

つまり、沖縄にとって歴史認識の問題というのは、別に学術的な問題でもなければ、過去の歴史をどう認識するかということにとどまらないわけです。いま、目の前に米軍基地があって、しかも自衛隊も新たに強化されようとしている。日常生活のなかで軍事的な動きが身近に感じられるわけですね。なおかつ、それが沖縄島だけではなくして、宮古、八重山、与那国にまで及んでいこうとしている。

二〇〇五年の三月に、当時の伊良部町議会が下地島空港[37]に自衛隊を誘致するという決議を上げて、島民が猛反発して議員たちがつるし上げられて、決議を撤回するということもありました。これは、自由主義史観研究会が沖縄に来る二カ月前です。新防衛計画大綱が出た四カ月後です。こういったことが沖縄で起こっているということなんです。

中国と日本、アメリカが経済的に相互に結びついているなかで、すぐに大きな戦争にはならないだろうし、あるいは軍事衝突は起こらないかもしれない。しかし、何かちょっとしたトラブルがあれば、九・一一の直後のように沖縄に観光客がいっせいに来なくなって、観光業界が大きなダメージを受けるかもしれないとか、そういった危機感というのは沖縄では身近にあるわけなんですね。東京で自由主義史観研究会とか藤岡信勝が何を吠えようとも、彼らがそれで明日の生活が脅かされることはまずないはずなんですよ。しかし、宮古、八重山島の人からすれば、死活問題につながりかねないようなことが実際あるわけですね。そういったことも含めて、議論のなかでこの暴力の問題を考えていきたいなと思います。

それと、西谷さんから、愛知県でも、あるいは他府県でも、仮に本土決戦が行なわれていたら「集団自決」はあっただろうと、そういったことが話されていました。司馬遼太郎さんも同じようなことを言っていますし、これはやはりあったと私も思います、理屈からいえばですね。しかし、実際にはそれはなかった。本土決戦は行なわれなかったんですよ。

だから、ありうるということを考えて、その問題を考えるというのも大切なのですけれども、同時に、本土決戦はなかったということが、私は大きな意味をもっていると思うんですね。これは六二年前もそうだし、いまもそうですけれども、明らかにヤマトゥと沖縄のあいだにはひとつの線が引かれているとと思います。あのときの戦争で沖縄までは捨ててよかったわけですよ。よく「捨て石作戦」と言われますけれども、沖縄までは地上戦をやってもよかったけれども、九州以北への米軍上陸、本土決戦を回避したのは、ひとつの何かやはり判断があったと思いますね。

これは現在もそうですよ。一九五二年に講和条約を結んで沖縄を切り離して、さらにそれ以降、日本にあった米軍基地を沖縄に集中させていくという場合も、やはり同じように一線を引いている。あるいは憲法九条が成立する背景として、古関彰一さんが、憲法九条は天皇条項とセットであると言っています。アジアの人びとに天皇を象徴天皇というかたちで残すことを納得させるためには、平和憲法をつくることが必要であったし、同時にまた、平和憲法を成り立たせるためには、沖縄に巨大な空軍基地を置いて、ソ連に対抗するような軍事拠点をつくる必要があったのだと。だから、天皇条項と、憲法九条と、沖縄の基地化というのはセットなんだということを言っていますけれども、やはりその時点でも明確な線が引かれていたわけですよ。

沖縄というのは、一八七九年に琉球処分があって、日本の領土の中に併合されていきますけれども、日本復帰から三五年たって、「癒しの島」ともてはやされていても、明確な線がやはり引かれていると思いますね。いざとなれば切り捨てられると思いますよ。だから、切り捨てられないためにはどうすればいいのかということをつねに沖縄に生きている人間は考えなければいけないし、私はつねに、ヤマトゥを信じたらだめだ、という言葉を、千葉真一ではないけれど、心にとめないといけないと思います。

中山　ありがとうございます。お二人から非常に密度の高いお話をいただきました。とともに幾つも

(37) 宮古諸島伊良部島の南西に隣接する下地島には、一九五四年、日本唯一の民間航空パイロット訓練用の飛行場が建設された。

の問題提起をしていただきました。

お話のなかにもありましたように、お二人とも作品をお書きになったり、仲里さんの場合は映像を撮られたり、写真を撮ったりもなさっています。つまり一方で実践的に沖縄の問題にコミットしながら、他方でそれを表現のレベルでどういうふうに出していくかということを考えて、この何十年かお仕事をなさってきたと思われます。そうしたテマティックも含めて論点を開いていくために、ここで真島さんからお話をいただきたいと思います。

暴力を読み解く／神話・耳・場所

真島一郎　ちょうど「本土復帰」が日程にのぼった一九七〇年前後の沖縄ないし日本の社会運動をふりかえりますと、暴力という言葉の周囲には、たとえば「神話」「情念」「共同体」のような語彙が典型的に取り巻いていたような印象をうけます。いまからすればどれもレトロな言いまわしに感じられますが、しかしこれをそれぞれ「反復の想像力」、「情動の政治学」、あるいは「社会的なものにおける分有の可能性／不可能性」などと試しに言いかえてみると、暴力論の周囲には依然としてかつての語彙が、ただし西暦二〇〇七年なりの意味あいで取り巻いているような気もしてきます。
第一に「神話」という言葉をあげたのは、「反復帰の精神譜」というひじょうに印象的な表現が、仲里さんの批評で帯びる意味の深みに目を向けたかったからです。たとえばそこでは、東陽一の脚本とか、森口豁のドキュメンタリー、あるいは桐山襲の小説に、「同一空間の別時間が、同一時間として連結される」ような精神の系譜が見いだされていく。たぶんそれはおなじ空間である必要もなくて、近現代沖縄の時間軸上に散らばるさまざまな事件、古くは謝花昇の悲劇的な最期から沖縄戦の地獄、コザ暴動、さらには「本土復帰」直後の国会議事堂バイク激突死事件やひめゆりの塔事件へと到る一連の出来事を、おなじ精神の系譜、暴力の系譜に属するものとして読みかさねていく。しかもこの系譜がはっきりと姿を現わすのは、現実やドキュメンタリーと小説的な想像力とが交差する場においてであると仲里さんは指摘される。そうしたきわめて構想的な場所で、実証主義の目からみればまるで異質な事件の群れをおなじ何ごとかの反復として連結していく精神の営みとは、「風のクロニクル」でなければまさに神話のそれといえないだろうか、というわけです。

　もともと古典的な暴力論の世界では、ベンヤミンはもちろんファノンでさえ、神話という言葉をあまり肯定的な意味では使っていません。これに対して、革命的暴力にともなう神話の価値を唯一明言していたソレルの『暴力論』には、たとえばエルネスト・ルナンからの興味ぶかい引用があります。「未来は、希望を失わない人びとの手にある」という、そう訳せば奥行きも何もなくなってしまう一文ですが、ここでいう「希望を失わない／デザビュゼ（désabusé）」というフランス語には、「目ざめない」という意味もある。いわば、未来は覚醒しない人びとのものであり、不可逆な時の進行を口にする人間に未来などない、という深い逆説がここに秘められているわけです。

「進歩」というのはいつだって権力が口にする権力の言葉であること、そして「文書《もんじょ》はどこだ、証拠はどこだ」と迫る点ではべつに実証主義歴史学でも警察の尋問でもなんでもいいんですが、「進歩」の喧伝とあいまって国家統治システムの基盤に当時置かれはじめた主知主義の風潮にたいして、ソレルは牙を剥いていたことになります。権力の言葉におめおめのせられて、不可逆な時の進行にかなう覚醒などしてたまるかというわけです。

「暴力」と「神話」の取りあわせに何かしっくりくるところがあるとすれば、それは本来そのいずれもが、他者の思想や行為を主知主義的なシステムの物差しで否認するさいにひとが用いる言葉だったからです。典型的には慶良間の集団死の「真相」をめぐって曾野綾子がかつてそうしたように、容認しがたい他者にとっての真実だけを「神話」と呼び、おなじく他者の権力効果だけをひとが「暴力」呼ばわりする場合もあるでしょう。しかし、だからこそ、呼びかけられた側としては、これを逆手にとって価値の転覆をはかりうる、そうした構造をもつ言葉だからです。たとえばかつてのアフリカ解放闘争が、「そう、私はニグロだ」とあえて名乗ることから始まったように、あるいは「本土復帰」前後の時点で、新川明があえて沖縄を反国家の「兇区」と形容したように、反復帰の精神譜にもとづく仲里さんの歴史認識の方法を暴力論にふさわしいしかたでややバイオレントに言いかえると、すなわち「神話」のそれになるのではないか。ある出来事のなかに別の出来事の姿を不可視のまま目撃したり、もはや幻聴とはいいがたい声や音を聴きとどける身がまえは、まさに神話の強度そのものに支えられた批評の特質であると私には感じられた、それが第一の論点です。

それから二つめの「耳」については、まず作家・目取真俊の怒りについて、何としてもふれておく必要があります。目取真さんの作品世界における暴力のテーマについては、とくに一九九九年の掌編『希望』[38]と二〇〇四年の『虹の鳥』の衝撃的な内容が注目されて以来、これとほぼ同時期の沖縄社会を現実にみまったさまざまな事件、たとえば九五年の少女集団暴行事件、〇四年の沖国大米軍ヘリ墜落事件、あるいは、さきほど西谷さんがふれた在日米軍の再編にともなう基地移転問題や、歴史教科書の検定問題などとあわせて論じられる場合がありました。そもそも目取真さんご自身が、沖縄の戦後ゼロ年状態の継続には、もういいかげん怒りの限界を超えているというその苛立ちを、じつに激しい言葉で表明されてもいます。

ただし、目取真さんの作品で暴力のテーマが明示化されたのが九九年の『希望』以後だといいきってしまうのも、むろん正確ではない。『希望』の主人公は、最後に宜野湾海浜公園で焼身自殺をとげて、自爆的暴力に訴えるわけですが、自爆そのものではないにせよ自爆「的」ないし破滅的なモチーフならば、さきほど「出口なし」とおっしゃられていましたが、目取真さんの深い絶望感を映すようにして、以前の作品にいくども顔をのぞかせていたように私は思うんですね。

一例として、仮にこれを「焼尽のモチーフ」と呼ばせていただきますが、『虹の鳥』の最終部分でしめされる「そして全て死に果てればいい」という呪いの言葉を目にしたとき、「軍鶏《タウチー》」(39)のやはりラストシーンに記された、オレンジの火柱が自分の「村を焼き尽くせばいい」と思念する少年の絶望を、私はとっさに想起しました。「群蝶の木」(40)という作品で、かつて慰安婦にさせられた死者の霊が「村の女など、年寄も子供も米兵に弄ばれてしまえばいい」と吐きすてる一言もまた、それこそ沖縄戦と本土復帰そしていまとをつなぐ、呪いと自爆の精神譜として重なっていくような気がしたわけです。

ここで私は、西谷さんがキーワードのひとつにあげた「自爆的抵抗」という暴力の形について考えるのですが、自爆的抵抗にとって基本的なポイントとなるのは、ちょうど法の正当性の根拠が最終的にはパフォーマティブな宣言の暴力でしかないように、自爆的抵抗の効果も、最終的には暴力の表象

---

(38) 朝日新聞社に連続掲載された一連の『街物語』の四作目。
(39) 『魂込め』(朝日新聞社、一九九九年)所収。
(40) 『群蝶の木』(朝日新聞社、二〇〇七年)所収。

ないし想像力それ自体の拡散にあるという点です。いいかえれば、物理的な力の行使はそこで問われないかわりに、個々の行為がいかなるメディアを介して、いかなる暴力の情動を、文字どおり「情念の叛乱」（新川明）として社会にむけて表出するのかという、いわば爆発の引火力がポイントになる。

その点で私が思うのは、仲里さんが批評の対象にされてきた戦後沖縄の映像世界と目取真文学の作品世界とを繋ぐもの、いわば映像の場所、文学の場所のいずれからも浮かびあがる「反復帰の精神譜」を暴力論として文字どおり神話的に繋げていくための最も有効なメディアこそ、聴覚媒体、声や音の世界、耳が受けとる世界ではないかという点なんです。

たしかに、映像とはなにより視覚媒体ですし、目取真さんにしてもことさら視覚や聴覚にかぎらず、宮城晴美さんとの最近の対談[41]では、嗅覚の世界がもつ可能性まで示されているくらいなので、これは私の印象論にすぎないのですが、ただそれにしても、まず仲里さんが批評対象として着目する沖縄関連の映像には、声や音の世界が充ち満ちている。なかでも森口豁のドキュメンタリーに映しだされたというコザ暴動の映像は、声、声、声、声の連続という感じがしますし、『反国家宣言』のワンシーンで、晴海埠頭に着いた集団就職の少年少女に、ときの琉球政府東京事務所厚生労働課長がハンドマイクで汗水節《あしみじぶし》を歌う場面などは、仲里さんの文章を目で追うだけで、歌声の幻に激しく情動が揺さぶられるような感覚を私はおぼえました。

映像という点でつけくわえれば、『それは島』にしても——どこかのシーンで微かにＢＧＭとしてきこえていた弘田三枝子「人形の家」のサビの部分が、きのうは私、床に就くまで頭のなかをぐるぐる廻ってましたが——声や音というのは映像の附録などではないという間宮さんのメタメッセージが、終始込められていたような気がします。さきほどの『沖縄やくざ戦争』で響いていた「たっころす」

の派手な巻き舌も、私のなかでは、深作欣二の『博徒外人部隊』で耳にした「たっくるす」という音の荒々しさと重なるだけでなく、目取真さんの小説にときおり登場する「打ち殺《くる》す」という声の暴力性とも響きあっているような気がします。

極道にとっての「たっくるす」ならばいざしらず、この場合「打ち殺《くる》す」といっても、ひとが現実に打ったり叩いたり殺したりするわけではなくて、現前する声の強度こそが暴力の源であるわけですが、そうした点から目取真さんの文学世界にふれると、やはり暴力という以前に、目取真さんの作品も、にわかには整理しがたい声や音のこだまであふれている。『風音』はいうまでもなく、「内海」(42)の印象的な歌声とか、「面影と連れて《うむかじとぅちりてぃ》」も全編これ声の世界ですし、「群蝶の木」の最終部分に現われる声も、忘れがたい深みを帯びています。

目取真俊の暴力論といえばきまって『希望』や『虹の鳥』がとりあげられるなかで、さらに声の問題とあわせて私が見すごせなかったのは、作品中にモチーフとしてたびたび登場する、沖縄戦の重苦しい記憶をひきずったおばあさん、老女の自爆的なふるまいでした。

たとえばそれは、人垣から躍り出てくる老女の姿で、とくに『平和通りと名付けられた街を歩いて』には、登場人物の周囲を警察や保健所、暴力団といった日常のさまざまなゲバルトがとりまくなかを、皇太子夫妻とかいう人たちの乗る車にむかって老女が一人、糞まみれの手で突っ込んでいく場面があります。老女のささやかな自爆行為にこのとき応じる音といえば、それはたしかに、群衆が発した指笛と笑い声にすぎません。しかし、こうした初期の作品をみたうえで、あらためて、さきほど

(41)「すばる」二〇〇七年二月号（集英社）。
(42)「内海」、「面影と連れて」は『魂込め』所収。

の『希望』にもどるなら、宜野湾海浜公園という符牒めいた空間で我が身にガソリンをかけて自爆する男のまわりには、もう少女暴行事件に抗議する数万の群衆はおろか、指笛や笑い声で応じるひとにぎりの観衆さえいない。ひめゆりの塔事件のときのような特別の標的もそこにはない。主人公が自暴自棄のパフォーマンスをして、それで通りがかりの中学生に、自分の燃えあがった体を蹴り突かれるだけで終わってしまう。たとえばそうした点にこそ、時を追うごとに増してきた目取真さんの苛立ちや失望のほどが、私には感じられるような気がしたわけです。

さて、最後に「場所」と記しました。私はもともとフランス語圏西アフリカの勉強をしている者なので、その関連でひとつ話をして発言を閉じようとおもいます。ご存じのとおり、現在のサブ＝サハラ・アフリカ諸国は、戦後一九五〇年代に脱植民地化の政治闘争を経験して、六〇年前後に独立を果たしたわけですが、その後七〇年代初頭には、学生組織や労組連合を中心とした反体制社会運動の大きな嵐が各国の都市部を吹きぬけました。

おなじ一九七〇年前後の沖縄では、反復帰・反国家の思想が形をとりつつあったのに対して、このときアフリカ諸国で表面化したのは、新植民地主義がもたらす隷属状況といいますか、いわば未完の独立に抗議する「革命的暴力」としての社会運動でした。民族解放という枠組のもとであえて沖縄とアフリカの戦後が比べられるとすれば、この二つの場所のあいだでは、解放の内実についてこのとき一種のねじれが生じようとしていたことになります。佐藤・ニクソン会談の結果、当時の沖縄は独立どころか、「第三次琉球処分」として日本に併合されようとしていた。ですから沖縄では、反復帰ないし独立の夢がそのまま反日・反帝の回路を経由して、アンチシュタートの思想一般と繋がれていった。他方、フランス語圏西アフリカのいわゆる「六八年」のコンテスタシオンでは、未完の独立から脱け出ようとする反体制運動の最終目標が、なかば自動的にナショナリズムと繋げられた。「西アフリカ合州国」のはるかな夢想以前に、「真の独立国家」の樹立こそ、当時の社会運動の悲願であったわけです。

これと似たようなコントラストは、当時のアフリカと、カリブ海・アンティーユ諸島とのあいだにも見いだせるわけですが、それはたんに、一方のアフリカが独立国で、他方の沖縄やマルティニックが植民地宗主国に併合されていたという国家主権体制のちがいによるものとはいいきれません。それは前者が大陸の一部で、後者が周辺的な島嶼部であることからくる、地政学的なコントラストにも起因しているからです。

そこで私、思うわけです。ときに実力行使をともなう独立への夢は場所ごとにちがった形をとるのだから、それはそれでいいのだと結論して、はたしてこの二つの場所の対比を思想の問題として捉えきったことになるのかどうか。

具体的に言います。仲里さんが主宰された「ＥＤＧＥ」には、反国家・反復帰の思想にとっての基本条件が、すでに雑誌のタイトルにある程度まで書き込まれています。経過した三十年あまりの歳月を顧みれば、それは『沖縄ノート』の著者が日本人としての自己検証をめざしてかつて沖縄をそう見立てた「核（コア）」から、エッジへの変換ということになるかもしれません。複数の主権国家にとりまかれた、島としての地政学的な制約すなわちエッジを、制約としてではなくあくまで可能性として捉えかえすことで、そこに国家主権の幻想から解かれた、仲里さんいうところの「間・主体」の姿が見いだされていく。そうした思想にとってのひとつの源として、きのうのシンポジウムでも話題にのぼった友利雅人のテクストを仲里さんは示されるわけですが、この友利にくわえて新川明、川満信

一、岡本恵徳らによる当時の反復帰論が、同時に反国家論の体裁をとりながらも国家概念そのものの粉砕というよりいまだ反日の意味あいに限定されるきらいがあったのに対して、仲里さんのエッジの思想は、もはや反日の枠を軽々と越えたレベルでの反国家、ないし反主権一般の論理を前面におしだしたものになりえていると私は思います。

ですから仲里さん自身が指摘されるように、エッジの思想にとってひとつの可能性をひらくのは、たとえば八〇年代初頭に川満信一が提起した「琉球共和社会憲法試案」になる。近代の主権原理の否定、それゆえポストモダンの沖縄像へと近づいていくわけですが、だとすれば、むろんそこには政治的主体にまつわるそれなりのジレンマが生ずることにもなるはずです。整合的な体裁をとった政治主体の立ち上げこそが現実の社会に排除と抑圧をもたらすことはもはや原理的に疑いえない一方で、主体をいっさい措定することなくして政治を語ることは人間にとって不可能であるという、件のジレンマです。

その点を確認したうえで、目取真さんの考え方にもふれようとおもいます。目取真さんは二〇〇〇年に大江健三郎と対談[43]をされていて、席上、「爆発」という言葉をおふたりとも口にされていました。いまのような苦境がこのまま放置されれば、いつか沖縄はきっと爆発する、そういう趣旨での表現です。ただ、これは大江氏に失礼な言い方になるかもしれないけれど、おなじ爆発という言葉を使うにしても、目取真さんの方が格段に切迫感をこめてこの言葉を口にされているような印象を私はうけました。

それはたぶん、目取真さんが国家暴力の行使についての現実的な感覚というか、実践感覚のようなものを、より強くお持ちだからです。沖縄がたとえ平和的手段でオートノミーを獲得する、または新たな国家主権の樹立にこだわらないなんらかの自律的な権利を要求するとしても、日本の国家主権内部に沖縄がとどまるかぎり、それは大なり小なり主権の侵害とみなされて国家暴力が自動的に発動される。その確実さについての感覚を、目取真さんは『沖縄／草の声・根の意志』で表明されています。

沖縄にとって反国家の思想がいかにモダニティの制約から距離をおこうとも、沖縄に対する「本土」の対応までもがポストモダンになってくれるわけではなくて、いつもどおりの残忍なモダニティが発動されるだけだろうということです。逆に、それでもあえて独立にむかうだけの覚悟があるのならば話は別だというまさしく切迫したメッセージを、このとき目取真さんは読者に、とりわけ沖縄の読者にたいして暗に発信されていたのかもしれません。

最後に、アフリカをめぐる私自身の課題です。エッジとしての可能性が期待できそうな沖縄にくらべれば、国民国家の時はもはや終わりつつあるというのに「真の独立国家」への夢をいまだに追いかけるアフリカの社会運動は、はたして時代遅れなのか。主権回復としての独立など古い発想だとしても、ならばアフリカ諸国における「未完の独立」の精神譜は、はたして誰にとって古い精神の系譜といえるのか。沖縄とアフリカのはざまでそんなことをつらつら考えていて最後に目にとまったのは、川満信一の「民衆論」、そして岡本恵徳の「共同体的生理」という表現でした。まだ言葉としてうまく整理はついていませんが、民衆論の著者であるときの川満信一は、集合的な政治主体の結合原理についてかなり根本的なレベルにまでたちかえった思考をしていて、おそらくこれと似かよった課題を前にした岡本恵徳が「共同体」や「生理」、「情念」といった言葉を書きつらねていたときに、たとえ

(43)「論座」二〇〇六年七月号（朝日新聞社）。

ば暴力論としていまならばそれをどのような言葉で語り継げるかということを考えていました。

中山　ありがとうございます。四人のパネリストの論点が激しく切り結んでおります。と同時に、真島さんのプレゼンテーションはお二人のゲストへの質問でもあったように思います。そこで、幾つかの論点のうち、答えていただきやすいあたりからお話しいただければと思います。

主体化のパラドクス

仲里　いまの真島さんの話は非常に密度のある問題点を抽出していると思いました。沖縄・暴力論として「神話・耳・場所」という視点からコメントされたわけですが、この三つにはそれぞれとても触発されました。最後に話された、主体を立ち上げるジレンマといった問題は、『オキナワ、イメージの縁』を書く過程でも意識せざるを得なかったところがあります。沖縄の歴史的な体験、そこに働く暴力の諸力に注目しながら、未聞の主体を立ち上げることがジレンマとして意識されることに絶えず立ち会わされているというか、ジレンマの能動性に直面せざるを得なかったわけですよね。これは沖縄における思想や思考が孕む、ある意味ではアポリアにもなっているところがあります。

ちょっと話は変わりますけれども、このあいだ、沖縄県立博物館・美術館が開館しましたが、それに連動した「沖縄写真０年」と名づけられた写真展(44)を、比嘉豊光さん、北島敬三さん、浜昇さんが中心となり、沖縄の若い写真家や新宿のフォトグラファーズ・ギャラリーズのメンバーも加わっての合同で取り組まれました。これは、美術館の開館企画にある意味ではカウンター的に対峙しながら、それさえも巻き込んでいくような試みになったわけです。その一環として、「沖縄をめぐる表象」というシンポジウムも行なわれました。今日ここに来られている鵜飼哲さんや田仲康博さん、東琢磨さん、そして僕の四名がパネラーとして参加しました。

そのシンポジウムの前に、僕にとっては忘れられない映画を見たんですよね。小原真史さんがつくった『カメラになった男　写真家中平卓馬』(45)というドキュメンタリーです。この映画は、中平卓馬が一九七七年でしたか、急性アルコール中毒で意識を失い、一時は危篤状況に陥るが、その後なんとか記憶を取りもどして、写真を撮り始めていく。でも、完全に回復したわけではない。彼が話す言葉はほとんど脈絡がない、断片かもしくは宙吊り状態なんです。

そういう中平が二〇〇二年に「琉球烈像展」への出品と東松照明の「沖縄マンダラ」展のシンポジウムのために来沖します。そのシンポジウムは中平も含め、東松照明、森山大道、荒木経惟という、

(44) 二〇〇七年十月三十日〜十一月四日にかけて那覇市民ギャラリー他にて開催された写真展。十一月一日に開館した沖縄県立博物館・美術館の開館・関連イベントとして企画され、写真展と二日間にわたるシンポジウムが開かれた。出品作家は比嘉豊光、浜昇、北島敬三の三名。七〇年代の写真と二〇〇七年の写真を対峙させる試みを通じて、「沖縄にとって写真とはなにか、写真にとって沖縄とはなにか、そして写真とはなにか」を問いかけた。これをまとめた『写真0年　沖縄』(photographers' gallery、二〇〇七年)がある。

(45) 監督の小原真史が三年近く中平卓馬に密着し、二〇〇三年に制作したドキュメンタリー(公開は二〇〇六年)。中平卓馬(一九三八〜)は、六〇年代末から七〇年代にかけて「プレボケ」とよばれる荒い粒子で構成された写真作品を発表。森山大道らとともにラディカルな写真表現を追求し、映像評論を精力的に執筆した。沖縄とのかかわりでは、一九七一年十一月十日の沖縄返還協定批准反対ゼネストにかかわる松永裁判(松永優が読売新聞記者撮影の写真をもとに警官殺害容疑で起訴されたが、のちに無罪が確定)の支援闘争に協力し、写真家の立場から裁判批判を展開した。七七年に病に倒れ、記憶と言葉の大部分を失ったが、その後、恢復して活動を継続。近年、著作の復刊が相次いでいる。主な作品に『来たるべき言葉のために』(風土社、一九七〇年)、『なぜ、植物図鑑か』(初版一九七三年、ちくま学芸文庫版、二〇〇七年)、『決闘写真論』(篠山紀信と共著、朝日新聞社、一九七七年)など。

司会をつとめた港千尋さんに言わせれば、日本の戦後写真界の四大モンスターが同一のステージに上る、ということで話題を呼びました。中平は、記憶喪失に陥る前に朝日ジャーナルに「解体列島」を連載していました。七五年の海洋博によって沖縄がドラスティックに変わっていく風景をカメラに収めレポートしていたのです。その「解体列島」のレポートは、七一年十一月の返還協定に反対するゼネストのときに一人の警察官が火炎瓶を浴びて亡くなるという事件がありましたが、その火ダルマになった警察官が写った一枚の写真によって一人の青年が犯人にデッチあげられた裁判の、支援闘争と同時並行的になされます。そのときに中平は写真のもつ客観性といいますか、写真の装置を根底的に疑っていくわけです。中平の写真の危機の時代に、何度も沖縄に足を運んでいたことになります。痛ましい言い方になるかもしれませんが、中平は沖縄によって解体させられた。

「琉球烈像展」と「沖縄マンダラ展」のための来沖は、彼にとっては特別な意味があったようです。それは何かといえば、「沖縄県人なのか琉球人なのか！　そして〝琉球〟はもうなくなり、沖縄は日本最南端の一地方になってしまったのか。その一点を考え始め、私、カメラを持って沖縄に出発します！」という「琉球烈像展」のカタログに寄せた謎めいたコメントで知ることができます。

このコメントは、中平が脈絡を失った記憶で、それでもなお彼が抱きつづけている沖縄・琉球に対する原感情というか、沖縄観の原像が言われている。彼は一貫して、沖縄ではなく、琉球なんだというこことを言うわけですが、それがどうなったかを確かめるために自分は沖縄に行くんだと。

当日のシンポジウムのタイトルは「写真の記憶　写真の創造」となっていて、ステージの背後にその横幕がかかげられていました。中平は、しきりに「写真の記憶　写真の創造」の横幕を指さし、これはどういうことなんだと苦言を呈する。つまり、「記憶はメモリーでしょう、創造はクリエーションでしょう」と。でも、写真は「メモリー」や「クリエーション」ではなく、「ドキュメンテーション」なんだと言いながら、東松照明や、森山大道や、荒木経惟を問いつめるわけです。余談になりますが、じつは、あのタイトルは僕のアイデアでして、九二年のシンポジウムのときもそうでしたが、映画のなかであの場面を改めて見せられ、中平から指弾されているようで、ドギマギしました。

そのことと、「琉球なのか、沖縄なのか、はっきりさせろ。そうでなければ、写真を撮る資格などないんだ」と、三名に対してこれまた問い糾すのですよね。おれは、琉球なんだと、琉球の独立に介入するんだということを言う。この発言に、脈絡を失った記憶のなかからひと筋の意志が立ち上がってくるのを見せつけられるような気がしました。中平卓馬という一人の写真家による沖縄の主体化への介入は、記憶喪失にあってもなおそこに残されたゆるぎない原点の存在を思い知らされました。

その『カメラになった男　写真家中平卓馬』から感じ取ったことは、中平卓馬は僕にとって一人の「敵」だということです。「敵」といったのは、格闘し得る相手を発見したということです。そんなことを考えさせられました。中平のあのしぐさから、あの言葉から。

そういうことも考えつつ、先ほど話した沖縄におけるエネミーといいますか、千葉真一が身体化した、エネミーの哲学というものは単一の線じゃないんだということを改めて確認させられますね。エネミーは重層的に身体化されている。だとすれば、新たな主体の文体はどのように発明させなければならないのか。中平の介入を僕らがどのような言葉で返していくのか、返すことができるのかということは文体の発明にかかわっているように思えます。

沖縄という地域は一貫して「例外状態」に置かれてきたといえます。例えばアメリカの占領状態の継続を目取真さんは、「戦後ゼロ年」として認識しました。この「ゼロ年」という言葉には「例外状態」が含意されているとみることができます。沖縄がアメリカの占領状態に置かれた二七年は、日本の潜在主権を残したまま、その潜在主権を日米の都合のいいように利用しながら沖縄を宙吊りにした。この宙吊り状態こそ、沖縄にとっては「例外状態」に他ならなかったといえます。「例外状態」では布令・布告政治といわれたように、法を措定する権限はアメリカ軍に握られていました。今朝、間宮さんが『沖縄』を撮影した当時の状況について話されたときに「集成刑法」について触れていましたが、「集成刑法」というのは戦時刑法的性格をもった寄せ集めの法典、いわば占領を維持するための弾圧法だといえます。そのむき出しの「ゼロ状態」に沖縄全体が置かれていたのです。そこでは「法を措定する暴力」と「法を維持する暴力」が、アメリカ軍に占有されていて、日本はそれを容認していく役割を演じた。

復帰後もそういう状況は根本的に変わったわけではありません。だいたい「復帰」自体が沖縄の状況を継続するシステム、装置であったわけで、復帰後の社会や経済状況を構造的に決定づけた「復帰特別法」は、沖縄の立ち遅れを救済するという名の国家統合法で、国家の内部にいわば法の例外域をつくったわけです。軍用地の特措法だってそうです。まさにベンヤミンが言った、「法を措定する暴力」と「法を維持する暴力」が沖縄の「例外状態」を継続させているということがいえます。

先ほど真島さんが指摘したことと関連づけて言えば、沖縄の独立なり、自立は、そうした「例外状態」を解約する開かれた新たな空間として発明せざるを得ないだろうということは言えるはずです。沖縄という主体を立ち上げることへのジレンマを回避することなく、「独立」は古い概念なのかということをもう一度現代世界の文脈に置き直し、中平卓馬の介入と謎めいたメッセージの意味を考えていきたいと思っています。

日常の見えない暴力

目取真　先ほど実践感覚という言葉が出ましたけれども、私は感覚しかないんですよ。あまり思想はなくて、小説家というのはむしろそれが大切じゃないかと思っているんですけどね。

九州・沖縄サミットのときに、あるアメリカ人の記者が沖縄に取材に来ていて、私にも話を聞きたいということで取材を受けて、辺野古まで案内して写真も撮ったんです。それが終わったあとにその記者が、じつはこういったうわさが記者のなかで流れていると。今回のサミットに抗議して、沖縄の人が焼身自殺をするというううわさが流れているんだけど、それについて話はありますかと聞くんですね。私は、そんなことはないでしょうねと答えたのですけれども、それを聞いたときに非常に嫌な感じがしたんですよ。要するにこいつは焼身自殺の場面を撮りたいわけですよね。

ユーチューブ（YouTube）を開けば、あのベトナムの僧侶が焼身自殺をしている有名なシーンが見られます。これからも延々と恐らく流れ続けるのでしょうけれども、そういった特ダネを物にしたい。要するに、植民地で被抑圧民が、暴力的な抵抗であれ、暴力的な抗議であれ、それを実行するのを欲している欲望があるわけですね。それを見たい、書きたい、記録したい、撮りたいという、そういった暴力を期待する者に対して、暴力をせざるを得ないような状況のなかで実行していく。そうやって撮られた暴力、行なわれた暴力が、アカデミックな場であれ、ジャーナリスティックな場であれ、論じられ、評価されていくわけですよ。

これは本当にとても嫌なことなんですよ。今日はこういった暴力論という形で議論していますけれども、それはいまも私の頭のなかにあるんですよ。自分自身だって小説のなかでそういう暴力を書いているわけですからね。だから、書くことへの後ろめたさとか、本来的に物書きなんていうのはやましい行為だというのを自覚しながら書かないといかんなというのはつねに思っているんですよ。

植民地や、あるいは被抑圧的な地域で暴力が起こる。そういう目に見える暴力はよく取り上げて論じられる。しかし、その一方で、大きな力をもっている人たちが行使している見えない暴力だってたくさんあるわけです。例えばヤマトゥと沖縄の関係でいえば、いじめの世界で言うシカトというのも、これはものすごく強い暴力なんですよ。沖国大にヘリが墜落しても[46]、本土の大手マスコミが小さくしか取り上げない。

今回の県民大会にしても、一一万人が集まったからやっとテレビでも取り上げたわけです。そうでなければ、おそらく取り上げなかったでしょうね。どうしていまごろ教科書検定なんかで騒いでいるんだ、ぐらいの受け止めだったと思います。それぐらいのことをやって、やっと目を向けてもらえる。しかし、それさえもおそらく二、三日すれば忘れられて、議論の対象にもならないだろう。

それは、シカトされている側からすれば大変な苦しみなわけですよ。いじめられている人が苦しむのと一緒で、存在すらも無視されて認めてもらえない。そうやって無力感に襲われて、何を言ってもだめなんだ、というあきらめと絶望感に襲われていくわけです。シカトしている側は、恐らくシカトしていることを自覚さえしていないでしょうね。見たくないものは見ない。「癒し」の空間だけを求めて、見たくないものは意識からすり抜けて、観光を味わうことだけでも可能なわけですから、実際に。

あるいは、経済的な暴力なんかにしてもそう簡単に目には見えないわけですよ。昨日、『それは島』

というのをやりましたけれども、離島苦、沖縄ではこれを島チャビと言いますけれども、そういった問題が取り上げられていました。渡嘉敷島から若者が出て行く。それと同じように、沖縄から東京に、大阪に若者たちが集団就職で出て行ったし、いまも行っているんですね。期間従業員とか出稼ぎでフリーターたちが大阪や東京やヤマトゥの各地に行くわけですよ。

『それは島』が撮られた一九七〇年は、まだドルが使われていた時代で、一ドル三六〇円の固定相場だった。なぜ一ドル三六〇円だったのか。これは日本の経済成長を促すためですよね。円安に設定することによって、日本がアメリカに輸出しやすいようにする。そうやって日本の高度経済成長は可能になっていくわけですけれども、沖縄はドルだから逆の立場だったんですよ。これがどれだけ大きな意味をもっていたかというのを、日本の人たちはわかっているのかなというのがあるんですよね。要するに、沖縄から日本に輸出するというのは大変厳しいわけですよ。円の側がはるかに有利だから、アメリカにどんどん輸出できたんですよ。しかし、沖縄はアメリカと違って弱い経済なのに、ドルを使っているがゆえに日本に輸出できないわけですね。

だから、沖縄で製造業が発展しなかったのは、何も土地が狭くて水が少ないとかそれだけじゃなくして、復帰の七二年までずっとドル経済であったがゆえに、そもそも輸出できないような構造になっていたんです。だから、製造業を育てるよりは、手っ取り早くアメリカの優れた商品を買ったほうがいいし、日本の商品を買ったほうがいいというのがあった。いまだにそれが尾を引いて、第三次産業

(46)二〇〇四年八月十三日、宜野湾市にある沖縄国際大学本館に、普天間基地に行く米軍ヘリが墜落、炎上。周辺はただちに米軍によって封鎖され、大学関係者と日本の警察も入れなかったが、政府の対応は鈍く、本土のマスコミは始まったばかりのアテネ・オリンピックの日本選手の動向をトップに流し続けた。

が異常に肥大した経済構造になっているわけです。

復帰後は特別措置法で公共工事が入ってきましたけれども、それだって旧田中派、経世会の沖縄族たちによって吸い上げられていくような構造のなかでの公共事業だったわけです。基地経済と公共工事に依存していまに至っているわけです。だから、沖縄経済が発展しなかった云々、自立しなかった云々というのは、何も沖縄県民が怠惰であったとか、そんなことじゃなくして、やはり六二年間の経済的な仕組みのなかでそういうことが起こった背景があるわけです。それは私からすれば、明らかに経済的な暴力ですよ。しかし、そういった見えにくい暴力をどれだけの人が認識しているかということなわけです。

そういう暴力がまた、違った形の暴力を誘発するわけです。例えば『虹の鳥』のなかで書いていることというのは、私がこれまで見てきた事実もたくさんあるんですよ。いま、沖縄では離婚率が全国でも飛び抜けて高いですけれども、離婚した女性がどうやって子どもを育てるか。昼間スーパーでレジを打つ。夜はスナックで働く。一日中子どもを見られない。ほったらかしにされた子どもたちは不良グループになって、いろんな暴力のなかに入っていく。

これは、先ほど言いました沖縄の戦後六二年間の経済的な暴力のなかで、第三次産業だけが著しく発展して、女性が子育てしようと思っても容易に働き口がなくて夜の仕事に入っていくような、そういう仕組みのなかで起こっている世界なんですよね。だから、『虹の鳥』の世界のなかには、基地がもたらす問題と同時に、経済的な暴力の構造もあって、そのなかで、個々の人間が行なう暴力の問題があるわけです。そういった構造的暴力が克服されないままいまに至っている沖縄というのを感じています。

最初の話のなかで自衛隊の問題を取り上げましたけれども、そういったのはまだ目に見えやすい暴力なんですね。国家の暴力装置が出てきて演習を繰り広げたりして、県民が被害を受けるというのは。しかし、そういった目に見えない部分での暴力をもっと見ていかないといけないと思います。

それと、先ほどの映画のなかでコザの街で働いている女性たちの姿が描かれていましたけれども、ああいった人たちの戦後の人生というのも、基地と、さっき言った経済構造の歪みのなかで生まれたことなわけです。沖縄の戦後の証言集を見れば、戦争で焼け野原になったあとに、男は基地労働者になりますけれども、その一方で女性たちは基地の周りで娼婦になった人たちがたくさんいるわけですね。そのなかには戦争で身寄りを亡くした人たち、戦災孤児もいれば、あるいは夫を亡くした女性たちもいたわけです。その人たちが、那覇の平和通り、あるいは公設市場などで働いて子どもを育てた人もいるし、コザの夜の街で働いて子どもを育てた人たちもいたわけですよ。これもやはりひとつの暴力ですよね、女性たちがそういった職業を選ばざるをえなくて、そんなかたちでしか生きていけなかったというのも。

だから、こういったいろんな暴力が戦後の沖縄のなかにあったし、それはいまだってやはり歴然とあるんですよね。見ようと思えばいくらでも見られるわけです。これを私は書くだけではなくて実際になくしていきたいんです。実践感覚というのは、基地問題なんかにしても、例えば現実的な問題なんですよ。「集団自決」の問題を大きく取り上げることによって、辺野古や高江の問題は、県内のマスコミでさえも取り上げる比率が大きく減ったんですよ。もし政府や右派のグループがそれをねらっていたとすれば、ねらいをはたしているんですよ。

運動している人も、みんな限られた能力のなかで取り組んでいますから、「集団自決」の問題に大きなエネルギーを割くと、辺野古や高江に行く余裕がなくなってしまうんです。そういったなかで、どんどん向こうでは環境調査も進んでいるし、基地に資材搬入なんかも進んでいる。私だって毎日辺野古に行きたいし、高江にも行きたいんだけど、それをやったらば生活ができないし、同時にまたこの「集団自決」の問題もなんとかしないといけないとか、いつも身を引き割かれながら沖縄のなかであたふたしているわけです。

なんとかしなければいけないと思いながら、なかなかできないというジレンマのなかでみんな苦しんでいるわけです。それが煮つまっていったときに、頭にきて暴力的な形での噴出というのもありうるかもしれないと思っても、しかしそれを実行すれば、その後にさらに激しい反動がくるというのがわかっているから、それを抑え込んでいるという人もたくさんいると思いますよ。この場にいる四〇代、五〇代以上の方たちのなかには、暴力がいったん行使されてしまうと、それがいかに人を引きずって制御できなくなって、多くの人を犠牲に巻き込んでいくかというのを、いろんな形で目にしてきた人たちもいるはずです。その怖さがわかれば、暴力を発動するときにそれがもたらすものがわかれば、そう簡単には暴力というのはできないんですよね。

しかし、それでもそこに追い詰められていったときにどうなるか、という不安はいつももっています。それは予測できない形で起こるかもしれないわけです。九・一一が起こったときにだれがあれを予測しえたか。しかし、それはやっぱり起こってしまったわけですよ。だから、そういったことは、先ほど「暴力の予感」という言葉を使いましたけれども、予感であれ、不安であれ、沖縄にいながら絶えず感じていることではありますね。

中山　ありがとうございます。

このあたりで会場の皆様との質疑にうつりたく存じます。とはいっても時間がおしておりますので、いまお話に出ました鵜飼さんに一言いただけないでしょうか。

「暴力論」のジレンマ

鵜飼哲　いまのお話のなかで、目取真さんが言われたことで私もいつも感じていることは、暴力について語るということの困難です。ここは言葉で成り立っている場ですから、暴力について語るということは、実際にはこの場にいない、この場に存在していないことについて、それも途方もない苦しみのなかで起こったことについて語るということなので、そこにやましさというか、居心地の悪さをいつも感じるんですね。

とはいえ、今日の映画、いま目取真さんが言われたこと、それから、先ほど仲里さんや真島さんからフランツ・ファノンの名前が出てきたことから、一点だけ触れてみたいと思うのですけれども、『沖縄やくざ戦争』のなかでもいろんなタイプの暴力があると思うんですね。大きな構造としては、目取真さんが触れられたように、これは沖縄人の間での暴力です。ただ、大きな転回点になるのは、日本から来たやくざの幹部が殺されること。日本人が殺されるのはこの場面だけなのですが、日本でやくざ映画を見るときは、自分たちの住んでいる世界とは違う世界を見るような感覚がある意味であると思うのですけれども、沖縄の場合は、仲里さんがご本のなかで詳しく書かれているように、やくざの世界を描くことがそのまま沖縄の社会を描くことになるという側面が非常に強い。とりわけ、日本との復帰前後の関係が、沖縄のやくざ社会を描くことによって、きわめてリアルに描かれる。そう考えたときに、大阪から来て殺されるあの暴力団の幹部はいったいだれなのかということを考えるんですね。

フランツ・ファノンの『地に呪われたる者』のなかには、「自然発生性の偉大さと脆弱さ」という章があって、これは今日真島さんが触れられたテーマとの関連でいえば、アルジェリアの脱植民化の過程でどのように暴力が発動されていったのか、そして、そのような暴力の発動のなかで、いくつかの段階を経て、どのように民族の主体性が確立されていくかという、非常に弁証法的な説明です。その最初の契機は、それまでアルジェリア人同士の間で、部族間、あるいは親族間の抗争、殺害も含めて非常に激しい抗争が続いていたことです。ファノンはこの事態を精神科医として非常にクローズなところで見ていたわけですけれども、この段階を脱するには、要するにコロン（白人入植者）を殺す段階が必要になる。コロンの殺害を不可欠なひとつの契機として、革命的な暴力が発動されていくわけですね。

どういうコロンかはまったく関係なしにコロンであれば殺害する、こういう一時期があって、それはもちろん乗り越えられなければならない段階として規定されてはいるのですけれども、しかし、その段階がないとその先には行けない、そういう不可欠な契機としても描かれてもいるのですね。暴力団の世界でも暴力の行使はいろいろな意味で合理性をもっているわけですけれども、今日の映画のなかで、ヤマトから来た暴力団の幹部を千葉真一演ずる国頭が殺すというあの場面は、そのような合理性を逸脱しています。私としては、日本人の立場に引きつけて考えたときに、この場面から、沖縄とのどういう関係が見えてくるのだろうかということをとくに考えました。

日本に向けられた沖縄の暴力がなかなかヤマトにいると感じられない。「集団自決」の問題にしても、自分は局外においてその状況を見ているということが非常に多いと思うのですけれども、その刃が、きわめて例外的な形であれこの映画では描かれている。それを、現実にありうることとして見るポジションが、この映画に向き合うときになくてはいけないのではないかと思いました。以上です。

九・二九、「暴力論」を超えて

西谷　時間の制約もありますので、そろそろまとめに入らなければなりません。それぞれにご呈示いただいた問題をここでさらに議論して煮詰めるということはできませんが、みなさんがかなり核心的な点を明確にお話しいただいたおかげで、話題が相互にかみ合い響き合い、またずれを含んで切り結んでいた様子は、お聞きのみなさん方にも受けとめていただけたかと思います。ただ、目取真さん、鵜飼さんの最後のご指摘にもありましたように、暴力をテーマに議論するということは逆説的なことになります。この議論の場には暴力はないし、また沖縄という場もここではないわけです。

私も、戦争という、まさに考え書くという営みを廃棄させるような事態をテーマに抱え込んでしまった者として、つねづねそのことは念頭においております。ただ、今回あえて「暴力論」というテーマを掲げたのは、いわゆる暴力そのものが論じられなくても、このテーマ立てそのものが、沖縄に関して論じられるいろいろな事象をむくつけき関係のなかにあぶりだす磁場として働くだろうと考えたからです。

このテーマの磁場の模様を作っているのは、沖縄と日本との「8」の字の統合構造という、歴史構造的な関係の認識です。それからもうひとつは、最初にお話ししたように、国家の暴力の正当性の衣裳が剝げ落ちる世界のいまという時代ですね。先ほど出た大江さんの言葉に重ねれば、「おりがきた」というそのいくつ目かの「おり」にも重なっている。

真島さんが提起したように、逃れられないある力が働いていて、そこに囲い込まれた人びとの主体化がジレンマを抱えざるを得ないような状況のなかで、自由であろうとすればあらかじめその力に隷従するしかない。そうすれば「自発的」という意味で「自由」になるわけです。そういうことはいろいろな場面で現われます。また、とくにいわゆるネオ・リベラリスムの経済体制が支配する世界では、市場の競争に身を委ねることが「自由」の条件であって、その結果まったくの市場原理に翻弄されることになるけれど、それがこの体制のもとでの「自由」だということで、みごとな「自発的隷従」のシステムになっています。この「自発的隷従」のからくりに従うまいと思ったら、存在の場所がなくなってしまう。生きていけなくなる。だからこの閉塞を突き破って外に出ようとすると、それこそ自分の存在が破裂する、「自爆」になってしまうわけです。「自発的隷従」の逃れられない閉鎖空間のなかでは、そんなふうに自分が爆死するしかないような場合が往々にしてある。その典型的な例が、国会議事堂の鉄柵に飛び込むことだったりするんですね。

もうひとつ、私の頭のなかにあったのは、数年前にここでも上映しましたけれども、高嶺剛監督の『ウンタマギルー』という映画があります。その最後近くで、「日本復帰」の日に、安里親方という人使いの荒い人物がみんなの前で怒号を張り上げて、「今日から沖縄は日本だ〜!」と叫んで、ダイナマイトを体に巻いてそのまま文字どおり自爆するんです。マレーというかわいい豚の化身の女の子と一緒に。つまり、「今日から沖縄は日本だ〜」となったとき、もはや居場所がなくなって破裂するしかない、爆発して消えてしまうしかないような何かがあるというのを、その場面は強烈に描き出していました。わたしの念頭にはそういうイメージもありました。

暴力というのはほんとうにいろいろな様相がある。そしてそれはある関係のなかで露呈するということを指摘しておきたいと思います。つまり、ある「規（ノリ）」を破るとか、ある枠を壊してしまうとか、あるいは他人を実際に傷つけるとか、ある関係性のなかでそこにかかる力が境界を越えたり破ったりするとき、それが「暴力」として表われるわけですね。そういう力の発現は、生き物に触れることから、日常生活から、社会関係から、あるいは国家の次元まで、あらゆる局面にあって、それがきわめて見えやすい形になると今日の映画のようなものになる。

この映画は、日本と沖縄との統合関係の非常に見やすい図式になっているけれども、私たちが今回ぜひ目取真さんに来ていただきたいと考えたのは、なにも『希望』とか『虹の鳥』の描写が暴力的だからというのではなくて――もちろん真島さんがふれたように、ああいうものが書かれる必然はあるでしょうし、目取真さんからも『希望』がどんなコンテクストで発表されたのかというご説明もありました。けれどもそれだけでなく、まさに西成彦さんの「暴れるテラピアの筋肉に触れる」(47)という論文がありますが、そこで取り上げられた「魚群記」(48)のテラピアと少年の話ですね。少年と魚との関係にもすでに、きわめて官能的でかつきわどいある種の暴力性があるわけです。日玉を撃つとか潰すと

(47)『複数の沖縄――ディアスポラから希望へ』（人文書院、二〇〇三年）所収。なお、同書に仲里効「(内国）植民地の誕生」という南大東島論も含まれている。
(48)『平和通りと名付けられた街を歩いて』（影書房、二〇〇三年）所収

か、それからその鱗の肌に触れるその触れ方自体が、きわめてセンシュアルでありながら同時に、何かの境を無惨に破っていくわけです。それは、言ってみれば細胞膜を全部取っ払ってしまって、原形質だけになってしまった生き物が、ひりつくように生きているそんな感覚だと思うんですね。

仲里さんが「例外状態」についてふれられたけれども、国家の法の枠組みがなくなって、軍事的な占領という剝き出しの権力にさらされる状況のなかで――要するに軍が自分で決めたことが法になるような状況ですから――、ある種の超法規状況でもあればアナーキーでもあるような状況のもとで生活する。これは言ってみれば細胞膜という隔壁がなくなって生存状況が無防備に剝き出しであるような、そういう生活がもたらす感覚なのかなと、私などは読みながら思ってきたわけです。もちろんそこに沖縄独特の精神世界のようなものもかぶさっているでしょうが、そういう皮膚感覚のようなものを紡いで物語化していくときに、こういう作品ができるのかなという印象をもっていました。

だから、私は目取真さんの作品を、そういう意味でひじょうに暴力的なラジカルなものだと思ってきた。たんに『虹の鳥』だからというのではなく、その感覚がおそらく深く現代の沖縄の感覚だろうというふうに考えてきたわけです。そこから戦争のこと、日常のことから経済のことまで含めて、やはり「暴力論」ということになるのかなと、冒険を冒してこのテーマを立ててみたわけです。

最後に、県民集会のことに一言だけふれさせていただきます。昨日もちょっと言いましたけれども、死んだ人はもう語れない、語らないから、その人たちの死はどこかに回収されてしまうかもしれない。けれども、生き延びた人は、生き延びたことで悔恨を抱えざるをえない。出来事をいろいろ考えざるをえないけれども、逆に言えば、反省とか自覚とかいうのは生き延びた人にしかできなくて、悩みも苦悩も生き延びた人にしかないんですね。ある意味では死んだ人はそれで終わりですから。けれども、生き延びた人は、死んだ人が死んだ、あるいは死なせたということを知っているわけです。それを知っているということは、死んだ人が消し去りがたくその人の内にいてしまうわけで、生き延びた人にとっては、自分が生きていることがすでに自分一人のことではないということだと思います。目取真さんの小説にもよく出てくるし、沖縄の人たちがよく言う「マブイ（魂）」というのがありますが、私はそういうところに「マブイ」のありかとでもいうようなものを感じるわけです。そのような「マブイ」を抱えた人たちが、あるいは「マブイ」に導かれてあそこに集った。とりわけこれが、「集団自決」の事実を歪めることに対する、まさに「非暴力的」な抗議の集会だったのですから。

これは、ある人から聞いたことですが、沖縄の比嘉慂さんという漫画家がいて、その人が、県民集会であれだけの人たちが集まったなかに身を置いて、「ウチナンチューはマブイを失っていない」というふうに言ったという。つまりあそこには「マブイ」が凝集していたというわけですが、そのことを聞いて、ああ、やっぱりそうかというふうに受け止めました。幸いあの場に居合わせることのできた私たちも、その「マブイ」の周辺にいることができたということです。あの県民集会は、あれだけ盛り上がっても何の組織も残さず、そのまま次の日には消えていって、みんな日常に戻っていくわけですけれども、でも、何かがあのいうふうにして皆をざわざわと動かす。こういう言い方をすると、それこそ神話化と言われるかもしれませんが、ここには名状しがたいなにかの促しがあると感じられました。具体的には目取真さんが話されたようなことを背景にしての人びとの動きだと思うのですけれども。

今回の企画は、もちろん今年度の初めから準備してきたものですから、県民大会あっての企画というわけではなかったのですけれども、そんなわけで、この催しが少しでも県民大集会にこだまを返せることができたらというのが私たちの願いです。なかなかうまくはいかないですが、私たちもこうして何らかのかたちで「マブイ」を引き継いでいきたいというふうに思っています。

『それは島』再訪

間宮則夫監督へのインタビュー

＊『沖縄』上映の前後に

中山　間宮さんが映画を撮り始められたころ、フランスをはじめヨーロッパでも日本でも「映画運動」といわれるような潮流があり、観客と撮る側の相互関係を意識したアプローチなどが盛んに議論されたのですが、間宮さんはそのような最先端の部分で杉並シネクラブを中心に活動され、沖縄というテーマに出会われたということでした。まずそのあたりから、お話をいただけますでしょうか。

間宮　まず、私と沖縄の出会いは、一九五九年に「早稲田大学八重山学術調査団」というものが編成されまして、それの記録班として沖縄を訪れた。それがきっかけといいますか最初だったわけです。

鹿児島から船で十二〜十三時間。当時那覇港は米軍に接収されていたので、すべて日本の船は隣の先島航路用の泊港から発着していました。那覇港は米軍に占領されていて使えなかったのですね。そんなような状態でした、初めて向こうに渡ったときは……。そして初めて那覇の街並みを見ましたら、ブタクサがいっぱい群生していて、その焼け野原のなかに急造の木造民家が点々と焼け跡に建っていて、最初の見たままの印象としては戦後一五年経っても沖縄はまだ戦場だったというのが第一印象でした。その次に印象に残ったのは、そのころ、米国民政府によって、占領政策に違反する行為には死刑などの極刑をもってあたるという、新集成刑法というのが公布されたが、地元の抵抗が強かったためか、廃案となった――、そういう状況であったと。ですから、私たちが調査団の人たちといっしょに那覇の米国民政府にいって、まず最初にしたことは、十本の指の指紋を全部採られたということで、かなりのショックを受けました。バックアップしてくださったのが琉球大学だったのですが、それでも指紋採取は免除ということにはなりませんでした。

中山　調査団は何人ぐらいのグループだったのでしょうか。

間宮　調査団はですね、考古学を中心に、地質学、言語学、民俗芸能という編成で――いまはちょっと総勢何名だったかは覚えてないのですけれども――総合的な調査団でした。

中山　映画に関しては間宮監督とカメラさんという編成でしたか。

間宮　カメラマンと二人で。先生方の調査をしている状況を克明に撮るという当初はそういう意図でおったのですが、なかなかそうもいかなくて、結局、沖縄が実際に置かれている現状をどう伝えるか、そのことに頭を悩ましまして、そちらの方に力が入ってしまったという、だから調査団の行動の記録ではなくて、沖縄の現状を伝える現状報告みたいなかたちのものを結果として作ったわけです。

中山　でも、調査団がどう調査しているかよりも、沖縄の現状の方が面白かったのではないでしょうか（会場笑）。

間宮　はい（苦笑）。ただそれは大変不遜な考え方で、本来は申し訳ない話だったのですけれども……。現状としては、政治的な面としては、先ほどお話した新集成刑法の廃止、そのほか、ミサイル・ナイキ発射阻止闘争などで盛り上がりを見せており、それで経済的な面では、ちょうど軍票のB円から米ドルに切り替えられたときだったのですね。それでドル仕立てになって、あそこに国際マーケットという大きなマーケットがあるのですけれども、その当時はバラック建てのマーケットだったんです。

国際大通りも「奇跡の一マイル」と言われておりました、当時は……。昔は水田だったところが一気にアスファルト道路になったと。そんな状態でしたね。ドル建てになって、市場で買い物に来ている女性などに聞くと、それを機会に物価が上がったと、生活が苦しくなったといっておりました。話が飛び飛びになって申し訳ないのですけれども、南部の戦跡――多くの民間人や兵隊が追い詰められてこの摩文仁で殺された――まだ五九年当時に洞窟全部に調査が行き届いていませんでね、その中から遺骨が出たり遺品が出たり。それからサトウキビ畑を掘っていたら、そこから遺骨が出たり遺品が出たり。そんな状態でした。

中山　沖縄戦の生々しい痕が残っているところに、開発の波がきたという感じですか。

間宮　はい。調査の手がまわらないということもあったと思います。そんな状態のなか、断片的に現状を拾ってそれをまとめたというか、断片的にしか現状を拾えなかったというか、そのへんでちょっと心残りがあって、それが大きく尾を引いて一〇年後に『それは島』の方に行った、ということが概略なのですが。

中山　さて、間宮さんは、すでに『沖縄』をお撮りになったときから、大和・本土と沖縄、という視点をおもちだったと思うのですが、一般に本土の人から沖縄への関心はどのようなものだったでしょうか。

間宮　日本では沖縄への関心は――いまはかなり関心度は高いですけれども――その当時は、私が人に聞いた範囲では、あまり関心がなかったという印象です。現状を知らないと。そういうことだったと思いますね。当時アメリカは日本人がなるべく沖縄に関心をもってほしくないと思っていたのではないか。出版物もあまりなかったですしね。もっとも僕が探しきれなかったのかもしれないが……。当時岩波新書で、瀬長亀次郎の『沖縄からの報告』というのがありました。それから、小説で『沖縄島』(霜多正次)というのがありました。あとは戦前の民俗学の本、そういうものがありました。それでとにかく情報が足りないのではないか――ということで、まず現状を正しく伝えるというふうに気持ちが固まってきたわけです。

中山 沖縄には、ひとことでは言い尽くせない、いろいろな側面があるにもかかわらず、『沖縄』という大きなタイトルのもとで、一本の映像にしなければならないほどに、人々に知られていなかったということですね。

間宮 文化的、歴史的、芸術的など、やりたいものがたくさんあります。そこでまず『沖縄』という総論的なものをひとつ作ってそれから各論的なものをつくっていく。何年かかるかわかりませんが……。沖縄というのは、島が六〇いくつかな、かなりたくさんの島があって琉球列島を形づくっているわけですが、私たちの主たる撮影地域は、八重山学術調査団の名前がついているとおり、八重山群島が中心だったわけです。そこでまず撮影の大半を八重山でおこない、本島の撮影は八重山への往き帰り、合わせて一週間くらい滞在して撮影を行なった。それからこれは考え方の問題なのですけれども、そこに描かれた祭りにしろ、日常生活の断面にしろ、さまざまなエピソードはその島の固有のエピソードとして捉えるのではなく、沖縄島というイメージ上の島のエピソードとして捉えていきます。つまり、映画のなかに、「沖縄島」というひとつのイメージ上の島を作っていったんですね。そこにすべてのエピソードを詰め込んでしまった。それでその「沖縄島」がどういうふうになっていくかというふうなかたちで展開させていった。そういうわけですから映画のなかで祭りだとかいろんな場面が出てきますけれども、それは波照間島であったり、西表島であったり、いろんなところが出てくる。でもいちいちスーパーを入れて解説をしていない。島々の固有性をある意味では捨てて、自分のなかに「沖縄島」という全体的なイメージをつくっていく、この方法が正しいかどうかはわからないのですけれども、そういうふうなかたちで『沖縄』を撮りました。

中山　『沖縄』には、沖縄本島の映像もあり、八重山など本島以外の島々の映像もあって、そこには本土と沖縄との関係だけでなく、沖縄内部での本島とそれ以外の島々との関係も、はからずも映し出されております。

間宮　はい。話が断片的で大変申し訳なかったのですが。

中山　とんでもありません。間宮監督、どうもありがとうございました（会場拍手）。

西谷　『沖縄』は一九五九年のものです。ということは、そのすぐあとに復帰協（沖縄県祖国復帰協議会）ができるのですけれども、一九五九年、それは、いま、間宮さんのお話にありましたように、日本はいわゆる戦後（の時期）で、姜尚中さんの言葉を借りれば、列島に自閉する時代、四島（北海道・本州・四国・九州の四島）に自閉する時代だったわけですね。だから沖縄のことをほとんど見ていなかった。そのためにこの映画は、おそらく当時でもあまり関心を引かなかったし、その後、間宮さんはこの映画をお蔵入りにされてしまったので（会場笑）、いま、初めて発見されるということになると思います。

（『沖縄』上映）

間宮　ひとつだけ訂正があるのですが、いま、暁の出漁シーンで、それを刳り舟とナレーションで言いましたが、本来はサバニという舟で、刳ってあるんじゃなくて、構造船なんですね。組み立てた舟なんですね。それだけちょっと訂正させてください。

中山　皆様、いかがでしたでしょうか。間宮さんは、これはたんなる観光映画だと謙遜なさいますが、このようにすばらしい映像を三〇数年ぶりに皆様のお目にかけることができ、ほんとうに感謝しております。ありがとうございました（会場拍手）。

質疑応答の時間を設けさせていただきます。

会場からの質問　簡単にお聞きしたいのは、これは日経映画社で製作ということになっていて、最終的に『沖縄』はどこかで上映された記録があるのか、そしてまた最終的にどこの所有になっているのでしょうか。またその当時の反響などがもしあれば、教えてください。

間宮　最初からどこそこで上映するというようには決まっていませんでした。映画社の上層部の話は私にはわからないのですけれども、日本経済新聞社と、早稲田大学とがなんらかの関係があって、こういう企画（八重山学術調査団）があるのだが、と日本経済新聞社にバックアップの依頼がきたのではないかと思いますね。日本経済新聞社がバックアップする以上は、日経映画社が映像部門を引き受けようというように話がすすみ、その段階になって初めて私のところに白羽の矢が立ったというところです。

中山　その当時上映はされたのでしょうか。

間宮　できあがってから、会社も製作費を使っているので映画の買い手を捜したんですね。それでいろいろと探した結果、昔大映という劇映画の会社がありまして、その大映に話をもっていったらしいのですが、大映は、この映画は劇場上映向きではないと、おもしろくないということだったと思います。それでもなんとか最後は大映が買ってくれたらしいのですが、その購入条件がですね、大映が三五ミリ版権を購入して上映してから一年後に十六ミリ版権を製作会社に戻すという、そういうような約束で売ったらしいのですね。ところが大映が上映しないので、上映一年後といっても、上映しないから、永久に上映できない。そんなかたちでお蔵入りに、そのまましまい込まれていたわけなんです。もちろん、試写会程度の貸し出しはできたみたいですけれども、正式には営業行為での上映活動はできないということなんですが。

会場からの質問　監督がこの映画は観光映画だから不十分と思われたのは、いつぐらいの時期でしょうか。

間宮　いつごろかはっきりとは私にも分析できません。でも今度作るときには「顔の見えない観光映画」ではなく、「顔の見えるドキュメンタリー」を作りたいと考えていました。

島人の証言でつづる渡嘉敷戦

映画『それは島——集団自決の一つの考察』の「採録シナリオ」より抜粋・編集

I　戦争を怒る

戦始《いくさはじ》またる　生《いちい》むしぬ　ひるまさんでぇ
戦争をはじめた　人間が　うらめしい
戦始《いくさはじ》またる　人間《にんじん》よお　ぬうが　広島《ひろしま》ぬう　爆弾事件なかい　日本や　落て《うてぃ》ねんむんなかい
戦争をはじめた　人よ　どうして　広島の　原爆事件で　日本は　敗れているのに
沖縄《うちなぁ》までぃ　あんらくねぇ戦争や　やらさんていん
沖縄まで　あんな戦争を　しなければいけなかったのだろう
人間《にんじん》や助かいるむんなかい　ぬうんちぃ　うさきぃな万人　食《くわ》てぃ　うちきやあい　妻人《とじん》かい　あわ
りしみぃが
そんなことをしなかったら　もっと人は助かったのに　あんなにたくさんの　犠牲を出して　妻を苦しいめにあ

わせて

やなあ　日本の戦《いくさ》ぬ一番悪《わ》さっさ
いやな　日本の戦が一番悪い

広島ぬ爆弾事件なかい　止みいたらあ　沖縄《うちなあ》や　うんぐとぅ　激戦しみらんたんよ
広島の原爆事件で戦争を　すぐやめたら　沖縄は　こんなに　激戦にならなくてすんだのに

あんさあに　やまちりてぃ　子供《くわ》から　父《うとう》から　親《うや》から死《ひ》なし　私《わっ》たあ　わじわじいし
結果は　めちゃくちゃになり　子供や　父や　親を死なせ　私は　怒りをおさえることができない

ふあくたくみなあぬ　銭小《じんぐわ》ぬうが　体《からだ》ん有《あ》いねえ　何億《なんおく》ぬ銭儲《じんもあ》きるする
取るに足らない　小銭がなんだ　体が丈夫ならば　何億という銭を儲けることもできる

人間《にんじん》の命《いぬち》や　二度《にどう》とう替《け》えららん命《いぬち》　命《いぬち》や宝でぃある
人間の命は　二度とかえられない命だ　命は宝だ

子供《くわ》から　親《うや》から　死《ひ》なし　ふあくたくなあぬう　銭小取《じんぐわとう》やあい　自慢ないんなあ
子供や　親を　死なせ　取るに足らない　小銭で　なんの自慢ができよう

あわりぬだんだんし　子供《くわ》五人産《ぐにんなし》　授《あじ》かってい　私《わったあ》は三十一から
苦労をいやというほどして　子供を五人産み　さずかって　私は三十一のときから
夫婦別《みどぅんだわか》りあま　五人《ぐにん》ぬ子供《くわ》どう一人《ちゅうい》さあい大どうわさあいちゃいびだん
夫と死別してしまい　五人の子供は自分一人で大きく育ててきました
私《わん》ねえ　戦《いくさ》ぬ話しいねえ　おおいぶさっさ……
私は　戦争の話をしたら　腹がたって喧嘩したくなる……

II　那覇空港にて

一九七〇年三月。「赤松来県阻止行動抗議団」が抗議文を読み上げる

赤松嘉次元陸軍大尉、貴方は一九四五年三月二二日、渡嘉敷島字阿波連の村民約四五〇人に対し、自決命令を下し、手榴弾を配って自決を強要し、三二九名の尊い生命を奪った。更に生き残った村民一二〇名のうち一二名をスパイ容疑で虐殺した。また米軍の命令で降伏を勧告にきた、伊江島村民約六名と子供二人を即座に斬首した。更に貴方は壕の中に隠れ、持久戦に備えるといって、食料もなく栄養失調で苦しんでいる村民から有丈の食料を奪い取り、多数の村民を餓死さ

せた。朝鮮人軍夫を虐殺した。その他数え上げれば限りがないほどの非人道的な行為を加えている。

貴方は今日、なんの反省もなく慰霊祭に出席するために来県しているが、われわれ沖縄県民は戦争を憎み、反戦平和の立場から戦争犯罪人の一人である赤松嘉次元陸軍大尉の来県に強く抗議し、速やかに退島するよう強く要求する。

と同時に、軍国主義復活反対、自衛隊来県反対、安保条約破棄、日米共同声明の陰謀を粉砕し、沖縄に即時無条件全面返還をかちとるために、断固闘うものである。

右、抗議する。

赤松元大尉の声（以下、赤松）「事実と全然間違っております。」

III　赤松、渡嘉敷戦を語る

赤松「……集団自決の、その他について、軍は命令その他出しておりません。」

抗議団「当時の責任者としてね、あんた県民のいのち守れんでさ、そのことどう思うんですか。貴方は責任者でしょう、当時の……」

赤松「海上挺進隊、船隊員約一〇〇名でございます。軍刀一本と拳銃、弾二発、それに基地隊、整備隊合わせて一八〇名足らずで小銃三二丁。そういう歩兵一個中隊の兵力で、それを守備できる兵力でなかったわけでございます。」
抗議団「あんたはいま否定していますね。ところが武器も弾薬もね、なくなった時点でね、その自決命令と同時に手榴弾を配っている事実。その本人たちがね、証言しているんですがね。生き証人がいるんですよ、それをどう考えますか。」
赤松「手榴弾は防衛召集をやったわけです。それでお使いになったんだと思います。」
抗議団「防衛隊でしょ、それは防衛隊ですね。」
赤松「はい、防衛隊です。」
抗議団「ところがその村民なんです。村民が持っている……配られている事実……二〇発を……三二発をね、みんな防衛隊の人達も持ち、それからその村民たちも持っていたのに、あとからですね、あとから谷間に集結をさせておいて、あとから二〇発をその村民に与えたという証人が居るんですが……」
赤松「私はぜんぜん知りません。二七日の朝、海岸から撤退して、そのときに、まあいわゆる非戦闘員ですね……船隊員、いわゆる拳銃の弾二発しか持っていないものと、糧秣弾薬をもてるだけ持って以前おりました海岸から山のほうへ移動したんでございますが、そのときにあるいは全部運びきれなくて、弾薬を集結しておったところから、誰かが持ってこられたんじゃないかと……、ま、それは推察です。二六日の夜……二七日の朝、海岸から撤退して、そのときにいわゆる非武装員……船舶隊員いわゆる拳銃の弾二発しか持っていない者と糧秣弾薬を持てるだけ持って、以前居りました海岸の基地から山の方へ移動したんでございますが、海上挺進第三戦隊、戦隊員約一〇〇名でございます……軍刀一本と拳銃、弾二発、それに基地隊、整備隊合わせて一八〇名足らずで小銃三二丁……そういう歩兵一個中隊弱の兵力で、敵が来た場合、やはりそれを守備できる兵力でなかったわけでございます……それでまぁ、安全と思って部隊は南側の稜線に入り、村民の方に北側の谷間に集結していただいたんでございますが、兵力が少なくて、二八日には村民および部隊とも包囲されてしまったので、結局、部隊ならびに村民の頭上に砲弾が落下しはじめたと……そういう結果でございます。手榴弾は防衛召集をやったわけです……」
抗議団「防衛隊が全部持ってたんですか！」
赤松「いいえ、小銃その他がございませんので、手榴弾二発ずつ、全部で装備したわけでございます。……その他に全部持ちきれなかったんじゃないかと……私はその二〇発の手榴弾を村民の方に配ったということは、いま初めて知ったような次第で……あるいは全部運びきれなくて、弾薬を集結しておったところから、誰かが持ってこられたんじゃないかと……ま、これは推察です。」

IV　島人の証言が語る〈渡嘉敷戦〉

○島人（男）の証言……①
昭和何年でしたかな……文部省から大日本帝国第一位……わしらが徴兵検査のとき、それを先頭にしていきましたよ。徴兵検査の時でも、渡嘉敷村の模範村を筆頭に本年の徴兵検査を執行するという……いまでも覚えていますよ……。

それでなんだかいろいろな話を聴くと、部隊は戦闘の意欲がなかったということらしいんですね……切り込みばかりして……道具がないのよ、兵器がないのよ……肝心要の兵器は舟艇ですからね、これがなくなったものだから、拳銃と長剣でしょうね……銃を持ったのはここに残された基地隊の一個小隊……戦うだけは戦う気持ちであるが、道具がないものだからどうも……、だから玉砕したからと言って、いずれがどうのこうのという必要はないと思います。国の掟がそのように作られていますからね、だから誰の責任か問う必要はない、政治家がやろうとあるいは軍部が命令しようと。そうきたえられてきているんですからね、はっきりしてますよ、これは……。だからその当時の責任者はおらんでしょうが……村会議員とか、部落の区長だとか……、彼らの家系は全部全滅ですよ。元村長なんかも、前の村長なんかも居りませんよ……

○島人（男）の証言……②

高島少尉といって分隊長だったんですよね、どういうわけか敵の飛行機が低空でやってきたら、すぐ壕から出てこっちの広場で剣持ってですね、この飛行機に向かって抵抗しよったんですよ、なんというわけですかね。そうしてこの飛行機は弾も撃たずに、阿波連の方へ行ったんですがね……と、二〇分か三〇分待ったらすぐ兵隊が来てですね、もうものすごく……この山もたちまちみんな焼けてしまって……あんなにたくさんの特攻隊も舟も全部構えているんだけど一隻も出れないんですね……船の上からすぐ向こうの島に渡れるぐらい密集してたんです。だからもう特攻隊もこっちに構えていることは構えているんですが、絶対に出れないんです。で、とうとう出れないもんだから夜になってですね、この特攻艇は敵の手に、これは秘密兵器だから奪われたら大変だからと言って全部破壊してですね、沈めたんです。

敵より恐ろしいものは味方だったんです、もう……まあ抵抗していたらみんな全滅だったんですよ。こっちが静かにしているから向こうからも弾も撃たれずに済んでいるが、少しでも抵抗したら渡嘉敷あたりの、こんなちっぽけの島なんか爆弾落とされたら全滅してたですよ。抵抗しなかったから助かってるんですよ、自分らは……もしも日本の兵隊がちょっとでも抵抗しようとしてたら、渡嘉敷の島も全部なくなっているんですよ……みんなあのときは気が狂ってたんですからね。たくさんいたんですよ、気が狂っているの……

○伊江島から強制移住させられた人（男）の証言……③

渡嘉敷島ではまだ（住民が）山の中に全部入って（いて）、この住民の住んでいた部落はもうみんな空き家であるわけよ。それでアメリカ兵からの要望もあってよ、山の中にいつまでも居ってはいけないから……こっちへ来たら食べ物もあるし、自由だから出てきなさいと言って、女五名男一人でしたかね、山に連れに行ったんだ。赤松は山の中でこう言ったというんです。〈私は日本の天皇陛下から、貴方は生き残って沖縄の戦争の状況を知らせよ、という命令がきているから、私はどうしても生きなければいけない〉からと言って、伊江島の人々から選ばれた六名が、向こうに連れに行ったとき、穴を掘らしてね、穴の側に座らしてそこで殺してしまって、すぐその穴に埋めてしまったですよ。赤松自体はですね、やはり村の幹部とかいろんな者を自分の手下に、味方に入れるわけですからね。そういう者にみな命令して殺させていくわけですよ……その連中はね、罪は一緒でしょう。赤松の命令であっても、やるのは彼らがやっておるからね……それで私たちは彼らが壕から出る前に、ずっと山の中をあっちこっち行ったからね、みんな人が死んでおるんだよ……みな玉砕したり、自分たちで自決したり、あっちこっちで死んでいるんだ……集団自決のところもね、みんな骨がいっぱいだよ……

○島人（女）の証言……④

舟艇でもあれだったんですよ……船舶隊といって舟艇用の、渡嘉志久の方の山の裾に壕を掘ってですね、そこに隠して……もういざ敵が来たらこれをみんな陸から抱えられないもんだから、引っ張ってたらたら行くというくらいの設備だったんですよ。やっぱり国の大きいところにはかなわないですねと思ったんですよ……座間味と渡嘉敷との間の慶良間海峡には歩かれる程だったんですよ、船が……アメリカの船が踏んで歩くぐらい渡れるぐらいだったんですよ。くっついて、大きい船小さい船も……それでその日を忍んで夜から食糧を探しに……、死ぬ人もたくさんいるしね。もう食糧探しに出かけるんでも相当死んでますよ。いろんな情報は嘘を聴かしてですよ、いま連合艦隊が来るとか機動部隊が来るとか、それでもう戦は勝つというような状況ばっかり聴かされてですね、戦争がせまって一〇月一〇日の空襲あたりなんかも自分たちが仕事にいくと、四機ずつ飛行機が来ているんですよ。だけど日本軍の飛行機にあらずしてですね、それからもう戦というもんが始まったのかと思ってですね……もう海にみなツブすんですよ……爆弾もってってながしたりするんですよ……低空して弾をツブしていったりするんですよ……もう大騒ぎで、それから道具もみんな捨ててよ、家へ帰ってくるときには見えなかったんですよね、煙で。向こうからこっちを見たときはもはや部落はもうみんなやられてですよ、仕事をやめて帰るとみんな避難ですのに……子供を連れてめいめい担いで、布団持って谷底にきよったわけですよ……

○島人（女）の証言……⑤

手榴弾が爆発しなくてですね、それで生き残ってしまったということがよくあるんですよ……例えば、ここのうちの家族が玉砕しようとなったら、お父さん殺し、お祖父さん殺し、そしてまず自分の家族を殺してから、自分はしまいに死のうとしても死ねなくなってしまって、それで自分だけが生き残ってしまったというのがよくあるんですよ。そして、今度は家族が全部死んでいる、あっちこっち行って、あの壕では生きている人もいる、家の家族は全部死なせてしまった。それからもう気が狂い始めて、もう気を失ってから気違いみたいになった者がいるんですよ。アメリカ兵が上陸してから結局はもう耳を切り、鼻を切り、首を切り、苦しませて死なせる、そういう教育を受けて……

○島人（女）の証言……⑥

島人「はあ、集めるのは村からだの、村長でしょう……」

スタッフ（――）「玉砕命令を出したのは……」

島人「そうよ、万歳してからやっておったのに……」

――「村長は生き残ってますからね……」

島人「あー、村長は生き残っているよ、巡査も生き残っているよ」

○島人（男）の証言……⑦

島人「渡嘉敷はそんなに爆撃されていませんよ。爆撃されたのはこちらなんです……舟艇のあった渡嘉志久が中心です。渡嘉敷には兵隊の宿舎があって攻撃隊はこちら（阿波連）と渡嘉志久ですからね。

こちらは米軍の偵察機によって、全部偵察されています。それを日本軍というのはあれを日本の飛行機だと喜んで一生懸命迎えたんですね……それで全部偵察されて次には集中ですよ、集まったところを四方八方から全部やられてしまった……」

――「それは艦砲ですか、爆撃ですか。」

島人「爆撃です。」

――「そのときもやっぱり死者が出たんですか……」

島人「ええ、そのときもだいぶ出てますよ。もうあちこちでね、傷だらけです。」

――「雨の中、どの道を通っていったんですか。いまの道ですか……」

島人「いまの道じゃないです。いまの道通ると艦砲でやられてしまうんです。米軍はすでに集中的にこの道路に向けていますからね。何かガサッとすると集中ですよ。だから裏側の三角点ですね、いまの山の頂上から渡嘉敷に抜けられる道路があるんです。あれを探って行っているわけです。」

――「そのとき、物凄い雨が降っていたわけですね。」

島人「凄い雨ですよ……一寸先が見えないんですからね……こう手をつなぎあわせて、一晩……一晩で行かないと、今度また途中で避難しないといけないですからね……もう一晩で向こうに上がりついているんですよ。だからその当時の年寄りや歩けない人たちは自分たちで壕を掘って隠れてたんです。歩けるだけはいっしょに行動したんです。」

――「自決はみんな手榴弾ですか。」

島人「いいえ手榴弾でしたのは一人もいませんよ……操作がわからないものだから。安全装置は抜いたんですけれどもね、発火装置がわからないんですから……いくら叩いても相手は鉄ですからね。ハンマーで叩いても割れませんよ。それでもう……みんな涙を呑んで、天皇陛下万歳をしてますからね……それから殺す……鎌、鍬、棍棒で……それで首を絞殺……。まあ当時の模様ですから、どうして玉砕に集中されたか僕たちにもわからないんですよね……。行ったところがもうみんなが集まって来ているわけですよ……まあ最後だなあと……、それで防衛隊か兵隊か知りませんけど、あちこち手榴弾が配られたと……それで発火装置がわからないんですが、いちおうみんなひとつにかじりついたわけですよ。ぜひ死ななければいけないと……それで発火するの待っている。いくら経っても発火しないわけですよ。……それでしまいにはそういう……玉砕したんですけど……。それでまあ、当時私たちも、自分の両親と兄弟二人を絞殺して、それで自分たちも最後にこの短剣で突き合わそうということで、まあやったんですけれど、そこにまた郷土出身の方が来てですね、どうせ君たちはできるんだから、ここで自害するよりかは向こうの米軍に切り込みに行こうじゃないか、という青年が来たものですから、「そうですかそれではいっしょにやりましょう」ということで行ったら、今度はそこに住民が居るんですね、軍の壕の近くにですね。あそこでもって片方の住民が保護されているんですよ。軍の命令を受けにいったところが、住民が居るもんだから住民のなかへ入ってしまったんですよ。そうしたもんですからとうてい向こうへ行けなくなってしまったんですね。そして生き残ったわけなんです。そうでなかったらすでに切り込みで命はなかったかも知れません……それで帰ってきたら、自分たちは親子・兄弟を殺してしまったという、なにですね、言えないこともあるんですけどもね……。で、自分の家の小さい子供なんかは絶対に死なないんだということですね、それを無理やりに絞殺してしまったんですよ。なんと言ってもこれは見た人でなければ、本当に想像もできないし、また表現もできない……。

軍の……国家の銃後国民として、軍に協力せよということになっているんですがね、国のためなら潔く散りなさいという思想的な指導ですからね。そういう指導も、軍国主義日本の指導というものも悪かったんじゃないかと思うんですけどもね……かえって安全栓を発火しとけば生き残らなかったんではないかと……全員が壮烈な最期を遂げたと思うんですけど……戦争当時の傷を負っている人たちも大勢いらっしゃいますよ、そういう方たちは一生治らないわけですからね、そういう方々もまた適正な補償を政府から貰えない人もたくさんいますからね。私はそういう方々に対して、これは国の思想によって、僕たちはこういう尊い犠牲を出したんだから、国としてはそういう方々に適正な方法で処置してもらいたいと、こう要求したんですが、それをもうワッセイワッセイと真相もなにもわからない方たちが集まってきて、こういうベラボウなことをされてはですね、将来というものがどうなることかと……こちらも正々堂々と玉砕したにもかかわらず、ああいう『赤松帰れ!』と言って……最高軍部ですからね、彼は。

お父さん昔の話してくれよ、という子供はここでは居ないですね。また相手も私たちも当時の戦争の模様をですね、聴かせたくない。これは当時何があったか知らないけれど聴かしたくないと……実際自分の子供にも戦争の話はしていませんよ。」

○島出身大学生の証言……⑧

青年の声「沖縄の人って結局はもう被害者意識だけでもって戦争というものをとらえているわけです。渡嘉敷の人が極端にそうなんですね。だから自分が赤松の阻止を率先してやったということもそういう自分らのもっている、こう無意識のうちに体制になっていくようなものがあるわけです、僕らの意

識のうちに体制になっていくようなものがあるわけです、僕らの意識のなかに……。それを自分で断ち切って、そこから渡嘉敷の人たちに目覚めてもらおうという意味で赤松の阻止行動をやったわけなんです……。渡嘉敷においては産業がないでしょ、僕はだいたい二月に一ぺん慶良間に帰ってるんですよ、島に帰ってるんです。で、みていくうちにだんだんこう、環境が破壊されていくんですね、売るものはすべて売りつくそうというような、もう何もしたくないもんですから、もう売れるもんがあるなら売ろうというような意識だけしかないわけですね、いまのところは……。僕らから見ると結局は売るもんがなくなったら最後はどうして生活するのかなあ、結局は自分らが帰れるようなところもつくっていかなくちゃならないんだけども……、これからあと自分だって……僕、渡嘉敷に帰るつもりなんですよ、ゆくゆくは……で、自分なんか帰っていくまでに渡嘉敷って島がなくなりはしないかなあ、そういう……あれなんですね、こわいんですよ」

○青年会との討論……集団自決・渡嘉敷島の戦闘概要をめぐって

――「集団自決の問題があるわけですけれど、それがタブー視のような感じを受けないでもないわけですね。だから集団自決に関して、いまの若い人たちはね、どう考えているかと……」

青年Ａ「まあ、それ自身ですね、全部がそれを経験したことがないでしょう。わからないんじゃないですか……聞いても意味がないんじゃないかと……」

青年Ｂ「ただね、この那覇なんかでね、いろんな反戦平和デモなんか非常によくやっているけどね、本当は……本当から言うとね、那覇よりさ、もっと強くよ、渡嘉敷というのは戦争というものをね、一番悲惨なものだと感じた島のはずだから、本当はもっと強く反戦というものを、先頭に立ってさ、やらなければいけないところではないか」
青年Ｃ「過ぎたこと、昔のことを言うより、これからのことを考えることがいいんじゃないですかね。もう忘れた方がいいんじゃないですか……」
青年Ｂ「もちろん僕等自身、本当はそういう活動はあんまりやっていないけどね。だから実際、体験した人たちというのはさ、僕自身はやらないけども、もっともっとやって欲しいなと思う。だから集団自決でこうやられたとか、なんとかいうけれども、実際に反戦とか、酒呑んだときには、いろんなことよく戦争の話はするけどね。だからといって反戦に対しての、平和に対してのアピールというものはさ、全然なされていない。あまりにもショックが強かったかもしれんけどね……」
──「いまおっしゃったように、あまりにもショックが大きかったからね、できることなら忘れたいという意識構造は人間の意識として当然だと思うけど、現代の若者にとって、そういう事柄をどうしていけばいいかということについて……」
青年Ｃ「しかしですね、いままで忘れよう忘れようとしている戦争をですね、マスコミなんかでもって、どんどん突き上げられてですね、これをかえって忘れようとしているものをかえってね、マスコミから思い出させているんじゃないですかね。」
青年Ｂ「本当は忘れてはいけないんだ」
青年Ｃ「強いてね、本当は誰が命令したとか……」
──「いえ、そんなことじゃないけど……」
青年Ｃ「いまのマスコミはね、それを突き上げているんじゃないですか」
青年Ｄ「マスコミが、こう突き上げたというけど、お互いにこの何かな……向こうの軍の隊長とね、こっちの村長なんか、いろんな人たちが、非常にこの……お互いに責任のなすり合いをしているじゃない。ただそこでね、向こうが……軍が言うのが事実だったら、こっちは非常に……またこっちの言うのが事実だったら、軍の方にも被害者が出てくるわけ。だからね、これはね、もう非常に、あの、まあ利害者が語るのは苦しい筈だけどね。それは、だからいまになって、この二五ヶ年もして、これからあともずっとそういうことがあるわけなんだから、だからいっそう苦しめられるような……もう生きてる間、生涯苦しめられるわけ……だからその時点においてさ、それをつくった時点ではっきりしておけばよかったんじゃないかな……」

青年Ｅ（女）「でも、あれつくった人たちは、自分たちがそれを体験してきたものを書いたんじゃないの」

青年Ｄ「うん」

青年Ｅ「どっかに嘘と事実があるのよ」

青年Ｄ「うん、それは確かだと思う」

青年Ｅ「私が想うには、あそこにおらした人は……だからそれは一生はっきりということはできないかもしれません。やっぱりその体験者に聴いてもそうでしょう。これは一生はっきりするということはできないし……」

青年Ｄ「だいたいさ、そこがね、向こうが言うのとね、こちらが言うのとね、あまりにもちぐはぐなんだな」

青年Ｅ「だからね、どっかに事実と嘘があるのよ、結局は」

青年「あるんだよ」

青年Ｅ「それははっきりさせないといけないんじゃない」
青年「本当はね！」
青年「どっかに嘘と事実があるから」
青年「どっかに嘘と事実があるという問題じゃないと思う」
青年「いや、命令を下した下さないというのは……」
青年「もうこの話はやめたほうがいいんじゃない」
青年「でも、ウチなんか結局、何も知らないでしょ、考えて話し合っていかなければ、何にも出てこないじゃない……」

○青年会との討論……流出にゆれる島

スタッフ「青年会としては離島流出の問題があるんじゃないかと思うんですが、それを青年部としてはどう考えているかという……」
青年会Ａ「仕事がないのが第一問題じゃないですかね……」
青年会Ｂ「慶良間……渡嘉敷に海底公園でも造ってね、若い人を入れてね、……仕事ですね、問題は……」
青年会Ｃ「青年の家も早く建って欲しいですね……」
青年会Ｄ「やっぱりもう日本全国でこういうことがおこっているわけですよね、この人口の過疎ということから青年が出ていくということは……」
青年会Ｅ「まあ、中学校から……ここに中学校までしか学校がないでしょ、だから必然的に高校出るために出ていく……出たら出たっきりで結局消費文化というものに慣らされてしまってね、現金収入が入ってくれば、なにもあくせく働いて汗流して農業していつ金が入ってくるかもわからないことをやっていてね……ここに残るよりは、あすこにいったん出てしまえば……中学校出てしまえばもう帰ってこないのじゃないかな……」
スタッフ「……それから客観的にいって、どんどん人口が減っていきますよね、そこらへんで、いまいらっしゃるかたはほとんど職業をもっていらっしゃるわけですけどね、これからだんだん減っていくと、あと先行どうなるかわからないと、そういう不安があったら具体的にどういうものかと聞きたいんですけど……」
青年会F「もうこれ以上減らないんじゃないですか……」
青年会G「……減るんじゃないかな……中学生が全部出るからね……ほとんどが……」
青年会F「出ていくけどね……これからあと復帰したことを考えるわけ……そうすれば何かが入ってくるんじゃないか、だから人口はもうこれ以上減らないんじゃないかという感があるし……」
スタッフ「どうして……」
青年会F「だから復帰というより海洋万博とか観光面における期待というのが非常に大きい……」
スタッフ「でも、それは一時的なのじゃない？……その海洋万博とか……そんなのがあるからって、人口がふえるというのは……それはある程度は増えるかも知れないけど、減るのが多いんじゃない？」
青年会F「しかし仕事は多くなってくるから……」
スタッフ「まあ、阿波連なんかみても、ものすごくスピードが早いでしょ……それからいまいらっしゃる三〇世帯の方もほとんどが本島へ行ったり、通ったりして、子供が全部高校生以上になれば那覇に行くとか、そういうことを言ってるわけですよね、それが渡嘉敷とは違うわけで渡嘉敷島を象徴的に視た場合にかなり深刻な問題じゃないかと僕は考えるわけだけど、そこらへんはどうですか？……それはここだけの問題じゃなくて本土でも過疎地域といって、空家がボンボン並んでどんどん都市に集中するんですよね、そういう現象があるわけだけど……」

青年会G「やっぱりそういうところでも、何か産業がないんじゃないかな、そこの場合……いまから何か事業やろうと産業やろうと、とにかく観光というものに相当期待かけているわけです……この渡嘉敷にしても阿波連にしてもね……僕の聞いた範囲の阿波連の人の意見はさ、かえって渡嘉敷よりも阿波連の方が栄えているんじゃないかなあというわけだ、というのはあそこに観光施設があるから……」

島の老人たち

間宮　則夫

『それは島』を仕上げたあと、懐かしさもあって一九九〇年の五月に島を訪れた。二〇年ぶりであった。とくに島の玄関口である港付近は様相を一変しているのを見て、びっくりしたのを覚えている。島のメイン・ストリートは舗装されており、七〇年当時、私たちがリヤカーに撮影機材を積み込み、阿波連や渡嘉志久など島内を移動して歩いたことを想うとあまりの変容ぶりに、〈九〇年の浦島〉はただ呆然と立ち尽くすのみといったところであった。〈七〇年の今様浦島〉は「島に喫茶店まであるなんて……」と絶句して悶絶することだろう。

七〇年の撮影当時、島には若者が居なかった。青年会組織はあったが、メンバーは渡嘉敷出身者ではなく、おそらく本島から赴任してきた青年たちであろうか。だから老人の姿がやたら目立ったように記憶している。しかも老人たちはみんな個性的であった。

なかでも、私の心のなかに深く刻み込まれた三人の老人は、七〇年から四〇年近くたったいまでも忘れ得ぬ想い出となっている。

岩礁と岩礁の間の海面に長い網を張り、そこを目掛けてひとりで追い込み漁をしている老漁夫。網を肩に浜辺を歩く老人の足取りはよたよたとおぼつかない。だが海中では別人だ。網にむかって颯爽と魚を追い込んでいく姿は砂浜をよぼよぼ歩いていた老人とはとても考えられない。

一日一回、海に潜るのが健康法とか。魚が獲れるか獲れないかはそのときの運次第――と岩場で身支度をととのえながら、老漁夫はウチナー口で我々に語りかけ、健康そのものの呵呵大笑。そのひげ面の笑顔が悲惨な戦争の想い出を吹き飛ばしていた。収穫はタコ一匹。刺身にして、ご馳走してくれた。その味はいまでも忘れられない。

こちらは老婆たちの集い。

海岸近くのビンロー樹の木陰に筵を敷き、軽快なテンポの民謡を浜辺いっぱいに響かせてのカチャーシー大会。手拍子で次々に指名しながら踊り継いでいく。まるで歌垣だ。

最後に踊った老婆がまた素晴らしかった。圧巻だった。手拍子に合わせて踊る、その両手の手振りは滑らかな曲線を描き、周囲の人々をやさしく招き寄せるかのようであった。踊り手はかなり高齢の老婆で足が不自由でまったく動かない、が動いているのだ。動いているように見えるのだ。

手振りと腰の動きが〈雅《みやび》〉の世界をつくり出している。歳は戦争を引きずっているが、心の中は戦争を乗り越えているようだった。

「昔の沖縄はね、筵を敷いて男も女も三味線持って浜辺に集って、まる夜中じゅう夜明けまで遊んで、唄うたってた……。それで昔は三味線弾く人が沢山居ったですよ。唄が好きでしたからね、昔の人は……。いまの人はテレビ、ラジオがあるでしょうが……。それで若い男や女の姿が見えるでしょう。見えるもんだから、あれ見た方がいい言うて、三味線なんか忘れてしまっているよ……。」

マジャ婆さん――と私たちは当時呼んでいたが、彼女は村で建てた簡易プレハブ住宅に、たったひとりで住んでいた。プレハブ住宅といっても、窓一つない出入口だけの、三畳間ほどの広さの、物置のような小屋であった。しかも、真夏日のようなぎらつく太陽光にあぶられたブリキ小屋の中になんか居られるものではない。マジャ婆さんは一日の大半を小屋の周囲に密生しているアダンの木陰で過ごしていた。

私たち『それは島』のスタッフは泡盛を手土産に、この彼女の家をよく訪れた。口の重い彼女から、なんとかして彼女の昔話を聞き出そうと思ったのである。何度目かの訪問のとき、彼女は私たちに心の裡をぶちまけてきた。

「……酒は好きだが呑まないようにしている。なぜならばもし呑んでしまって足らないと、もう少しあったらねぇと淋しい気持ちになるでしょう。いまは物言う人もいないからねぇ……。」

普段はあまり表情を見せなかった彼女が、めずらしくかすかに淋しそうな表情を浮かべながら話すのを聞いて、思わず胸をつかれた。酔わして話を引き出そうとした私たちの胸の裡を見透かされたようで、はずかしさがこみあげた。

現在、彼女は身寄りもなく無収入で、村から生活保護を受けて、かろうじて糊口を凌ぐ身であった。私たちのこの姑息な心情に引き比べて、人を疑うことを知らないかのような純朴な心のマジャ婆さんの言葉を聞いたとき、私たちは思わず言葉を失ってしまった。

「せめて私たちが島に居る間だけでも、好きな泡盛を味わってもらおう。そしてあわよくば話を……」などと考えた私たちが浅はかで、彼女にとってはむしろ苦痛そのものであり、有難迷惑もいいところだったのだ。

「支那事変の戦のところに行ったですよ。広東落とし、上海落とし、もう死ぬるのを覚悟して行ったけど……。支那にしばらく居ったですよ。そのときは道なんかなんにも片づけてなかったですよ。死骸ですよ。もうむちゃくちゃな……。」

泡盛をちびちび舐めるように味わいながら訥々と語る、マジャ婆さんの青春は本人がどのような想い出にひたろうとも、決して明るく幸せに満ちたものとは言いがたく、それこそ血も涙も涸れきった、悲しみをいっぱいに背負った人生を送ってきたことだろう。

女工として九州の久留米、大牟田で働き、台湾の高雄に渡り、さらには激戦の余燼がくすぶる戦場を軍隊と共に移動して歩く。

かつてのつらい日々の追憶を追ってか、彼女の瞳は涙にうるんでいた。

『それは島』を創りあげてから、早くも四〇年近くをむかえようとしている。

島の風景も島人の意識もそして島全体も、時の流れとともに変わっていくことだろう。しかしこの島でふれあった三人の老人たち――マジャ婆さん、カチャーシーのお婆、そして追込漁のお爺――の存在はいつまでも変わることなく、私の心に深く刻み込まれていることだろう。

〔年表〕沖縄戦の記憶／記憶の戦争

米谷 匡史 編

一九四四年頃〜

日本軍、沖縄各地に飛行場建設（伊江島・読谷・嘉手納ほか）、海上特攻隊の基地建設（慶良間諸島ほか）。
一〇月一〇日　米軍による大空襲（那覇ほか）。

一九四五年　沖縄戦

三月二六日　米軍、慶良間諸島（阿嘉島・慶留間島・座間味島）に上陸開始。座間味島・慶留間島で「集団自決」（座間味島一七七名、慶留間島五三名）。
この頃、ニミッツ司令官、沖縄諸島の占領を布告。
三月二七日　米軍、渡嘉敷島に上陸。翌日、渡嘉敷島で「集団自決」（三二九名）。以後、八月にかけて、渡嘉敷島の日本軍により、朝鮮人軍夫三名・住民一三名虐殺。
四月一日　米軍、沖縄島中部（嘉手納・北谷海岸）に上陸。
四月二日　読谷村・チビチリガマで「集団自決」（八三名）。
四月九〜二四日　沖縄島・嘉数高地の攻防戦。
四月一六日　米軍、伊江島に上陸。
四月二二日頃　伊江島で「集団自決」（百数十名）。
五月一二〜一八日　沖縄島・安里五二高地（シュガーローフ）の攻防戦。
五月二七日　日本軍（第三二軍）司令部、首里から摩文仁へ撤退開始。
六月二三日　日本軍牛島満司令官・長勇参謀長、摩文仁の司令部壕で自決。
六月二六日　米軍、久米島に上陸。以後、八月にかけて、久米島の日本軍による住民虐殺（二〇名）。

一九五〇年

八月　沖縄タイムス社編『鉄の暴風』（朝日新聞社）刊行。
　日本軍による住民虐殺や「集団自決」を記述。初めて「集団自決」の語を使用。

一九六九年

一一月二一日　佐藤・ニクソン共同声明。沖縄の施政権の一九七二年返還に合意。

一九七〇年

三月　渡嘉敷島戦隊長の赤松嘉次元大尉が慰霊祭参加のため来沖。
　渡嘉敷島への渡島阻止闘争。「集団自決」の軍命の存否が争点として浮上。

九月　大江健三郎『沖縄ノート』（岩波新書）刊行。渡嘉敷島での軍命による「集団自決」を記述。

一一月『叢書わが沖縄6　沖縄の思想』（谷川健一編、木耳社）刊行。新川明・川満信一・岡本恵徳ほか寄稿。
　沖縄人が内面化した「同化志向」と復帰運動を批判。沖縄の自立を唱える。
※「誤解をおそれずあえていえば、『渡嘉敷島の集団自決事件』と『復帰運動』は、ある意味では、ひとつのもののふたつのあらわれであったといえよう」（岡本恵徳「水平軸の発想」）

一一月一五日　国政参加選挙（衆・参両院議員を選出）。新川明ら「国政参加拒否」闘争。

一二月『新沖縄文学』一八号・特集「反復帰論」刊行。

一二月二〇日　コザ暴動

一九七一年

　間宮則夫監督『それは島――集団自決のひとつの考察』

六月一七日　沖縄返還協定調印。

一〇月一九日　沖縄返還協定批准国会の冒頭で、沖縄青年同盟・爆竹事件。

一一月一〇日　ゼネスト（沖縄返還協定反対、交渉やり直しを要求）

一九七二年

二月一六日　沖縄青年同盟・ウチナーグチ裁判始まる。

四月　自衛隊の沖縄配備が始まる。

※この年、沖縄戦における日本軍の記憶が、自衛隊の沖縄配備問題と結びついて想起される。久米島における日本軍（戦隊長・鹿山正兵曹長）の住民虐殺事件が問題化。
五月　『これが日本軍だ――沖縄戦における残虐行為』（沖縄県教職員組合）刊行。
五月一五日　「日本復帰」。沖縄県設置。

一九七三年

五月　曾野綾子『ある神話の背景――沖縄・渡嘉敷島の集団自決』（文藝春秋）刊行。「集団自決」への軍命の存在を否定し、「神話」として批判。

一九七五年

七月一七日　ひめゆり・火炎瓶事件。沖縄国際海洋博覧会に臨席のため来沖し、ひめゆりの塔を訪れた皇太子夫妻（現天皇・皇后）に、火炎瓶が投げられる。
八月　大島幸夫『沖縄の日本軍――久米島虐殺の記録』（新泉社）刊行。

一九八二年

文部省の教科書検定により、沖縄戦における日本軍による住民虐殺の記述を削除。沖縄各地で抗議運動が強まり、県議会は記述の回復を求める意見書を決議→記述の回復へ。

一九八七年

一〇月二六日　沖縄国体開会式で、現地の反対を押し切って「日の丸」掲揚。読谷村の反基地運動家・知花昌一、「日の丸」を焼き捨てる。
一一月八日　読谷村・チビチリガマ入口の「平和の像」、右翼に破壊される。

一九九五年

六月　摩文仁の丘の「平和祈念公園」に、「平和の礎」建立。
九月四日　米軍兵士による少女レイプ事件。沖縄で抗議運動・反基地闘争が高揚。大田昌秀知事、軍用地強制使用に関する代理署名拒否（→裁判へ）。その後、普天間基地返還・辺野古新基地建設を日米政府が合意。辺野古新基地建設への抵抗運動へ。

一九九九年

「平和祈念資料館」展示改竄問題。稲嶺県政のもとで、「反日的」展示を修正。激しい抗議により、原案に戻す。

二〇〇〇年

七月二一〜二三日　九州・沖縄サミット開催。

「沖縄イニシアティブ」論争。

※大城常夫・高良倉吉・真栄城守定『沖縄イニシアティブ』（ひるぎ社）。

一二月　宮城晴美『母の遺したもの──沖縄・座間味島「集団自決」の新しい証言』（高文研）刊行。座間味村役場の助役（兵事主任）宮里盛秀ほか五名が、戦隊長・梅澤裕少佐と面会し、「玉砕」のための武器・弾薬の提供を願い出たとする宮平（宮城）初枝氏の証言。日本軍による動員と「玉砕」への誘導が背景。皇民化政策を内面化し、「玉砕」への動員に参与。

二〇〇五年

この年、自由主義史観研究会（代表：藤岡信勝）、沖縄戦を書き換える歴史修正主義の運動を強める。

五月二〇〜二二日　渡嘉敷島・座間味島で現地調査。

六月四日「集団自決」強要の記述を教科書から削除するよう文部科学省、教科書会社、関連書籍の出版社に求める決議。

八月五日　座間味島戦隊長・梅澤裕元少佐と、渡嘉敷島戦隊長・赤松嘉次元大尉の弟（赤松秀一）が、岩波書店と大江健三郎を大阪地裁に提訴。

二〇〇七年

文科省の教科書検定により、沖縄戦における「集団自決」について、日本軍による命令・強制の記述を削除。

沖縄各地で抗議運動が強まり、県内の各自治体と県議会が記述の回復を求める意見書を決議。

九月二九日「教科書検定意見撤回を求める県民大会」開催（一一万六千人参加）。

上映映画作品覚書

レベル5

監督：クリス・マルケル　フランス／一九九六年／カラー／一〇六分
Chris Marker: Level Five (35mm. 106m., Argos Films/Les Films de l'Apostrophe/KAREDAS)

狭い部屋でコンピュータに向き合い、ローラはディスプレイごしに恋人と対話する。沖縄戦をテーマにしたコンピュータゲームの完成を待たずに死んだ恋人に、ゲームの仕上げを託されたのだ。とまどうローラは作者（クリス・マルケル）に助けを求める。クリスの助けで、ローラはゲームの中に入ってゆき、謎のネットワークを漂う。そこで彼女はこの戦いの証人たちに出会う、大島渚、金城重明……。ネットのなかで仮面をつけていても、応答で人はクラス分けできる。ただしレベル5に到達することはむずかしい。死線を越えてしかたどりつけない真実がそうであるように……。

それは島

監督：間宮則夫　日本／一九七一年／モノクロ／八一分

沖縄「復帰」の二年前、撮影グループが「集団自決」の島、渡嘉敷を訪ねる。折から那覇では、旧日本軍戦没者慰霊祭に島を訪れようとした元渡嘉敷島守備隊長赤松元大尉が、抗議行動によって来島を阻止された。けれども島では、「集団自決」の証言をとらえようとするカメラは、住人たちの拒絶と固い沈黙に出会う。この拒絶と沈黙が遮断するものは何なのか。島の人びとの日常の映像や人びとの言葉に、ドキュメンタリーの企ての挫折そのものをモンタージュしながら、実験的に「語りえない」あるいは「撮りえない」ことそれ自体を映し出す。

沖縄やくざ戦争

監督：中島貞夫　東映／一九七六年／カラー／九六分

本土復帰を翌年に控えた一九七一年、沖縄やくざ組織は本土系暴力団の沖縄進出に対処して「沖縄連合琉盛会」を結成した。けれども本土勢力に対する対応をめぐって内部抗争が起こり、本土の巨大勢力の影のもと、沖縄やくざ同士の血で血を洗う凄惨な戦いが始まる。時はベトナム戦争末期、荒廃した米軍基地から容易に武器は流れ出す。巨匠笠原和夫の幻のシナリオ「沖縄進撃作戦」をもとに、「復帰」に絡む政治や経済や社会の重層的再編を、暴力の経済化の流れのなかで剝き出しの肉弾戦のかたちで描き出した、実録風ハードアクション。

沖縄

監督：間宮則夫　日本／一九五九年／カラー／六〇分

一九五九年に行なわれた早稲田大学・沖縄八重山学術調査事業の一環として製作されたドキュメンタリー作品。本来は調査事業の記録となるはずだったが、カメラはひたすら、戦後の米軍政下の島々（石垣島、波照間島、西表島）の情景、土地接収で移住を強いられた人びとが、荒地を耕し、台風と闘い、鰹節を作り、祭りに興じる様子などや、戦禍の島をさらに変造する大規模な基地建設の進む沖縄本島を映し出し、当時の貴重な記録映像になっている。未公開のこの作品が、間宮則夫に一二年後の『それは島』を撮らせるきっかけになる。

第二部　論考集

ブルー・ヴァリアント
――『聖なる夜　聖なる穴』の迷宮から

仲里　効

「亡命地」と「迷宮」

神話でも寓話でもない、ただ〈伝説〉のみを方法にしてこの国の根を縛りつけている肝心要に降り立ち、そこを打撃していく情念の遊撃性を懐の深いメタ言語によって彫琢し、少なからぬ衝撃をもって迎えられたうえ、短かすぎる作家生命ゆえに、二重の意味で〈伝説〉の作家となった桐山襲にとって、沖縄・南島はかけがえのない時空であったように思える。東アジア反日武装戦線による「天皇特別列車爆破」未遂事件の衝撃力を受け止め、この国が変わるためには〈あのこと〉なしにはありえない、大本への謀反を騙りとった「パルチザン伝説」によって作家としての出発を遂げた桐山は、ほかならぬその出発を印した作品から沖縄・南島の〈地勢〉と〈地政〉に特別な関心を抱きつづけた。「パルチザン伝説」は、一週刊誌の悪意が「第二の風流夢譚事件か」と煽ったため、右翼が騒ぎ出し「不敬譚」とみなされ、単行本化があやぶまれたことから、〈パルチザン伝説〉刊行委員会の尽力で、一九八四年に『パルチザン伝説』（作品社）として日の目を見ることになった。そこに収められている短篇「亡命地にて」、八七年の『聖なる夜　聖なる穴』（河出書房新社）、翌八八年の『亜熱帯の涙』（河出書房新社）などからも分かるように、沖縄・南島は桐山襲のサーガ群にとって、それこそ物語が繁茂していく磁場のように、無視できない位置を占めていることは疑いえないだろう。

『パルチザン伝説』は「一九四五年と一九七四年の八月十四日」の、ふたつの大逆をめぐる物語が、大井聖を父にもつ兄弟と妹、そして母をめぐる複雑な家族のラインと、日本という国を成り立たせている根源を絶とうとする大逆のラインが重ね合わされている。爆破計画を実行する間際での大失敗で、片目と片手を失い《昭和の丹下左膳》となった弟から、バリケードの季節の限界点から生まれた〈党派のなかの党派〉によってなされた、同志殺害の衝撃的な事件のため二度と言葉を発することのない《決意した唖者》となった兄への、一九八二年四月と六月の日付をもつ手紙という語りのスタイルをとっているが、その手紙の差出元は、亜熱帯の孤島となっている。異形の者となった〈僕〉は、「珊瑚礁の海と灼熱と、亜熱帯の旺盛な密林とに囲繞されて、草葺屋根の小屋」に逃れ着き、天才的な語学の才能の持ち主であったことから、沖縄本島北部の言葉を完璧にマスターしたうえ、片手と片目を失った異形ゆえに、かえって怪しまれることもなく沖縄本島からのマレビトとして遇され、ユタと生活を共にするようになる。ハンジに訪れる島人たちに、ユタのうなり声に近い〝原言語〟を聞き分け、それを翻訳して伝える、ユタと一心同体の霊能者として迎えられている、という南島でのプロファイルをもっていた。

逃亡地として選び取られた南島、そしてその地を差出元とした手紙によって明らかにされる二つの大逆の伝説。この、単なる偶然とは思えぬ地理の選定に、作家の想像力の地勢的濃淡が読みとれるはずだ。それは身を隠すには遠ければ遠いほどよい、というような地理的な遠隔性に必ずしも還元されない。もっと物語の内的時間を成り立たせている、ずばり言えば、天皇制からの距離に関係しているように思われる。桐山にとってこの国の大本への大逆の伝説は、どこでもない南島の時空で騙られ、そして語られなければならなかったということである。このことはさらに、日本の編成原理としての〈父たちの体系〉から逸脱する異族としての沖縄・南島という思想を導き出すことにもなる。

いまひとつ注目したいのは、こうした桐山の南島観の政治性を特徴づけている、沖縄が日本へ併合されることに抗う〈反併合〉の姿勢である。「第二の手紙」のはじめで兄に向かって南島のシャーマンについて説明しているところは、桐山のそんな歴史認識に裏づけられていた。すなわち、「一九七二年の日本国による併合は、琉球諸島にとって歴史上のいかなる変化よりも大きなものであった」としたところに端的に示されているはずだ。この〈併合〉という言葉のうちには暴力が含意されていることはいうまでもない。もっと言えば、天皇の国家の版図にまつろわぬ異族を力で組み入れたということである。こうした〈併合〉へのこだわりは、この作品だけではなく、先に挙げた沖縄・南島をめぐって産出された物語の節目を接合する鍵概念のように呼び込まれる。

「亡命地にて」は、桐山にとっての沖縄・南島の時間と空間のもつ意味を改めて認識させられるが、それと同時にその後の作品に結実していく、もうひとつの物語の母斑が散在させられている。この短篇は『パルチザン伝説』のなかの語り手が一九七四年の大逆の失敗で沖縄・南島に逃れたように、他でもない『パルチザン伝説』そのものが呼び起こした波紋によって、実際の身の危険から南島に逃れ、そこで生活を始めようとする話である。まるで虚構を現実がなぞるように、いや、虚構の上に現実が重ね書きされ、さらにその現実に虚構が紛れ込むような、「亡命」と「亡命地」が二重に露光されているかのようだ。桐山襲にとって沖縄・南島とは、逃げ延びていくためのサンクチュアリであるということだろうか。「亡命地にて」は『パルチザン伝説』の文学外的な波紋とその顚末記として読むこともできるが、ここであえて「亡命」という言葉を使ったこと、そしてその「亡命地」が沖縄・南島であったことの意味するものを考えないわけにはいかない。選ぼうと思えば「亡命地」はほかにいくらでもあったはずである。事実、沖縄へ向かう船上で、吃音の気がある友人のA君が、東京を離れる夜、ひときわ激しい吃音で「ボ、ボ、ボ……ボウメイかい⁉」と言ったことを思い出しながら、世界の亡命者たちと亡命先を挙げ、何ゆえ国境を越えなかったのかと自問するところがある。それでもあえて沖縄を選んだのは、二十歳のとき初めて沖縄に船で旅したときの忘れがたい体験が桐山の深層に働きかけていたからだろう。右翼のテロルからの逃亡先を沖縄に、しかも危険すぎる船旅にしたのは、「はるかな二十歳の夏の感傷が、夜の恐怖に打ち勝った」からであったとされる。

二十歳のときのはじめての沖縄への旅は、一九七〇年・夏のことであった。その頃の沖縄は、まだ日本ではなく、アメリカの軍事的な占領下にあった。そのため、沖縄へ渡るには日本政府の渡航証明書と米国民政府の滞在許可証が必要であった。「その頃のオキナワは、まだこの国に併合される前であり、与論島とオキナワ本島の間には、北緯二十七度線という、現在では存在しなくなった国境が引かれていた」と、「亡命地にて」の冒頭で書いていた。沖縄へ渡るには国境を越えなければならなかったのだ。「亡命」という言葉を使ったのは、おそらくあの時代のこうした経験によるものだと思われる。ここでも「併合」という言葉が使われていることに注目したい。そしてこの短篇には、一九七〇年のまだ日本ではなかった沖縄と、「併合」によって日本になってしまった十余年後の変貌する沖縄の風景が避けられず比べられてしまう。桐山の変わってしまった沖縄を見る目はどこか苦々しい。

変貌の大きさはかえって「はるかな二十歳の感傷」をいっそう鮮明に甦えらせる。

変貌の向こうの、はるかな二十歳の感傷を生んだ一九七〇年・夏の沖縄は、桐山の南島サーガ群が生み出されるはじまりが刻印されていた。そこはまた『聖なる夜　聖なる穴』が生まれる始原の場にもなっているはずだ。では、その始原の場とは何か。二つある。

ひとつは、コザとコザの丘の上の町である。この街は一九七〇年の十二月二十日に起こったコザ暴動で知られるが、ゲイトストリートやセンターストリートと名づけられた通りに面した歓楽の街や異なった二つの十字路をもつ白人街や黒人街など、画然と分けられた境界をもちつつも、街全体としては無国籍の匂いを放っていた。そしてコザ十字路から路地に入って坂道を登ったところの丘の上の赤線地帯。原色の町の女たちはモトシンカカランヌーと呼びならわされ、〈タイム〉や〈一晩〉の仕事をこなしていた。その丘の上の町でK子と知り合う。K子の計らいで、部屋に泊めてもらうことになったが、仕事が終えてからという条件がついていたため、そこで過ごした数日間、K子の部屋に戻るのは午前三時ごろになった。二人は夜が明けるまでのわずかな時間を過ごすことになるが、わずかな時間であったにせよ、いや、わずかな時間であったからこそいっそう濃密な時間の思い出として記憶の深みに備蓄されていた。「やがてカーテンの向こうで夜が白み始めると、嘉手納基地の方から、B52の爆音がコザの上を通って南の空へ向かっていった。一九七〇年・夏――二人の若い身体の隣に、血まみれのヴェトナムが横たわっていた。――」と回想されるところは、たしかに二十歳の感傷にふさわしい光景だといえるにしても、やがて到来する物語が予感されていた。

あとひとつは、沖縄に逃れてひと月が過ぎた頃、友人のYが住む町に落ち着くことになるが、その町を訪れた十三年前の出来事である。「まだ日本にはなっていないオキナワの、夏の夜のスナックの片隅で、謝花昇について議論していたY君とその友人たちの間に、そこで一夜を明かそうと思っていたわたしが割り込んでいったのだった。謝花昇は――いや、この話は長くなるから止めておこう」と振り返っていた。注意しておきたいのは、謝花昇について言いかけて、止めたところである。この「長くなるから」と打ち消したことの向こうに、決して捨て置くことのできない、この島の近代の要諦にかかわる謝花昇をめぐる評価の問題が留保されていたことが想像できる。

「亡命地にて」のなかで紹介された二つの出来事、すなわち、コザの丘の上の町でK子と出会ったことと、沖縄の友人たちの夏の夜のスナックの片隅での議論に割り込み、そのときは「長くなるから止めた」謝花昇の生涯こそ、『聖なる夜　聖なる穴』の、その〈夜〉と〈穴〉の原型になっている、といっても過言ではない。「亡命地にて」のわたしとK子の関係は、『聖なる夜　聖なる穴』では、同じような丘の上の町の十九歳の娼婦のもとに訪れた、首都から帰還した沖縄の歯のない青年と、出張のあいだ通い詰めるヤマト人技師との会話に結実していく。少女と技師の会話は沖縄と日本の非対称的な関係を示唆するものであるが、少女と青年の出会いは、その会話のなかに少女によって導き入れられることで際立たされる。ヤマト人技師が即物的でしかも饒舌なだけに、少女が語る青年と少女の寡黙な関係は、贈与交換の様相を帯びさせられているようで、印象深い。そしてコザの路上に火が放たれたとき、その暴動は少女によってのみ聴き取られなければならなかった。

話そうとして止めた謝花昇については、栄光と悲惨の振幅を劇的に生きた生涯と、ジャハナと同じ名前をもつ、丘の上の町で少女によって歯を植えつけられた青年が、沖縄戦の末期、ひめゆりの学徒たちが追い詰められ、ガス弾を投げ込まれ死んでいった壕の中に立てこもり、ただひとりの〈南島のパルチザン〉となって火の伝説へ連なるヴァリアントとして語りなおされる。

桐山襲は『聖なる夜　聖なる穴』を書いた理由について何度か触れていた。発刊直後、季刊「クライシス」三一号（一九八七年）の特集〈天皇を拒絶する沖縄〉に寄せた「南の島の死者と生者」で書いていた。この特集は、各県持ち回りで開催される一巡目の最後の国体として沖縄で開催されることになったことで、この機会に戦後四十二年にしていまだ足を踏み入れることがなかった沖縄を訪れ「戦後を終わらせる」という、きわめて政治的意図をもっていた昭和天皇の沖縄訪問（病気の重さから取りやめになった。結局、昭和天皇は一度も沖縄を訪問することができなかった）が問題になった渦中に出されたものである。

昭和天皇のはじめての沖縄訪問を意識して書かれた桐山のこの論考は、きわめて示唆に富む内容になっている。「死体遺棄」というにはあまりにも念入りな死体の状況から、懲役刑を受けている狭山事件の被告・石川一雄さんを犯人と見なすには無理があることを指摘することから論を起こしていたが、目を引くのは葬法に着目したところである。両墓制をいまも残すヤマト（とくに本州）と、複葬制をとる南島の葬法を比較しながら、そこに死者と生者の関係の大きな隔たりを見ていた。すなわち、両墓制の根底にあるのは「死者への恐怖、死骸に対する汚穢観」であり、一方、複葬制をとる南島では、死者への愛慕があり、そこに〈死者と生者が共にある時間〉をみていた。

そのような死生観を生きる南島は、近代に入って両墓制をもつ文化の侵入を受けた。「琉球処分以降、大日本帝国は島々の御嶽の入口に鳥居を建て、南島の言葉を禁圧し、ひとり残らず人間を『皇民化』しようとした。また、一九七二年の沖縄の政治的＝文化的併合は、南島の文物のすべてを『本土化』しようとしている。だが、それらの『皇民化』や『本土化』の中でも、複葬制にみられるような死者と生者との関係性だけは、破砕されることがなかったのである」と論じていた。ここでもやはり

〈併合〉の文脈で沖縄の歴史が語られている。そうだとして、だが、そうした死者と生者との関係は無条件の所与というわけでは、むろんない。南島の民俗的独自性は、ヤマトの文化支配に対する永遠の武器たり得る保障はどこにもないこと、そして、死者と生者とが時間を共にする〈南島のやさしさ〉と呼ぶべきものが「『皇民化』と『本土化』の過程に横たわっている幾多の死者たちを敢て呼び起こすことがないとしたら」、他の文物と同じように無惨な死骸になるか、辺境の陳列品の一部と化してしまうにちがいない、と指摘することを忘れない。この「『皇民化』と『本土化』の過程に横たわっている幾多の死者たちを敢て呼び起こす」ことこそ、一方で兇々しい暴力によって、他方では慈愛によって、まつろわぬ者たちを解体し包摂してきたヤマトの文化支配の「両墓的性格」へ抗うことができる、ということである。

そして次のように『聖なる夜　聖なる穴』の試みについて述べていた。

一九八七年――天皇が沖縄を訪れようとしている。〈死者と生者が共にある時間〉が、いまもなお南島の人びとの心の奥底に流れているとするならば、死者の呟きはどのような言葉となって洞窟の壁にこだまし、生者の耳に達するのであろうか。生者は死者の声を聞いて、その言葉をどのように自分の口に移しかえるのであろうか。生者が死者の骨のかけらを口にふくみ、その小さな骨の力に励まされるようにしながら、一個の武器となって洞窟から地上へと出て行く物語を、私は『聖なる夜　聖なる穴』として試みた。

死者を呼び起こすこと、死者の呟きを生者のものにすること、そして死者の骨を口にふくむという行為がこの作品の掛け値のない強度となっているのだ。たしかに『聖なる夜　聖なる穴』は、「『皇民化』と『本土化』の過程に横たわっている幾多の死者たちを敢て呼び起こす」試みのひとつであった、ということが可能であろう。「皇民化」と「本土化」は政治的・文化的暴力だということである。だからこそ、桐山は日本による沖縄の〈併合〉を繰り返し問い、南島の死生観に思いを返す。

別のところでも『聖なる夜　聖なる穴』について言及していた。桐山ははじめて沖縄と出会ったときの非現実的な感覚にたびたび触れていたが、密出国を企てた永山則夫がはじめて島影をみたとき、「現実ではない」ような感覚と言っていた文章を紹介しながら、「そこは非現実的な秘密の空間、世界のどこにもない場所、〈無何有郷〉とも呼ぶべき場所として、水平線の彼方から現れてきたのだった」と書いていた。むろん、北からの旅人を魅了したのは、そうした亜熱帯の自然だけではなかった。

その頃の南島は、半透明に輝く聖なる水母のような姿で、一種独特な時空の中に漂っていたと思う。それはヤマトのように単一で均質化された時間と空間ではなく、重層的で混乱に満ちた時間と空間の迷宮だった。（中略）後の私が書くこととなるコザの夜を舞台にした小説『聖なる夜　聖なる穴』や、孤島の中に太古からの時の流れを押し込めてみせた『亜熱帯の涙』は、そのような南島の迷宮を表現する試みだったといってよい。（〈無何有郷の光と暗澹〉、「現代詩手帖」一九九一年十月号）

単一で均質化された時空ではなく、重層的で混乱に満ちた時間と空間の迷宮、だからこそ、『パルチザン伝説』のなかで、「特別列車爆破計画」の失敗ののち、身を隠したのも、また、『パルチザン伝説』そのものが起こした波紋から身の危険を感じ「亡命」先として選んだのにも理由があるというものだ。こうした沖縄・南島への「亡命」が逆説的に明らかにするのは、天皇制との関係である。桐山にとって沖縄・南島はおそらく天皇制の外部、あるいは天皇制が完全には取り込めないまつろわぬ民の住むところとして受け止められているはずである。南島の光や大洋の広がりに感じる「非現実感」が意味するのは、亜熱帯の自然からもたらされるものであるにしても、ほかならぬその「非現実感」は、天皇制が不在とまではいわなくとも、天皇制から遠く離れていることからくる、この島々の〈開かれた自閉圏〉の韻律から伝わってくる感覚として理解されなければならないだろう。

桐山はそのような〈迷宮〉と〈無何有郷の光と暗澹〉に深く魅せられた。そして〈死者と生者が共にある時間〉に着目した。聖なる夜と聖なる穴は書かれなければならなかったのだ。

まつろわぬ者たちの〈反史〉

『聖なる夜　聖なる穴』は、「『皇民化』と『本土化』の過程に横たわっている幾多の死者たちを敢て呼び起こす」ことによって「琉球処分以降、大日本帝国は島々の御嶽の入口に鳥居を建て、南島の言葉を禁圧し、ひとり残らず人間を『皇民化』しようとした。また、一九七二年の沖縄の政治的＝文化的併合は、南島の文物のすべてを『本土化』しようとしている」ことへの根源的な問いかけとなっていることは間違いない。「南の島の死者と生者」でも触れたように、初出は八七年に控えた沖縄国体への天皇訪問をめぐって、沖縄と天皇制や国体開催にともなう日の丸掲揚、君が代斉唱問題で沖縄が大きく揺れた、その前年の「文藝」春季号に掲載されたものである。

コザの丘の上の町でのモトシンカカランヌーの少女とヤマト人技師との会話からなる物語と、ひめゆりの暗い壕の中に潜み、自分と同じ名をもつ沖縄近代の栄光と悲惨を生きたジャハナの生涯を回想し、ジャハナの狂気を我がものとする物語が交差しながら交響し合う。二つの異なる時間での出来事が同一の空間で生起していく、あるいは異なる空間での出来事が同一時間のなかで進行していくような物語の構造をもっている。

二つの異なる時間と異なる空間での出来事とは、一九七〇年十二月二十日の「コザ暴動」と一九七五年七月の「ひめゆりの塔火炎瓶事件」である。「コザ暴動」はアメリカ兵の事故処理に不満を抱いた群衆が次々にイエローナンバーの米軍車両に火を放ち、膨れ上がった群集の一部が米軍司令部や米人学校へ押しかける、戦後最大の民衆の決起といわれた。「ひめゆりの塔火炎瓶事件」は、沖縄国際海洋博覧会の開会式出席のため沖縄を訪れた折り、ひめゆりの塔の参拝に訪れた皇太子夫妻に、壕の中に立てこもっていた青年が火炎瓶を投げつけた「事件」である。この異なる二つの出来事を繋いでいるのは、丘の上の町で少女と青年がたった一夜をともにしたことが、少女と青年にとって信憑となっていることからくるものである。少女は青年のことを〝兄さん〟とだけ呼んでその名を知ることもない。少女の思い出のなかで生き続けている名も知らぬ青年に対する、ヤマト人技師のいくぶん嫉妬の混じった詰問に「あの人はあたしを忘れていないし、これからも忘れることがないわ」と言い、あきれた技師がどうしてそんなことが言えるのか、と聞き返すと「あたしがあの人を憶えているから」という答えに含意されている、まさしく信憑としかいいようのない関係の強度からくるように思える。首都から帰って来た歯のない青年とのたった一夜の、ただ静かに抱き合っただけの時間が、少女にとっては歯を植えるという象徴行為となり、一種神話的な力を帯びて思い出のなかで生き続けている。

そのことはまた青年のなかでも〈妹〉の力となって、青年を励まし続ける。〈おれ〉がすべての歯をなくしたのは、一九六八年から七〇年の首都でのバリケードの季節の敗北の聖痕ともいってもよいが、日本国政府の滞在許可証を剝奪され、日本から追放された〈おれ〉は、島々をめぐり見知らぬ町を抜け、七月の丘の上へと登っていった。「こんもりとした亜熱帯の夏の夜に抱かれている丘の上の町、古代からの女たちが棲んでいる聖なる町。その不思議な町の、不思議な夜の中で、おれは〈妹〉と出会ったことを記録しておかなければならない」と、特別な意味を込めて言っていた。首都での敗北から沖縄への帰還と放浪の日々の果てに辿りついた丘の上の奇跡の町と〈妹〉。「〈妹〉――おれが死んだのちもなお、おれのことを憶えていてくれる者。おれよりも年若く、そして怖れを知らぬ者。……そしてその夜から、歯を失って滑りやすくなっているおれの歯茎に、小さな、新しい歯が生え始めたのだった」として経験される。この〈妹〉と〈おれ〉の歯を植える／植えられるという表象は、性行為のデフォーメーション、あるいは代換ともとれるが、それよりもむしろ、桐山の〈伝説〉を成り立たせている喩法にかかわるものとみていいだろう。

七月の丘の上の町での〈妹〉との出会いから、暗い洞穴に辿りつくまでには、さらに五年の歳月が必要とされることになるのだが、青年にとってどれほどの歳月が流れたのかの感覚が希薄である。ただひとつだけ記憶に残っていること、それは――

その間に沖縄が日本国へと併合されたということだけだ。〈祖国〉という吐き気のする言葉が、夥しい人びとの流れとなって南島の町を通り過ぎて行くのを、おれは視た。〈祖国〉――その二つの文字が、電信柱という電信柱に貼りめぐらされているのを、おれは視た。

ジャハナの名をもつ青年の、時代に対する認識が端的に表出されている、と言えよう。失調した時間感覚のなかでただ「沖縄が日本へ併合された」ことのみが記憶され、しかもそれは〈祖国〉という言葉が吐き気をもよおすとされたことと相俟って青年の行為の深いところを動かしている。「そしてその期間、おれは歯を、ただ自分の歯だけを育てながら、この地の底の洞穴へ向かって歩いて来たのだ。小さな妹が、小さな歯となって、おれの口の中で育っていくのを感じながら」とあるように、丘の上の〈妹〉によって植えつけられた「歯」が、ほかでもない「小さな妹」となって育っていく。この小さな妹は、やがて暗い壕の中から躍り出ていく〈おれ〉を励ましつづける。

丘の上の奇跡の町で〈妹〉と出会ってから五年ののち、地の底の暗黒に降りた〈おれ〉のなかで、ひとつの名前が生きはじめる。その名はジャハナ、呪われたおれの名前でもある。壕の中で謝花昇自身の語りと、もうひとりのジャハナである〈おれ〉の独白によって、ジャハナの名をもつ〈おまえ〉と〈おれ〉の百年を隔てた、だが百年を貫いて流れるこの島の近代と現代のアポリアが明らかにされていくのだ。

原始の闇の中で〈おれ〉のなかで生きはじめたひとつの名前。沖縄の自由民権運動の輝けるシンボルとしてその名を刻み、戦後は「祖国復帰運動」の精神的支柱となって呼び戻される。目の芯が二つあるほどの神童として人々の尊敬を集め、五人の第一回県費留学生に選ばれ上京、国家の意志そのもののように学習院と東京山林学校に学び、農民出身の第一号の学士となって帰還し県技師の要職につくが、専制王と呼ばれた鹿児島出身の県知事奈良原と対立、野に下り同志とともに反奈良原の闘いに転ずるも、ことごとく敗れ、仲間も霧散する。失意のうちにひとり職を求めて神戸へ向かう途中、駅頭で発狂する。廃人同様の身で沖縄に帰還した謝花は、東風平の四辻に座り木の枝を使って、土の上に奈良原の三文字を刻み、子供たちを呼び止めてはそれを踏むよう命じる日々を生きた――。謝花の栄光と奈落の生涯は、やがて伝記作家によって「義人謝花昇」として甦る。

だが、そうした謝花像を皇民化・同化主義とのかかわりで、伊波普猷の沖縄学とともに徹底的に批判したのは新川明であった。桐山はその苛烈な筆鋒に瞠目した。『聖なる夜　聖なる穴』の〈附記〉で、使用した資料として大里康永の『沖縄の自由民権運動――先駆者謝花昇の思想と行動』と新川明の二つの著書（『反国家の兇区』と『異族と天皇の国家』）を挙げていたが、「就中、新川氏の論考からは、深い啓示を受けました」とあえての書き添えに、与えたインパクトの大きさを垣間見ることができる。新川明が『反国家の兇区』のなかで謝花昇に言及しているのは「沖縄近代史研究の一視点――謝花昇・伊波普猷をめぐって」、そして「〈復帰〉思想の葬送――謝花昇論ノート1」と「〈狂気〉もて撃たしめよ――謝花昇論ノート2」であるが、なかでも、謝花昇論ノート2として書かれた「〈狂気〉もて撃たしめよ」は、それまでの常識とされたことをくつがえす、その徹底性において認識の革命となった。謝花の運動を「国権のための民権」の流れに位置づけ、土地整理問題を飛び越えて取り組んだ「参政権運動」を支えたのは「明治憲法体制に対する強烈な救済願望（＝幻想）であった」と鋭く抉り出し、その思想体質の限界を越えた。「先駆者」や「悲運の英雄」などと流通させられた謝花像の呪縛から自由になることを説いていた。さらに謝花を〈沖縄闘争の原点〉だとする主張を問いつめ、「それはまさしく、のりこえなければならぬ《原点》である。いまこそ狂気の謝花をして、正気の謝花を撃たしめなければならない」としつつ、「ふたたび、三たび、そしてくりかえし、くりかえし、私たちはみずからの内なる狂気の謝花をもって、正気の謝花を撃たしめなければならぬのだ」と、そして「東風平の四辻で怨念のかたまりとなって大地に自らを刻みつづけた狂気の謝花をして、大地から遊離して議会にのめりこんでいった正気の謝花とその亜流たちを、果てることなく撃たしめなければならぬ」と結んでいた。桐山が深い啓示を受けたのも、狂気をもって正気を撃つ、そのことによって抉り出される沖縄のアポリアを見たからであった。

新川明の謝花昇論は、日米共同声明路線を沖縄からの参加を得てオーソライズするために、復帰をまたずして実現した「国政参加」に雪崩をうってのめり込んでいく、謝花の〈正気〉を受け継ぐ沖縄革新の擬制を撃つ状況的な要請へ応えるものであったが、そのことが同時に国家に救済を求め、国家の論理を下から補完する「祖国復帰運動」の心情と論理を近代にまで遡って内破していく、きわめてアクティブな思想的実践にもなっていた。それゆえに、謝花の運動を沖縄闘争の原点とする勢力との間で激しい論争を生んだ。

こうした新川明の謝花昇論、とりわけ「狂気もて撃たしめよ」からの啓示で、『聖なる夜　聖なる穴』の〈ジャハナ〉が創作されたことは疑いようがない。しかし、桐山の独創は、謝花の〈正気〉と〈狂気〉を、より深く天皇と関係づけたことである。それに加えてジャハナと同じ名前の、一九六〇年代の後半から七〇年代のバリケードの季節に精神の出自をもつ青年の敗北と反逆を創出することによって、歴史へと投錨された精神の劇を〈伝説〉として凝集させていった。

桐山は、明治十五年、謝花が十八歳のとき、「明治政府の新政そのものの象徴」としての師範学校から、沖縄初の県費留学生として「日本国の最も新しき版図を代表するもの」となって、長い旅程の果てに首都の土を踏んだ翌日、他の四名とともに天皇を拝謁するところを文学的想像力で描出している。見たこともない建物の広間で、その姿を見ることはなかったが、低い足音が遠くから現われ、低い足音とともに遠ざかっていった体験として語られる。この《足音低き者》への拝謁は、謝花ら沖縄のエリートが明治日本を身体化していくイニシエーションとしての意味をもっていたことは明らかである。そのうえ、二百歳になるという伝説をもった、二人のユタの託宣によってジャハナのその後の生の軌跡をより鮮明にしていく方法を採った。息子の身を案じる母親から届いた手紙には、ウープファーパイというユタが「ジャハナという名前は、大和の地で、カミダーリーになる」と判じ、もうひとりのユタのオーウファーパイは「ジャハナという名前は、沖縄の地の底の霊となる」と託宣を下したことがしたためられていた。ユタのハンジの通り、ジャハナは発狂し、地の底の霊になる。

さらに桐山は、発狂したジャハナの行ないにもうひとつの線を引いてみせる。東風平の四辻で木の枝で土の上に三つの文字を刻み込んだという伝記作家の「史実」を、「事実の半分でしかない」として、上京した翌日、《足音低き者》を拝謁したとき「沖縄から来た十八歳の若者として、わたしはこの日から陛下のものになった。いや、わたしだけが陛下のものになったのではない。わたしという一個の人格を通じて、沖縄自身が、このとき陛下のものとなったのである」としたこととの関係で捉え返した。ジャハナを狂わせたほんとうの敵は、奈良原ではなく、奈良原の背後の《足音低き者》だった、ということである。ジャハナが「日本国の最も新しき版図を代表するもの」として天皇とその国家そのものになった、そのことが狂気によってはじめて明らかにされるのだ。このとき、ジャハナによって代理された沖縄近代史のカノンが、桐山の創造によって圧倒される。さらにこのとき、「事実の半分」は、〈伝説〉の言葉が彫琢した〈真実〉に、その半分さえ明け渡さなければならなかった。

わたしが木の枝の先で刻んだ文字は奈良原ではなかった。奈良原ではなく、わたしは恐るべき一個の名前を——わたしが県費留学生として入京したとき、ただ低い足音だけを聴いた不可侵の者の名前を——湿った土の上に刻み込んでいたのである。（中略）だから、わたしがいま自分の生涯の物語を終えるにあたって、このことだけは言っておかねばならない。わたしは狂気の中で、自分が奈良原に敗れたのではなく、あの国そのものに敗れたことを知ったのである、と。わたしはかつて、あの国そのものとして、第一号の学士として、沖縄に帰還して来たのであったが、いまやあの国そのものが、狂人としてのわたしの第一の敵となったのである、と。

狂気のジャハナが黒い土の上に刻んだのは、三文字ではなくおそるべき一個の名前を表わす二文字だった。ジャハナの敗北は「あの国そのもの」への敗北であった。そのとき、ほんとうの敵が発見される。ここに桐山が『パルチザン伝説』から変わることなく問題にしてきたモチーフと重なる。それだけではない。「あの国そのもの」を表出する二文字は、ジャハナの狂気を受け継ぐもうひとりのジャハナが、やがて実行することになる「ひとつの仕事」の深い動機に接合されるのだ。だから狂気のほんとうの意味は、同じジャハナの名をもつ〈おれ〉によって発見されなければならなかったのだ。狂気のなかでひとつの意志そのものとなったときから、ジャハナという名は呪われるべきものになり、初めて〈日本〉というものを視ることが出来た。「ジャハナよ。だからおまえの名前は、考えてみれば数奇な運命を辿ったことになる。それはおまえが正気であった間は、農民たちにとって呪うべき名前であったが、おまえの口から赤い叫び声が発せられたそのときから、真に呪われたもの、〈日本〉というものから呪われたものとなったのだ」。狂気をもって正気を撃つ、そこに沖縄における近代の超克が現前化されるはずである。かくして、二人のジャハナの伝説が生まれる。

呪われたおれの名前よ。おれはいまこうしておまえの生涯を語り終えた。おまえの呪われた名前は、いまようやくおれのものとなった。七十五年前のおまえの狂気が、おれの体の内側でたしかに脈打ち始めている。狂気となったおまえの名前が、洞穴の中で徐々に兇暴な姿を整えながら、外の世界へ出て行く時を待っている。七十五年間、地の底で生き続けたおまえの霊が、いま、地上へと出て行く最初の者を発見したのだ。おれは間もなくひとつの仕事を始めるだろう。ジャハナよ、おまえの狂気を小さな灯のようにおれの内側に移し終えたいま、火のような烈しさで始まろうとしているのは、おれの伝説、おまえとおれの狂気のつくり上げる伝説だ！

おれの伝説、おまえとおれの狂気のつくり上げる伝説——たしかにここに「ジャハナ、呪われたおれの名前」を反復するモノローグが開口部を得たことになるだろう。

脱出と帰還の交差

『聖なる夜　聖なる穴』は、百年の時をめぐる二人のジャハナの脱出と帰還の物語として読むことも可能である。桐山はこの脱出と帰還によって、明治十年代から二十年代の沖縄の歴史的経験と、一九六八年の後半から七〇年にかけての沖縄の経験の深い類同性を指摘し、明治のジャハナと昭和のジャハナが歩んだ軌跡を通して、沖縄の近・現代が円環する構造を浮かび上がらせたかったのかもしれない。二人のジャハナの経験に刻印された構造とは、天皇と天皇の国家が沖縄を併合していく転形期の沖縄を生きたことによって避けられず引き受けてしまう、歴史への出頭としか言いようがない生のあり方である。一八七二年、謝花昇七歳のとき、日本国琉球藩となるが、その百年後の一九七二年に再び日本の領土になる。日本国の四十七番目の県になるのは謝花十四歳のときである。明治十五年の十八歳のとき〈選ばれた者〉として沖縄を出立し、一八九一年に平民生まれの第一号の学士として帰還する。謝花が奈良原との闘いに敗れ、再び出郷したのち、発狂して帰還したのが明治の三十四年であった。昭和のジャハナである〈おれ〉は、明治という年号になってちょうど百年目の一九六八年に、同じように十八歳で沖縄を発ち、反乱の季節の首都での敗北から七〇年に帰還する。〈選ばれた者〉としての〈おまえ〉は明治国家の意志を自分の意志として体現し、併合を内面化するが、〈おれ〉は日本との深い異和を生きる。

昭和のジャハナが沖縄を出立した時代は、沖縄はニッポンではなく、米国民政府の渡航許可証と日本国政府の入国許可証が必要だった。東京ではじめて日本語が異国の言葉であることに気づき、まだ一度も発せられたことのない何かが己れの内側に存在しているに違いないと考え、日本語というもので口と舌を汚すことを怖れて「遠い海のシャコ貝のように」口を閉ざす日々を生きた。ある日、皮肉にもジャハの名前に親近感をもつタナカ・カズオと名乗る男によって明治のジャハナのことを意識させられる。それは謝花昇の〈正気〉がどのように受け継がれているかを知らされることにもなった。カズオことカズーウが「ジャハナの志を守って、沖縄は一日も早く日本へ、平和憲法の下へと復帰するべきです。そのためにぼくたちの党は――」と言いかけたとき、その口を拳固で塞いだことをきっかけにして、ジャハナの生涯の果ての〈狂気〉が身近なものとなった。「このときから、おれの思考は一本の真っ直ぐな線の上に乗った。カズーウがおまえの名前を使ったことをきっかけとして、それまで何の興味も惹くことのなかったおまえの生涯が、いや、おまえの生涯というよりは、その生涯の果てに現れるおまえの狂気が、おれの極めて重要な関心事となったのだった」という根源的な自覚に至る。そしてジャハナの狂気を考えながら「カズーウの党」とはちがう、沈黙と孤独をありのままに受け入れてくれる隊列のなかに加わり、バリケードからバリケードの生活を送っていた。やがて反乱の季節の風向きが変わりはじめた頃、この国の欲望が南に向かって動き出していく姿を視ることになる。

おれの孤独な眼には、白く膨らんでいく一個の帝国が視えた。大量の血を吸い込み、無数の富をちりばめた帝国が視えた。それは一九六〇年代という時代の中で、ますます膨張し、海を越え、おれの生まれた小さな南の島を呑み込もうとしていた。帝国に存在するすべてのものが、いまやおれに激しい嘔き気を催させた。（中略）それらのもののすべてが、亜熱帯の美しい島々を呑み込もうとしているのを、おれの二つの眼は視た。帝国に所属するそれらのものは、絶対に南島を訪れさせてはならない。

沖縄を出て二年後、下水の匂いのする十字路で、機動隊に投げ飛ばされたところに、ジュラルミンの盾が振り下ろされ、すべての歯を失った。日本国政府から滞在許可証を取り上げられ、異形の者となって帰還し、島から島への旅の果てに、あの七月の丘の上の町に流れ着いた。

この二人のジャハナの脱出と帰還の物語の交差は、明治二〇年代と一九六〇年代後半という違いはあれ、日本が沖縄を〈併合〉しようとする時代の精神が辿った軌跡を教えてもくれるはずだ。明治のジャハナの脱出と帰還は、〈正気〉と〈狂気〉によって沖縄の近代を裂開し、昭和のジャハナである〈おれ〉は明治のジャハナの「生涯の果てに現れる狂気」を我がものにすることによって帝国とその帝国に呑み込まれる南島を視てしまった。暗い地の底でただひとりの〈南島のパルチザン〉となって、火の伝説をつくり上げるべく〈日本そのもの〉への大逆を決行する、昭和のジャハナの脱出と帰還は、まつろわぬ沖縄の戦後の反史を開いて見せた。ふたりのジャハナのふたつのクロニクル、それは歴史へと出頭してしまった者の不可避の時間だったのかもしれない。

ところで、桐山は〈おれ〉がもうひとりのジャハナである〈おまえ〉の全生涯を回想するひめゆりの悲劇となった暗い洞穴の中で、沖縄戦の汚辱を生きた娼婦の語りを挿入した。ジャハナの全生涯を語り終えたところで、小さな骨のかけらを発見し、女の白い肌の匂いのするそれに唇をあてた、そのとき、ひとりの若い女の声を聴いた。それはひめゆり学徒隊が最後に逃れた伊原の壕でのひめゆりの物語の真実を伝える辻の娼婦の声であった。ウジ虫が肉を食うときの歯の音だけが壕の中に広がっていた。〈わたし〉がはじめて壕の中に入ったとき、ひめゆりの乙女たちは暗い目で二十五歳の女を見たこと、暗い目で見たのは〈わたし〉が娼婦であることを知っていたからであること、〈わたし〉は炊事婦、水汲み、荷物運搬、兵隊たちの下の世話、そしてひめゆりの処女たちを兵隊の欲情から守るための「本来の仕事」も命じられたことなど、ひめゆりの壕の中で起こった「真実」が明らかにされる。沖縄戦で動員されたのは学徒たちだけではなかった。日本兵の欲望の処理のため、多くの辻の女たちも動員された。ひめゆりの乙女たちは〈悲劇〉を表象したが、辻の女たちはただ汚辱にまみれ、沖縄戦の正史も見て見ぬふりをする以外なかった。やがてガス弾が投げ込まれ、終末を迎えるとき

「天皇陛下万歳」という、ひめゆりの処女たちの断末魔の声が、幾つも響いています。大和の言葉を最後まで口にしながら、彼女たちは間もなく死に絶えるでしょう。だが、わたしの骨はこの場所に生き続けます。やがてこの穴の中から、幾人ものわたしの子供が生まれて来るでしょう。わたしの子供——わたしの幾人もの子供たちが、わたしの小さな骨のかけらに守られながら、何世紀に亙って、絶えることなく、この洞穴から地上へと出て行くでしょう。

洞窟の中の闇は、〈死者と生者が共にある時間〉でもある。娼婦は沖縄戦の汚辱のなかから〈骨の伝説〉を生み落とす。ここでいくつかのことが示唆されている。ひとつは「ひめゆりの処女」たちが《足音低き者》の意志を内面化したジャハナの〈正気〉を引き継いでいること、二つめは、〈おれ〉が〈骨の伝説〉のなかで娼婦の子供となることが予感されていること、三つめは、ひめゆりの壕で最期を遂げた娼婦の骨は、丘の上の娼婦の少女の歯を植え込む逸話とどこかでつながっていること、これである。歯を植えることは死者の呟きを生者が口に移すことが含意されている。このことの意味は、たったひとりの〈南島のパルチザン〉となった〈おれ〉の大逆が、沖縄戦の汚辱の記憶を身体化した、ということである。聖なる夜と聖なる穴というときの、その夜と穴の聖性は、汚辱を臥しどにすることによってはじめてその文体を発見した、と言えよう。〈死者と生者が共にある時間〉のなかで、ふたりの娼婦の〈骨の伝説〉とふたりのジャハナの〈狂気の伝説〉が接合されるのだ。

皇太子夫妻がひめゆりの塔に花を捧げようとする瞬間と〈おれ〉が炎となる瞬間を正確に測るため、

壕の中に持ち込んだ携帯ラジオのイヤホーンから、ジャハナの〈正気〉を受け継いだ「祖国復帰運動の輝ける象徴・栄光の革新知事」ヤラが「本日は、沖縄の地に皇太子殿下ご夫妻をお迎えできるよろこばしい日であります」という声を聞く。「日本復帰運動」の成れの果てがいっそう鮮明になるとき、ジャハナの狂気を受け継いだ真に呪われた者として、沖縄戦で亡くなったひとりの娼婦の骨を口にして、頭からガソリンをかぶり、一個の炎となって洞穴から地上に踊り出る。一九七五年七月の真昼の炎、この炎もまた一九七〇年十二月のコザの夜の炎を受け継いでいた。あの丘の上の町でモトシンカカランヌーの少女が聴いた、何かが壊れる音や大勢の人たちが駆けていく音、大勢の兄さんたちが目に見えないものを奮い立たせようとするフィーフィー（指笛）の音、そして火！……のなかに、少女から〝兄さん〟とよばれた青年がいたとしてもなんら不思議ではない。聖なる夜と穴は、「日本国の象徴であり、日本国民統合の象徴でもある天皇が日本国内で自由に行けないところがあっては困る」という国家の意志を、汚辱にまみれた沖縄戦の記憶をもって撃ち、〈骨〉と〈狂気〉の伝説によって騙り取る、南島のブルーなヴァリアントであった。迷宮は深く、死者と生者が共にある「青の世界」を鋭くする。

「コザ暴動」と「ひめゆりの塔火炎瓶事件」という、実際にあった事件から着想を得たこの物語は、明治と昭和のジャハナ、コザの丘の上の町の娼婦とひめゆりの壕の中で死んだ辻の娼婦、二人のジャハナと二人の娼婦が重なり合うところに、ひと筋のイコンを彫り込んだ。そこはまさしく、重層的で混乱に満ちた時間と空間の迷宮でもあった。沖縄・南島の歴史に投錨された〈伝説〉となり、沖縄が日本へと円環する時空を審問しつづけることをやめない。

揺らぐ梅澤証言

──「正論」二〇〇八年四月号　藤岡論文を読む

目取真　俊

「正論」二〇〇八年四月号に藤岡信勝氏が〈集団自決「解散命令」の深層〉という評論を書いている。そのなかで、今年（二〇〇八年）の一月二六日に座間味島を訪れたさい、「昭和白鯱隊之碑」の前で、〝偶然〟宮平秀幸氏（七八歳）と会い、海上挺身第一戦隊の梅澤裕元隊長が、村の幹部に自決するなと言い、なおかつ忠魂碑前に集まっていた村民を野村村長が解散させた、という証言を得たと書いている。自分が必要としている情報をもつ人物に、それこそどんぴしゃりのタイミングで〝偶然〟会うことができるのなら、聞き取り調査もずいぶん楽なことだろう。

その宮平証言を受けて、藤岡氏が「正論」四月号で評論を書き、「諸君」四月号ではジャーナリストの鴨野守氏が〈目撃証言「住民よ、自決するな」と隊長は厳命した〉という評論を書いているわけだが、読み合わせると両氏は同行取材しながら情報交換していたことが伺える。大江・岩波沖縄戦裁判の判決が下される三月二八日を前にして、宮平秀幸氏の証言を宣伝することで梅澤氏の「陳述書」の信憑性を補強しようとしたのであろうか。そうであるなら、その狙いはうまく果たされただろうか。

藤岡氏の評論を読むと、昨年（二〇〇七年）九月に大城将保氏が『沖縄戦の真実と歪曲』（高文研）を出版し、さらに今年に入って宮城晴美氏が『母が遺したもの』（高文研）の新版を出したことが、「集団自決」（強制集団死）の隊長命令や軍命令を否定する藤岡氏らに大きな痛手となっていることがわかる。それもそのはずで、例えば大江・岩波沖縄戦裁判で原告側が出した「最終準備書面」を見ても、原告側は梅澤隊長の命令を否定するための論拠として、『母が遺したもの』の旧版に大きく依存していたのである。大城氏に関しても、原告側は大城氏の文章や発言を都合のいいように引用し、補強材料としてきた。

しかし、宮城氏自身の手で『母が遺したもの』は書き改められ、梅澤元隊長や宮里盛秀助役に対する評価が大きく変わった。大城氏も『沖縄戦の真実と歪曲』で原告側の主張に真っ向から反論している。裁判でも宮城氏は被告側を支持する立場から証人尋問に立ち、大城氏も被告側の支援活動を行っている。原告側の主張を支える重要な論拠がこのようなかたちで崩れたことに、原告の梅澤・赤松両氏や弁護団、支援する藤岡氏らのグループも内心は穏やかでないはずだ。

その心情が垣間見える一節が、藤岡氏の評論のなかにある。梅澤氏を批判した大城氏の文章を引用したあとに、藤岡氏はこう記す。

〈要するに梅澤の手記にある「決して自決するでない」という記述は、自己保身のために後で書き加えた見苦しい嘘だというわけである。大城がこんな大見得を切ったのは、初枝以外に三月二十五日夜の本部壕の場面の目撃者はいないと思いこんだ油断からであろう。だが、今回の調査で、梅澤が力を込めて村人の自決を押しとどめようとしたと証言する生き証人が現れたのだ〉（『正論』二〇〇八年四月号・

二二六ページ。以下同誌からの引用はページ数のみを記す)。

藤岡氏はそう豪語するのだが、このように書くこと自体のなかに、自らの論拠を崩された大城氏への反発と、危うくなった梅澤証言を補強するために〈生き証人〉を欲していた心情が露呈している。その〈生き証人〉に〝偶然〟にも島で出会ったというわけだが、飛んでる飛行機に隕石が当たるような確率の〝偶然〟の出会いを通して得た宮平証言とはどのようなものか。

「昭和白鯱隊之碑」の前で宮平秀幸氏が語ったところによれば、米軍上陸が間近に迫った三月二五日の晩に梅澤隊長のもとを訪れたのは、〈村長、助役、収入役の村の三役、それと校長〉の四名なのだという。そして、米軍の手によって殺されるよりは、〈同じ死ぬぐらいなら、日本軍の手によって死んだ方がいい。それでお願いに来ました〉と言う四名に対して梅澤隊長は、〈「何をおっしゃいますか。戦う武器弾薬もないのに、あなた方に自決させるようなものはありません。絶対ありません」〉と言い、次のように命令したのだという。〈「俺の言うことが聞こえないのか。よく聞けよ。私たちは国土を守り、国民の生命・財産を守るための軍隊であって、住民を自決させるために来たんじゃない。だからあなた方が武器弾薬毒薬を下さいと来ても、絶対渡すことは出来ません」〉。そう言って梅澤隊長は、忠魂碑前に集まっている住民を〈全部解散させせろ〉と命令したのだという。(二二六〜二二七ページ)。

宮平氏の証言を読むと、次々に疑問が出てくる。

一つは三月二五日の夜に梅澤隊長のもとを訪れたのが、野村村長を含む四名だということである。これは宮城初枝氏や梅澤氏の証言とは別の新しい証言である。これについては後で詳しく検証したい。

二つ目に〈私たちは国土を守り、国民の生命・財産を守るための軍隊〉という言葉である。藤岡氏はこの言葉を耳にしたとき、あるいは評論を書きながら引用するときでもいい、違和感を覚えなかったのだろうか。いったい昭和二十年三月末の日本で、〈国民の生命・財産を守る軍隊〉という言葉が部隊の指揮官の口から発せられることがあり得るだろうか。その言葉はきわめて戦後的な価値観を帯びた表現ではないのか。藤岡氏は次のような曾野綾子氏の言葉を思い出さなかったのだろうか。

〈「軍は住民を守るものでしょうに」という言葉を当時沖縄でよく聞きました。戦争中に暮らした記憶のある私は、そうは解釈していませんでしたが。もちろん軍は私たちの住む国である日本を守るのですが、その目的は『作戦要務令』の「綱領第一」に次のように記されています。

「軍ノ主トスル所ハ戦闘ナリ故ニ百事皆戦闘ヲ以テ基準トスベシ而シテ戦闘一般ノ目的ハ敵ヲ圧倒シテ迅速ニ戦捷ヲ獲得スルニ在リ」

民間人を保護せよ、という意図は初めからないのが、戦前の軍の理念です〉（「Ｗｉｌｌ」二〇〇八年一月号・七八ページ）。

『ある神話の背景』以来おなじみの曾野氏の主張である。戦前（に限定されないと思うが）の日本軍は住民を守るためにあるのではない、という認識を示しているのだが、宮平氏の証言に出てくる梅澤氏の発言とは一八〇度逆のものだ。「国体護持」のために帝国臣民は命を捧げるのが当たり前とされ、「一億特攻・一億玉砕」が呼号されていた時代に、二十代の佐官級の隊長であり、父も祖父も職業軍人であった梅澤氏が、〈国民の生命・財産を守るための軍隊〉という台詞を口にしたというのか。私には宮平氏の証言が、戦後形成された価値観に基づく自らの日本軍のイメージを、あたかも梅澤氏が口にしたかのように話しているとしか思えない。

三つ目に、宮平氏によれば梅澤隊長は次のようにも言ったという。

〈あなた方が武器弾薬毒薬を下さいと来ても、絶対渡すことは出来ません〉
毒薬については、宮城初枝氏や梅澤氏の証言には出てこない。座間味島では猫いらず（殺鼠剤）を飲んで自殺を図った人たちがいる。ネズミ駆除のために持っていたのを使っているのだが、梅澤隊長のもとを訪ねた時点で村の幹部たちは、毒薬の使用まで考えていたのだろうか。そもそも梅澤隊は毒薬を持っていたのだろうか。武器弾薬に加えて毒薬まで言及させているのは、宮平氏が後から得た知識で証言を膨らませているからではないか。

一つ目に戻るが、宮平証言でもっとも驚きなのは、〈三月二十五日の晩に〉梅澤隊長のもとを訪ねたのが、〈村長、助役、収入役の村の三役、それと校長〉の四名だとしている点である。これまで宮城初枝氏の証言では、助役・兵事主任・防衛隊長を兼任していた宮里盛秀氏、収入役の宮平正次郎氏、座間味国民学校校長の玉城盛助氏、役場職員の宮平恵達氏、女子青年団員の宮城（当時は宮平）初枝氏の五人とされてきた。梅澤氏もそのように発言してきたし、「陳述書」にもそのように書いている。それを根底からくつがえす証言であり、しかもその場に宮城初枝氏がいなかったとなれば、初枝氏の証言は嘘だったことになる。『母が遺したもの』という著作はもとより、裁判における梅澤氏の証言にも大きな影響を与える重要な証言となる。

ところが、そのあと宮平氏はあっさりと自らの証言をひっくり返すのである。
〈屋外での即席インタビューでは、宮平は、村三役プラス校長の「四人」について言及していた。宮平は、明らかに、三月二十五日の夜の本部壕前の情景を映像として頭に描きつつ語っている。そこで、まずは村を代表する重要人物の四人が意識にのぼったのであろう。ホテルに戻って、順序よく話を聞いてみると、次の諸点が確認された。

①本部壕に来たのは、村の三役と校長、宮城初枝、宮平恵達だった。都合六人になる。

②村長は遅れてやってきた。

③恵達も少し遅れて来たように思う〉（二二八ページ）。

呆れ果てるとしか言いようがない。藤岡氏の評論でも触れられているが、宮城初枝氏と宮平秀幸氏は姉弟である。三月二五日の夜の面会について、初枝氏が証言者として戦後を生きてきたことは、当然、秀幸氏も熟知しているはずだ。その初枝氏が現場にいたのを目にしたなら、真っ先に意識にのぼるのが普通ではないか。それほど記憶が曖昧だったというのだろうか。しかも、伝令として重要な役割を果たした宮平恵達氏についても、当初は記憶になかったのをホテルで追加し、〈少し遅れて来たように思う〉という曖昧な表現で語っている。藤岡氏はまるで宮平氏の頭の中をのぞいたように補足説明しているが、そうしなければならないほど宮平氏の証言は不確かなものだったのだ。ホテルに戻ってからの宮平氏の証言は、じつは藤岡氏の示唆を受けながら修正されたものではなかろうか。

藤岡氏はホテルで得た宮平氏の証言をもとに、野村村長も梅澤隊長との面会に参加していて、その後、忠魂碑前で住民に解散命令を出した、ということを立証しようとする。藤岡氏の評論の主な目的はそこにある。しかし、そのためにかえって梅澤氏を追いつめることをしているのである。

〈二月六日、私は梅澤と面会した。三月二十五日夜の村幹部の顔ぶれを改めて尋ねると、手記に記載したとおりの答えが返ってきた。そこで、村長も居たのではないかと質問したところ、梅澤は強く否定した。その否定の強さの理由を私はすぐには理解できなかったが、そのあと、ひょっとしたら、梅澤が係争中の名誉毀損訴訟に影響することを恐れたのかも知れないと思った。梅澤は当然ながら『沖縄県史料編集所紀要』に掲載した手記と同一の内容を陳述書として裁判所に提出していた。その内容にぐらつきがあると、裁判における自分の証言の信憑性に傷がつくと考えても不思議はない。そのことはよく理解できる〉（二二八ページ）。

裁判に影響することくらいすぐに気づきそうなものだが、〈そのことはよく理解できる〉としたうえで、藤岡氏はさらに梅澤氏を追いつめていく。

〈私は質問の角度を変えて、こう尋ねた。「本部壕に来た村の代表として梅澤さんが名前を挙げている五人のうち、顔を思い出せる人を言ってみて下さい」。すると、助役・盛秀、校長・宮城《ママ》、それと初枝の三名をあげた〉（二二八ページ）。

〈収入役と恵達の名前を梅澤はあげていながら、その顔を全く覚えていなかった。「役場との折衝は基地隊の役目で、自分は戦闘の準備で頭がいっぱいだったから、村の幹部はよく知らなかったのだ」と梅澤は弁解した。事実、その通りであったろう。梅澤が村の幹部五人の名前を手記に記載しているのは、その場の記憶ではなく、後から得た知識に基づいている可能性があると私は思った〉（二二九〜二三〇ページ）。

藤岡氏は自分が書いていることの意味を理解しているのだろうか。三月二五日の夜に面会に来た五人のうち、じつは梅澤氏は三人しか顔を知らなかったこと。さらに〈村の幹部はよく知らなかった〉ことを明白にし、梅澤氏の陳述書の基になっている手記が、〈後から得た知識に基づいている可能性がある〉とするのは、これまで梅澤氏が主張してきたことの信憑性を揺さぶるものだ。三月二五日の夜の記憶が曖昧であるということは、その時に「自決するな」と言ったという記憶も曖昧ということであり、陳述書を含めたこれまでの梅澤証言の信憑性を疑わせることになる。

そもそも三月二五日夜のことを、梅澤氏は本当に記憶していたのだろうか。『母が遺したもの』に次のような記述がある。

〈母が梅澤氏に、「どうしても話したいことがあります」と言うと、驚いたように「どういうことですか」と、返してきた。母は、三五年前の三月二五日の夜のできごとを順を追って詳しく話し、「夜、艦砲射撃のなかを役場職員ら五人で隊長の元へ伺いましたが、私はそのなかの一人です」と言うと、そのこと自体忘れていたようで、すぐには理解できない様子だった。母はもう一度、「住民を玉砕させるようにお願いに行きましたが、梅澤隊長にそのまま返されました。命令したのは梅澤さんではありませんか」と言うと、驚いたように目を大きく見開き、体をのりだしながら大声で「ほんとですか」と椅子を母の方に引き寄せてきた〉（『母が遺したもの』旧版・新版ともに二六二〜三ページ）。

著者の宮城晴美氏が母の初枝氏から聞いたものだが、これを読むと、梅澤氏は初枝氏から打ち明けられるまで、三月二五日の夜のことを忘れていたとしか思えない。そうであるなら、「自決するでない」と言ったという「記憶」は、自己正当化のために後から作り出されたものということになる。ここは梅澤氏の証言の信憑性に関わる重要なポイントであるから、原告側の「最終準備書面」では以下のように言及されている。

〈この再会場面については、『母の遺したもの』では原告梅澤は昭和20年3月25日の会談のこと自体を忘れていた（ようであった）とし（甲B5　p. 262。宮城調書p. 6の証言も同旨）、『第一戦隊長の証言』では逆に、原告梅澤の方からそのことを話し始めたとされており（甲B26　p. 306）、この点も若干の齟齬がある。

しかし、原告梅澤自身が、昭和20年3月25日の会談のことは忘れたことがなかったと供述していること〈梅澤調書p. 9〉、『母の遺したもの』が平成12年の執筆であるのに対し、『第一戦隊長の証言』は昭和63年の発表であって宮城初枝の記憶の新しい時期に本田靖春が直接取材した成果であること等からして、昭和20年3月25日の会談のことは原告梅澤は忘れておらず自分からそのことを再会した初枝に話し始めたものと考えるのが妥当である〉〈原告側「最終準備書面」その1の3　梅澤隊長命令説の破綻と訂正（1）端緒：宮城初枝の告白より〉。

そして、梅澤氏が〈「すぐには理解できない様子だった」〉のは、初枝氏が歳をとって容貌が変化したから〈認識するのに時間を要し〉、〈告白内容が分かっても驚きのあまり絶句する時間が梅澤にあったとしても自然である〉と「最終準備書面」で原告側は主張している。

藤岡氏が〈梅澤が村の幹部五人の名前を手記に記載しているのは、その場の記憶ではなく、後から得た知識に基づいている可能性があると私は思った〉と書いているのは、藤岡氏自身が原告側の主張のおかしさに気づいたということだろう。藤岡氏が明らかにしたように、梅澤氏は収入役と宮平恵達氏の顔はまったく覚えていなかった。しかも顔を思い出せるとして挙げた校長の名前を宮城と間違えている。すでに触れたように座間味国民学校校長の名前は玉城盛助氏である〈『母が遺したもの』第一部母・宮城初枝の手記「血塗られた座間味島」・旧版、新版ともに三八ページ参照〉。藤岡氏の誤記でなければ、梅澤氏が顔と名前を一致して覚えていたのは、宮里盛秀氏と宮城初枝氏の二人にすぎない。

その程度の記憶しかないのに、梅澤氏の方から宮城初枝氏に三月二五日の夜のことを話し始めるというのは不自然である。初枝氏の話を聞いて初めて三月二五日の夜のことを思い出し、訪ねてきた五人の名前も初枝氏から教えられて知ったというのが真相だろう。端なくも藤岡氏の追求によって、梅澤氏の三月二五日夜の記憶の不確かさが証明され、それによって「自決するな」と言ったという記憶の不確かさも証明されたのである。

そのことを知ってか知らずか、藤岡氏は宮平証言の、野村村長が解散命令を出した、という言葉に飛びついて強引に論を展開していく。梅澤氏に宮平氏の即席インタビューを見せたあと、〈「大体こんなところだったと思う」〉という返答を得た藤岡氏は、梅澤氏が口にした「違和感」は無視して、宮平証言を信じ込んでしまう。

〈宮平が語る梅澤の発言は、梅澤自身にとっても自分の発言として違和感のないものだったのだ。ただ一つ、「天皇陛下の赤子」のくだりについては、違和感を表明した。梅澤は、「こういうことは自分は言わない」というのである。他者の発言の趣旨を聞き手が自分の中で解釈しているうちに、自分の言葉が混入してしまうことは普遍的に見られる現象で、少しも不思議なことではない。それ以外の発言について、梅澤が違和感を抱かなかったことの方がここでは重要である〉（二三一ページ）。

こういう文章を読むと唖然としてしまう。この人は本当に学者なのだろうか。梅澤氏本人が〈違和感を表明した〉のなら、そこにこだわりをもつのが普通であり、そこから宮平証言の全体を再検証する方向に向かうのが学者としての思考方法ではないのか。ことは裁判で係争中の梅澤氏の証言に関わることであり、一言一句細かく見ていく作業が梅澤氏のためにも必要だろう。それを〈「大体、こんなところだったと思う」〉という程度の梅澤氏の印象をもとに再検証を怠り、他の部分に梅澤氏が「違和感」抱かなかったからという程度のことで、宮平証言の真偽を判断するとは。

「違和感」云々というが、そもそも梅澤氏は、野村村長が面会に来たという最重要部分を否定しているのである。それを藤岡氏は梅澤氏が持参してきた〈B４サイズの古びたノート〉に次のような記述があったことをもって、あたかも実際には村長が来ていたかのように描き出す。

《４　集団自決　25日22時頃　村の幹部部隊本部壕へ来り自決を申出る　助役宮村　村長　役場青年巡査　女子青年団長宮平初枝　手榴弾等を呉れと云うも断り追い返す。　村長野村正次郎》（二三〇ページ）。

ノートのこの一節について藤岡氏は、〈何と梅澤は、ある時点までは、三月二十五日の夜に本部壕に来たメンバーに、村長が入っていたと認識していたのである〉（二三〇ページ）と記している。まるで宮平証言の裏づけが取れたかのようだが、ここでも藤岡氏の検証力の弱さが露呈している。「覚え書き　ざまみ会　第一戦隊会座間味関連事項」というタイトルがついているとされるノートが、いつ、どのような目的で書かれたのかという説明を藤岡氏はしていない。ただ、「集団自決」という用語は太田良博氏が『鉄の暴風』（沖縄タイムス社）で使い始めたものであるから、同書が出版された一九五〇年以降に書かれたノートということだろう。

引用部を見ると確かに「村長」と記されているが、同時に「巡査」も記されている。誰の証言にも出てこない「巡査」がなぜ出てくるのか。一方で、顔を覚えているはず（？）の校長は書かれていない。収入役も抜けている。〈村の幹部のことはよく知らなかった〉と梅澤氏が言っているのに、収入役を村長と勘違いした可能性を藤岡氏はどうして考えないのか。校長を「巡査」と勘違いしていた可能性だってある。そういうことを検証していけば、宮平証言の裏づけどころか、むしろ浮き彫りになるのは、梅澤氏が三月二五日夜の面会について曖昧な記憶しかもっていなかったということだろう。

藤岡氏は宮平証言の正しさを証明しようとして、むしろ梅澤氏の記憶の曖昧さを執拗に暴いているのである。

〈なお、梅澤は本部壕の場面に宮平がいたことの記憶がない。私は、宮平に本部壕の略図を描いてもらい、それぞれの人物の居た場所を描き込んでもらった。壕の入り口には、火炎放射器による火災を防ぐため、何列もの物干し竿をしつらえ、それに水を浸した毛布を掛けていた。宮平はその陰で梅澤の声を聞いていた。そういう位置関係も梅澤が宮平の存在について記憶がない一因となっている可能性はある〉（二三一ページ）。

梅澤氏が〈宮平がいたことの記憶がない〉と言っているのなら、本当に宮平氏がいたのかどうか、どうして検証しないのだろうか。〈そういう位置関係〉というが、本評論には宮平氏の次のような発言が載っている。

〈……それで逆に部隊長が目を皿にして、軍刀を持って立って出した命令が……〉（二二六ページ）。

〈……隊長とは二メートルぐらいしか離れていません。村長、助役、収入役、学校の校長と、四名おられるんですがね。敬語は使わないです〉（二二七ページ）。

宮平氏は梅澤氏とわずか二メートルしか離れていない場所にいて、〈目を皿にして、軍刀を持って立って〉命令を出すところが見えたのに、梅澤氏からは毛布の陰になっていたから記憶にないのだろうという。ここまで来ると失笑するしかない。梅澤氏からも見える位置にいないで、〈目を皿にして〉という表情がどうやって確認できるのか。村の幹部たちと梅澤氏が話していたという三十分の間には、ほかの将兵の出入りもあっただろう。米軍上陸を目前にして緊迫したときに、宮平氏は注意もされずに毛布の陰からずっと盗み聞きしていたというのか。いや、そもそも、宮平氏が本部付きの伝令を務めていたということを梅澤氏は記憶していたのだろうか？

文芸評論家の山崎行太郎氏が「毒蛇山荘ブログ」で宮平秀幸氏の証言について細かく分析し論評している。それを読むと、宮平氏が三月二五日の夜に梅澤氏のそばにいて話を聞いたという証言自体が怪しいものであり、本人の記憶違いか虚言である可能性が大きい。

仮に宮平証言が正しいとするなら、野村村長との面会はなかったとする梅澤氏のこれまでの証言の信憑性は低下し、下手をすれば梅澤氏は法廷で偽りの証言をしたとさえなりかねない。いったい宮平氏と梅澤氏のどちらの記憶・証言が正しいと藤岡氏は結論づけるのだろうか。

いずれにしろ、三月二五日夜の座間味村幹部との面会について、梅澤氏がまったく曖昧な記憶しかなく、その証言・陳述書の内容も不確かなものであることを、藤岡氏は明らかにしたわけである。〈梅澤の手記にある「決して自決するでない」という記述は、自己保身のために後で書き加えた見苦しい嘘〉（二二六頁）であることを、藤岡氏の評論はむしろ裏づけたのではなかろうか。

（本文章はブログ「海鳴りの島から」二〇〇八年三月十六日に掲載したものを一部手直ししたものです）

否認の政治と窪地からの声

土佐　弘之

否認の政治

否認の政治。ここでは、組織的な暴力を交えながら著しい人権侵害を行なったことについて、国家の責任者を含む関係者が否定しようとするような政治的動きのことを指す。社会学者のスタンリー・コーエンによれば、否認の政治における否認とは、「現実によって引きおこされる良心の呵責、不安など、掻き乱されるような感情に対処しようとする、無意識的な防衛メカニズム」の現われであるという[1]。例えば、二〇〇七年夏に大きな運動のうねりをもたらした、沖縄戦における集団自決についての記述をめぐる教科書検定問題も、その一つの例であろう。この教科書検定問題自体は、同年春、検定の結果、高校の歴史教科書から沖縄戦での集団自決において旧日本軍による強制があった旨の記述が削除されたことであるが、この直接の契機になったのは、二〇〇五年八月に提訴された、いわゆる大江・岩波沖縄戦裁判であるのは周知の通りである。座間味島の元戦隊長と渡嘉敷島の元戦隊長の遺族が、旧日本軍が住民に集団自決を命じたとした『沖縄ノート』などの記述で名誉を傷つけられたとして、その著者である大江健三郎と岩波書店を相手に出版差し止めなどを求めた訴訟である。二〇〇八年三月、大阪地裁の判決では、「元戦隊長の命令があったとは断定できないが、関与は十分推認できる」とし、集団自決には「旧日本軍が深く関わった」事実が認定された。しかし、原告は、この判決を不服として控訴している。

この訴訟は、集団自決の美化をはかるとともに、軍による強制という著しい人権侵害が行なわれた事実を否定する、いわゆる「否認の政治」の一連の流れに位置づける必要があろう。そうした「否認の政治」を主導しているマスメディアのひとつ、「産経新聞」が、先の大阪地裁に対する批判的な評を載せているが、それを読むと、逆に、そのバックラッシュの性格がよくわかる。いささか長いが、以下、その一部を引用する。

沖縄戦で旧日本軍の隊長が集団自決を命じたとする大江健三郎氏の著書『沖縄ノート』などの記述をめぐり、元隊長らが出版差し止めなどを求めた訴訟で、大阪地裁は大江氏側の主張をほぼ認め、原告の請求を棄却した。教科書などで誤り伝えられている〝日本軍強制〟説を追認しかねない残念な判決である。この訴訟で争われた最大の論点は、沖縄県の渡嘉敷・座間味両島に駐屯した日本軍の隊長が住民に集団自決を命じたか否かだった。だが、判決はその点をあいまいにしたまま、「集団自決に日本軍が深くかかわったと認められる」「隊長が関与したことは十分に推認できる」などとした。

そのうえで、「自決命令がただちに事実とは断定できない」としながら、「その（自決命令の）事実については合理的資料や根拠がある」と結論づけた。日本軍の関与の有無は、訴訟の大きな争点ではない。軍命令の有無という肝心な論点をぼかした分かりにくい判決といえる。訴訟では、軍命令は集団自決した住民の遺族に援護法を適用するために創作された、とする沖縄県の元援護担当者らの証言についても審理された。大阪地裁の判決は元援護担当者の経歴などから、証言の信憑性に疑問を示し、「捏造（創作）を認めることはできない」と決めつけた。しかし、本紙にも証言した元援護担当者は琉球政府の辞令や関係書類をきちんと保管し、経歴に疑問があるとは思われない。これらの証言に対する大阪地裁の判断にも疑問を抱かざるを得ない。

集団自決が日本軍の「命令」によって行われた、と最初に書いたのは、沖縄タイムス社編『鉄の暴風』（昭和二十五年、初版は朝日新聞社刊）である。その〝軍命令〟説が大江氏の『沖縄ノート』などに引用された。その後、作家の曾野綾子氏が渡嘉敷島などを取材してまとめたノンフィクション『ある神話の背景』で、『鉄の暴風』や『沖縄ノート』の記述に疑問を提起し、それらを裏付ける実証的な研究も進んでいる。今回の判決は、これらの研究成果もほとんど無視している。(2)

特に、「日本軍の関与の有無は、訴訟の大きな争点ではない。軍命令の有無という肝心な論点をぼかした分かりにくい判決といえる」というくだりには注意を払うべきであろう。これは、部分的な事実の認定を争い、その部分的な否定を通じて、被害者の語り全体の信頼性を失わせるという、「否認の政治」において、よくとられる手法の一つである。「従軍慰安婦」問題をめぐる論争においても、慰安所への軍の関与などの事実を否定するために、この手法がとられたのは記憶に新しいところだ。ほかにも、「そのようなことは起こらなかった」として、事実そのものを完全に否定する場合もある。「ホロコーストはなかった」という場合がそれである。また、「何かが起きたことは確かであるが、それは拷問ではなかった」というような形で、呼称を変えたりして問題のすり替え操作が試みられることもある。沖縄の集団自決については、被害者側が、強制された側面を強調するのに対して、加害者側が、玉砕と呼び、その自発性の側面を強調するような動きが、それであろう。「従軍慰安婦」問題についても同様の動きが見られた。例えば、当時の中山成彬文部科学相が二〇〇五年六月、「従軍慰安婦という言葉はなかった」とし、「教科書から従軍慰安婦などの表現が減ったのは良かった」、さらには「自虐史観に立脚した教育をしてはならない」と発言して、韓国側などからの強い反発を招いたのも同様のものであろう。さらには、人権侵害の事実そのものは認めるが、「当時の政治的状況などから鑑みて仕方のないことであった」として、事実を正当化するという手法もとられることがある。

このように、否認の政治は、人権侵害の事実そのものを否定する動きから、部分的否定を通じて全体を否定しようとする動き、さらには、認めはするもののやむを得なかったこととして正当化する動きなど、さまざまな形で展開される。しかし、なぜ、このような「否認の政治」の動きが、相次いで立ち現われるのか。コーエンが指摘しているように、そこには、「無意識的な防衛メカニズム」が働いている。「自虐史観に立脚した教育をしてはならない」という主張に象徴されるように、まず、それは、狭隘なナショナリズムに立脚した自らの集団的アイデンティティを脅かすものに対する防衛メカニズムという側面をもっている。それは、ある種の支配的なマスキュリニティの危機に対する防衛的反応、より抽象的に言えば、大文字の父が支えてくれている象徴界が崩壊していくことに対する怖れからくる防衛的反応といってよいだろう。彼ら／彼女らからすれば、「自虐史観」は、自分たちにとって大切な意味秩序（ときには、ジェンダー秩序）を壊してしまう危険なノイズであり、消去しなければならないのである。そのような社会的健忘症は、不都合な記憶とともに批判的思考を抑圧する効果をもっている。[3]

さらに言えば、集団自決に軍が深く関与しているということを容認することは、同時に、ホッブズ的国家安全保障の論理を根本から否定することになってしまう。脆弱な国民を守るのが国家の暴力装置なのだから、それに対しては敬意を払うべきであるという、マスキュリンでパターナリスティックな国家安全保障の論理は、特にアメリカの九・一一事件（日本では北朝鮮問題）などを媒介にしながら日増しに強まる傾向を見せている。[4] マスキュリンでパターナリスティックな国家安全保障の論理は、イスラーム原理主義者たちの人権侵害から女性を守るという口実で、アメリカの戦争を正当化するような形でも展開されるようになっている。しかし、そのさい、そうした国家安全保障体制（security state）を強化するさいに、「市民を守るものと称している国家の暴力装置が市民に対して危害を加えている」という語りの存在は大きな障碍となる。そうした障碍を取り除くためにも、否認の政治が必要とされることになる。このように、否認の政治は、一部のショービニストのヒステリー的症候というだけではなく、[5] マスキュリニティの危機といった、より広範な政治社会的状況に対する防衛反応という側面、さらには国家安全保障の論理の迫り上がりと連なる動きという側面も有することに注意を払う必要があるだろう。

マスキュリニティの危機

上野千鶴子らの江藤淳・小島信夫論などにおいて既に明解に示されているように、[6] 日本社会の場合、マスキュリニティの危機は、第二次世界大戦における敗北、そして米軍による占領・支配以来、延々と続いているといって良いだろうが、それに加えて、「マスキュリニティの危機」という世界的な現象が被さった形になっていると理解すると分かりやすい。最近の「マスキュリニティの危機」ないしは「ジェンダー秩序の危機傾向」とそれに対するバックラッシュの動きと言われる現象は、日本に限らず、グローバル・レヴェルでよく見られる現象である。[7] 例えば、宗教的原理主義やエスノナショナリズムの台頭といった現象も、急速なグローバル化の進展に伴う男性の地位などの大きな変化に対するバックラッシュという側面を有することは、よく指摘されるところである。[8] マスキュリニティの危機の背景要因としては、さまざまなものが考えられるであろう。まず、一九七〇年代からのフェミニズムによる攻勢は当然忘れられてはならない。それに伴って、一部の男性が自らの特権が脅かされ、いわゆる家父長制的配当（patriarchal dividend）が減じると感じたため逆襲に出たという側面は否定できないであろう。また急速なグローバリゼーションにより軍事的マスキュリニズムと密接な連関性のある主権国家体系が揺らぐことに対するリアクションとして、ナショナリズムと同時にマスキュリニズムを再生・再強化しようとする動きも現われてきている。それに加えて、ポスト・フォーディズム時代のフレキシブル生産・雇用体系の進展に伴って、「男性＝家計の担い手としての唯一の所得者」という神話が成立しなくなり、男性が旧来もっていたプライドが、それを支える経済的基盤もろともに掘り崩されていっていることも重要な動きと思われる。この側面に限って言えば、現在の危機は、フォーディズム型マスキュリニティの危機とも言えるが、日本の事例だけ見てもわかるように、個々の事例は、単にフォーディズム型マスキュリニティの危機といった側面だけでは描ききれない、かなり複雑な様相を見せている。ただ、マスキュリニティの危機が、さまざまな形態をとって出現しているという共通現象を認めることはできる。

背景要因はさまざまであっても、マスキュリニティの危機が深まり支配的なマスキュリニティを軸とするジェンダー秩序が崩れていけば、当然、旧来の秩序に安心感を感じていたマジョリティは存在論的不安感に悩まされることになる。バックラッシュとは、そうした存在論的不安感を契機にした社会的動きと言ってよいだろう。ラカン派的言い回しをするならば、次のように言いかえることもできるだろう。世界はファルス中心主義的な象徴界によって構造化されていくが、世界には必ず残余の何かが構造化に抵抗しつつ存在している。つまり、象徴界による構造化の挫折、または世界の完全な構造化（言語化）の不可能性という現実があるにもかかわらず、われわれは、それとなるべく向き合わないようにして、ある種の安心感を得ている。しかし、「象徴界による構造化を拒否するような現実」が象徴界に闖入してくるような事態が生じた場合、彼ら／彼女らは強い存在論的不安に脅えることになるであろう。ときには、象徴界という構造を安定させるゼロ記号であるファルスを喪失するような強い危機感をもつことになる。そこで、そうした不都合な現実そのものを無視し、否定する所作がとられることになる。これは、先に触れた「否認の政治」の動きともつながっていることは指摘しておいた方が良いであろう。

「否認の政治」は、ある意味で、ジェンダー秩序を含む「自然な」意味秩序を守ろうとする動きである。しかし、その「自然な」秩序は、構造化の過程で漏れ落ちた「不自然な」現実を排除し、ノイズとしての声を消去し、不正義を不可視なものとして温存することで成り立っている。「否認の政治」に対する批判は、まさに、その不正義を可視化しようとする試みであるのだが、「否認の政治」を擁護する者にとっては、それは「自然な」秩序を壊そうとする振る舞いとして映ることになる。例えば、ラディカルなフェミニスト・エシックスとは、前者の精神に近いもの、つまり「自然な」秩序のなかで見えなくなってしまっている不正義の問題を析出させようという倫理的契機を内包したものと言って良いであろう。人間というものが意味秩序の安定性なしに生きていけない以上、秩序を志向する動きを完全に否定することはできないが、既存の意味秩序に安住することは抑圧的な構造を温存することにもなりうるということを、ラディカルなフェミニスト・エシックスは教示してくれている。

ただ、言うまでもないことであろうが、「自然な」意味秩序と抑圧的な構造との関係性は、必ずしもジェンダーの局面に限られたことではないということである。確かに、ジェンダー秩序はあたかも「自然なもの」とみなされがちな二項対立の論理に立脚しているため、マスキュリニティのディスコースは高い汎用性をもっており、階級、エスニシティ、人種、年齢、宗教、文化といった、あらゆる局面に転用されうる。ここで注意すべき点は、そうしたマスキュリニティのディスコースが、それらの局面における権力関係とどのように結びついているかということであろう。とりわけ、ナショナリティという局面、またナショナリティの極限的な形態である戦争についての語りにおいて、マスキュリニティのディスコースはしばしば強い影響を及ぼすことになる。そこで、戦争についての語りを考えるさい、マスキュリニティのディスコースと結びつくかたちで、いかなる声が消去されようとしているかについて注意を払わなければならない。

戦争についての物語――国家安全保障の論理と周辺部の記憶・語りの抵抗

「集団自決」問題も「従軍慰安婦」問題も、戦争についての語りをめぐる問題であり、そこにおける闘争は、先にも述べた通り、ノイズとみなした声を消去しながら「自然な」意味秩序を守ろうとする動きと消されまいとして声を上げ続ける動きとの間の闘いである。前者の立場からすれば、戦争という合法的殺人（聖なる殺戮）が組織的に行なわれる場に、犯罪的殺人の要素が混じり込んでしまうことは、とても容認できない。戦争についての公的語りは、〈平和／戦争〉、〈友／敵〉、〈内／外〉、〈文民／戦闘員〉といった形で綺麗な二項対立図式に沿ったかたちで構成されなければならない。それに対して、集団自決や従軍慰安婦の強制的側面を主張する声は、そうした戦争の公式な物語（正史としての戦記）を根底から崩す危険性をもっているものとして、ときには無視され、ときには憎悪・攻撃の対象となる。逆に言えば、権力の周辺部における戦争の記憶や語りを圧殺から救うためには、英雄的な殺戮（戦時における暴力）は犯罪的殺人（平時における暴力）と本質的に変わらないものであるという事実を掘り起こし続け、戦争を英雄譚などの語りに再構成しようとする動きを阻む必要がある。

そのことと関連して、女性学者であり中東研究者でもあるマリアム・クックもまた、一九七〇年代のレバノン内戦についての語りを検討しながら、複雑な戦争の現実が〈平和／戦争〉、〈男／女〉といった二項対立図式に沿った形で編集されていることを指摘している。さらに彼女が指摘している重要な点は、フェミニストの実践が、ジェンダー秩序と密接に連関した二項対立図式、またそれに依拠した支配的パラダイムを転覆するさいに大きな意味をもっているということであろう。(9)

〈中心／周辺〉という無意識の二項対立図式に沿って戦争の記憶・語りが編纂されていくことに対して、周辺部におかれ沈黙を強いられていた人びとが異なる語りを始めることで、消えかかっていた「戦争の現実」が再び現われてくる。条件さえ整えれば、そういうことが現実に起きうるのである。例えば、韓国・済州島で、いわゆる四・三事件をめぐる記憶の政治において新しい展開が見られるようになったのが、それである。それは、沖縄の集団自決をめぐる記憶の政治においてバックラッシュが相次いで襲いかかっていったのとは、対照的な展開であったと言っても良いだろう。

四・三事件とは、一九四八年四月三日、南朝鮮労働党党員による武装蜂起を契機にして、朝鮮戦争勃発（一九五〇年）をはさみ一九五七年までの間に、済州島の住民約三万人から八万人が虐殺されたとする事件である。[10] 済州島が韓国社会の周辺に位置づけられてきたということも加わって、反共軍事独裁国家であった韓国においては、四・三事件については語ること自体が長いあいだ、タブー視されてきた。極度の軍事的マスキュリニズムに基づいた言説空間の検閲システムは、一九八七年以降の「民主化」まで続き、例えば、この事件を取り上げた最初の小説『順伊おばさん』（一九七八年）を書いた玄基榮《ヒョン・ギヨン》は、国家保安法・反共法の容疑で逮捕されたうえ、約一ヶ月間留置され拷問を受けたという。韓国社会が四・三事件について完全に沈黙を続けるあいだ、四・三事件について語ることが出来るのは、日本に逃れた済州島出身者やその支持者たちくらいであった。四・三事件を扱った金石範の小説『火山島』（一九八三年）は、その意味で象徴的な作品であるが、これも一九八八年には韓国語訳が出版されることになる。これと相前後するかたちで、韓国の「民主化」の進展とともに、沈黙というかたちで凍結されていた記憶が次第に解凍されていくことになる。金大中政権期の一九九九年には、「済州四・三事件真相糾明及び犠牲者名誉回復に関する特別法」が成立し、本格的な真相究明が始まる。

ついには、二〇〇三年、四・三事件真相調査最終報告書が出されたうえ、盧武鉉大統領が済州島を訪問し、政府を代表して四・三事件の犠牲者・遺族に謝罪をするに至る。しかし、真相究明に終止符が打たれたわけではない。二〇〇七年秋、集団自決に関する教科書検定の動きに対する抗議運動が沖縄でわき起こっている同じ時期、済州島の空港脇の窪地から虐殺被害者の遺骨が新たに掘り起こされていた。また、生存者の多くはトラウマとともに記憶を依然として封印したままであり、事件から六〇年経って、ようやく語り出す者も出てきたというのが実情だ。

ただ、済州島における最近の「記憶の政治」の流れが指し示していることは、国家安全保障の論理によって封印されてきた周辺部の記憶・語りが、市民社会の力の強まりとともに、再び立ち現われてくることがあるということであろう。もちろん、その道程は平坦なものではない。例えば、玄基榮の小説『順伊おばさん』のなかでは、忍苦の三〇年を経たのち、おばさんは、四・三事件の記憶の重みに耐えられず、虐殺のあった窪み畑で、青酸カリによる服毒自殺をしてしまった。主人公の私が、順伊おばさんを思いながら語る場面は次の通りである。

その窪み畑に釘付けにされた忍苦の三十年、三十年といえば、そろそろ忘れ去ってもよさそうな歳月であるが、しかし順伊おばさんはそれができなかった。白い骨と銃弾が出土するその窪み畑に足を縛られて、そこから逃れるすべを知らなかった。彼女が娘に内緒でソウルの私の家へやって来たのも、彼女を捉えて離さぬその窪み畑を突き離そうとした最後のあがきに似た力ではなかったか?

しかし、二人の子供が埋められているその窪み畑は、彼女の宿命であった。深い沼の鬼神にさらわれるように、彼女は髪の毛を摑まえられ、ふたたびその畑に引きずり込まれて行った。そうだ。その死は一ヶ月前の死ではなく、すでに三十年前のその窪み畑で、九九式歩兵銃の銃口から飛び出た弾丸が、三十年の紆余曲折の猶予を送り、いまになって彼女の胸を撃ち抜いただけのことだ。[11]

この件は、アウシュヴィッツ強制収容所の生存者でありながら、その記憶の重みに耐えかねず投身自殺をはかったプリーモ・レーヴィを想起させる。確かに、集団自決や虐殺などの極限的な暴力についての記憶は、語りえぬことを語るというアポリア、つまり表象不可能性という限界とともに、癒すことのできない心の傷として、生存者に耐え難い重みを与えるであろう。加えて、家父長制的価値観の檻の中では女性被害者が自ら受けた性的暴力について証言することもきわめて困難であったろう。[12] ましてや、国家安全保障の論理を背に〈友／敵〉の二項対立図式に沿って組織的暴力を美化しながら戦争の記憶・語りを編纂しようとする大きな力が働いているとき、それによって封印されてきた（ないしは封印されようとしている）記憶を語ることはやさしいことではない。

しかし、畑の窪地で自死した順伊おばさんのことを知っていて、その声に応答しようとする「私」がいる限り、その記憶は完全に封印されたわけではない。ちょうど、『順伊おばさん』などの作品を通して四・三事件についての沈黙を破ろうとした玄基榮や金石範の試みのように、強い抵抗の意志さえあれば、窪地からの声は静寂を破って四方に響き渡るものである。生き残った者が否認の政治と立ち向かう意志を強くもちさえすれば、例えば、渡嘉敷島の赤間山の谷間、窪地で集団自決を強いられた人びとの声もまた静寂を破りながら聞こえてくるはずである。そして、その声は、「戦時における暴力」と「平時における暴力」とは本質的に変わらないということをわれわれに伝えてくれているように思える。二〇〇七年残暑の残る夜、渡嘉敷島の赤間山の頂きから海をはさんで向こうに見える沖縄本島の街のゆらめく灯りを眺めながら、そんなことを思っていた。

（1）Stanley Cohen, *States of Denial: Knowing About Atrocities and Suffering* Cambridge: Polity, 2000, p. 5.
（2）「産経新聞」二〇〇八年三月二十九日
（3）Russell Jacoby, *Social Amnesia: A Critique of Contemporary Psychology*. New Brunscwick: Transaction Publishers, 1997, p.5, p. 150.
（4）Iris Marion Young, "The Logic of Masculinist Protection: Reflections on the Current Security State," in *Global Challenges: War, Self-determination and Responsibility for Justice*. Cambridge: Polity, 2007, pp. 117-139.
（5）「新しい歴史教科書をつくる会」などの動きを、アメリカへの従属的状況の継続と同時に、自主外交の希求というダブル・バインド状況から生じる「男性ヒステリー」とみなすこともできよう。米山リサ「戦争の語り直しとポスト冷戦のマスキュリニティ」『岩波講座　アジア・太平洋戦争――なぜ、いまアジア・太平洋戦争か』岩波書店、二〇〇五年、三一七〜三五六頁。
（6）上野千鶴子『上野千鶴子が文学を社会学する』朝日新聞社（朝日文庫）、二〇〇三年、一四八〜一五三頁、上野千鶴子・小倉千加子・富岡多恵子『男流文学論』筑摩書房（ちくま文庫）、一九九七年、二一六〜二七五頁。
（7）「マスキュリニティの危機」の概念はホワイトヘッド、「ジェンダー秩序の危機傾向」の概念はコンネルの著作による。Stephen M. Whitehead, *Men and Masculinities: Key Themes and New Directions*. Cambridge: Polity, 2002, pp. 47-59; R. W. Connell, *Masculinities*. Berkeley: University of California Press, 1995, pp. 84-6.
（8）Michael S. Kimmel, "Global Masculinities: Restoration and Resistance," in *A Man's World? Changing Men's Practices in a Globalized World*. Edited by Bob Pease and Keith Pringle (London: Zed Books, 2001), pp. 25-30.

（9） Mariam Cooke, *Women and the War Story*. Berkeley: University of California Press, 1996, p. 43.
（10） 四・三事件の詳細については、文京洙『済州島現代史——公共圏の死滅と再生』新幹社、二〇〇五年、徐勝「済州四・三事件から見た大量虐殺事件の生産と和解」内海愛子・山脇啓造編『歴史の壁を超えて』法律文化社、二〇〇四年、一八七〜二一八頁、などを参照。
（11） 玄基榮（金石範訳）『順伊おばさん』新幹社、二〇〇一年、七〇頁。
（12） 金成禮（藤枝真訳）「大虐殺の後で——済州島における女性の痛みと生存の連帯」大越愛子・井桁碧編著『戦後思想のポリティクス』青弓社、二〇〇五、二二八〜二五七頁。

沖縄と開発の暴力

中山　智香子

序

那覇市内を走るモノレールが新都心を横切るあたりに「おもろ街」の駅がある。駅を降りると整備された大型道路の両脇に、東京かと見まがうような本土のチェーンの娯楽施設や大型マンション、巨大な免税店のショッピングモールが立ち並び、高層ビルのなかにはいくつものコールセンターが設置されている。少し歩くと日本銀行の那覇支店や県立博物館・美術館がある。派手な商業施設と公共設備の隣接は、おもろ街の名にふさわしいともいえるが、やはり異様でもある。それは、一九七五年から二〇〇四年にわたって米軍施設から段階的に返還されたこの地域の開発が、当初は「田園都市」として構想されたものの、やがて高収益への期待から商業地域へと変更され、結果的には住民を失望させることになったという経緯による。(1)この新都心開発は、沖縄と開発の暴力を考えるさいの重要な素材である。

しばしば政府主導で行なわれる「上からの」大型開発は、土地のニーズと無関係に進められ、その社会や文化を破壊する。世界的にも日本でも一九七〇年前後から八〇年代中盤にかけて、内発的発展論がこのことを指摘し、それぞれの土地に見合った代替的、自立的な発展を模索するようになった[2]。これは、近代化以降の急速な経済成長の代償として、公害や環境破壊の実態が次第に明らかになり、政治的に取り組まれるべき問題として浮上してきた時期に対応している。その後、たしかに内発的発展論は、さまざまな実践的取組みとして具現化され、成果をあげてきた[3]。沖縄でいえば、基地跡地の利用計画を住民主導で周到に準備した読谷村のプロジェクトが、成功例のひとつといえるだろう[4]。しかし、読谷村がいかに成果を上げようとも、新都心の開発はやはり力づくで進められる。強制的な力が行使される場において、それをなしですませるための代替的なやり方があるとしても、残念ながら必ずしもその力の行使を止める力とはなりえないのである。とくに、経済的利害の強制力は、「命の次はカネ」といわれるように、なかなか揺るがし難いものである。

沖縄における構造的暴力

右記のような事態を考察するためには、内発的発展の概念と同じ頃に生まれた平和学の分野で提示された構造的暴力の概念[5]が有用である。それは必ずしも経済だけではなく、ある社会における経済、政治、軍事、コミュニケーション、文化などのシステムが、構成員の一部にとって身体的もしくは心理的制約となり、本来なら実現できるはずのことを実現できなくなって、潜在力と現実のあいだに差が生み出される状態に、暴力の存在を見出すものである。構造的暴力によれば、一見すると平穏に見える秩序の状態は、必ずしも平和と同義ではない。そこでは、特定の人物が不当な力を行使することはないが、社会におけるさまざまなシステムを支え、稼動させて維持する多くの人が、まさにその働きによって、ある種の暴力を振るい続けるのと類似した結果を生み出すことがあるからである。構造的暴力は、このような力を被る側の視点に立ち、通常は暴力と名指されない権力行使の側の暴力性を摘発する。たとえば、経済の領域において典型的に見られる構造的暴力は、帝国主義や不均等発展と呼ばれるものである。(6) 後発地域、第三世界などの「窮状を救い、豊かさをめざして」行なわれるとされる開発は、むしろ経済の名のもとに行使される暴力である。当該の対象地域が、内戦中や紛争後の復興を目指す地域であれば、秩序と平穏を目指して行なわれる開発によって、むしろそこに新たな暴力が組み込まれる危険がある。ところがそれは結果としての秩序と平穏を期待させ、ほかの道を模索することを難しくする。一見平和的にみせながら実質的には戦時中にも比せられるような強制力でふりかかる圧力は、表立った暴力よりも、取り払うのが難しいのである。

戦時期から今日に至る沖縄が体験したのは、まさにこのような構造的暴力であり、だからこそ、「戦後ゼロ年」(7) から脱却することは、とても困難であった。ここで、第二次大戦末期の米軍占領期の開発、すなわちアメリカと日本がある意味で「共謀」して進めた開発の時期と、一九七二年の日本「復帰」以降の開発政策との連続性を確認する必要がある。より正確には、一九四五年四月一日にすでにニミッツ布告が公布され、米国海軍政府が設置されて以降の連続性である。我部 2000/2003 は、米軍の沖縄占領期を概観し、アメリカ、日本、沖縄の位置関係の構造化を試みた。(8) これによれば、冷戦の始まりの時期にあったこの占領は、「第二次大戦の延長としての戦時体制が恒常化した状態」(9) としての冷戦期の端緒であり、そこでは瞬間的な力よりも、継続する力が要求された。このため占領も

「統治や秩序とコスト、特に経済コストとのバランス」[10]を考慮して行なわれた。戦争で疲弊しきった沖縄と日本は、このようなアメリカの世界戦略・世界政策のために、いわば戦後も戦時体制の継続を強いられたのである。そして沖縄と日本の関係はとくに、アメリカの戦略が経済コストを重視する点において、好都合であったという。

コストの効率化はたとえば、独自の通貨システムによって実行された。沖縄では一九四七年八月から一九五八年まで[11]、独自の通貨であるB型軍票（通称B円）が使用され、その対米ドルレートは一二〇円と、日本円（一米ドルあたり三六〇円）の三分の一という設定がなされた。また日琉間の貿易に関する協定が整備され、沖縄にある程度の「自由」貿易が認められた一九五〇年以後は、輸出入に伴う支払いは米ドル建・米ドル通貨によるのが原則ながらも、当事者間の合意がなされた場合には日本円建・日本円によることも認められ、諸制限も曖昧という偏った制度が整えられた[12]。ここで「円安」な本土の製品や資本は決定的に有利となり、沖縄の貿易輸入総額の八〇―九〇%という圧倒的比重を占めることになった。ドルを求めた日本は沖縄への「輸出」によって、復興のある部分を成し遂げ、沖縄の依存型経済システムの土台を形作ったのである。アイゼンハワーによる一九五三年以降のニュールック戦略（NSC 153/3）の採用以後は、沖縄は極東の一大軍事拠点と位置づけられ、米軍は安い労働力を購入し、また土地を接収して基地拡張を大規模に進めた[13]。日本はこれに乗じて、資材その他を輸出し、製造業部門を成長させた[14]。それはアメリカの戦略であったが、乗じた日本もまた沖縄を利用したといえる。結果的に沖縄は、すでにこの段階から、アメリカと日本の「協同」した構造的暴力を被ったことになる。

さらに一九七二年の「日本復帰」以降は、日本政府が開発政策の主体となり、たえずアメリカとの関係を視野にいれながら、その構造を保ち続けた。日本政府は沖縄開発庁の新設とともに十年単位で三度の「沖縄振興開発計画」を実施し、さらに二〇〇二年からは新たに「沖縄振興新法（沖縄振興特別措置法）」を十年単位で構想している。二〇〇八年現在、その前半を終わって、後半期に入ったところである。復帰直後からの三度の振興開発計画は、四十七番目の都道府県として最も後発の沖縄県と「本土との格差を是正」し、それを「沖縄の自立的発展の基礎条件の整備」と位置づけると謳ってきた。[15] しかし、すでに先行諸研究が明らかにしてきたとおり、その結果はむしろ、沖縄経済を自立的発展からほど遠いところに至らせるものであった。それは、現在に至るまで一貫して、基地負担の見返りに多額の補助金を与えるというあからさまな政策が採られてきたことによる。[16] 国内ＯＤＡと呼ばれる大型の公共投資による開発は環境破壊を進行させ、投下資本が地元に波及効果をもたらさずに本土へ還流してしまう「ザル経済」の構造をつくり出し、沖縄内部は長期間の「補助金漬け」状態により、自立的な精神を破壊され、依存体質から脱却することが難しくなった。ところが二〇〇二年以来の「振興新法」は、沖縄の漸次的自立を求めるというスローガンのもとに、その補助金すらも削減しようとしている。新自由主義的政策に典型的な「自己責任」論とも呼応する、この現在進行中の事態を考えるために、以上の構造的暴力を支えるコンテクストを、さらに少し広げてみる必要がある。

グローバル世界のなかのＯＫＩＮＡＷＡ

沖縄の歴史と現在は、日本、アメリカとの関係において意味をもつだけでなく、じつは世界におけるジオポリティカルな意味を担っている。それは二〇世紀が自他ともに認めるアメリカの世紀として経験され、二一世紀に入った今日も、世界がその残余を受け入れざるを得ない状況を経験し続けていることによる。

第二次大戦後のアメリカの世界戦略、世界政策は、戦時中に国内で整備したニューディール・システムを国外にも波及させ、国際自由貿易システムのネットワークをつくりあげると同時に、対共産圏に対する安全保障（セキュリティ）で連帯する国際的な軍事ネットワークを形成するという、グローバル・ニューディールの戦略であった。[17] 直接的には対日戦争として第二次大戦に参戦したアメリカが、戦勝後の戦略において、沖縄を含めた日本をその対象としていたのは当然であろう。この戦略は中枢部分においては、国家による企業・産業の囲い込み、さらには学問・研究領域やメディアも含めた囲い込みを進める軍産学複合体システムを機能させるが、周辺部にむけたヴィジョンは一枚岩でない。それは、一見「対等」なネットワークを標榜するかに見せつつ、実質的には徹底した差別化・階層化によってシステムを安定化させ、維持するものである。もちろん、国際的な自由主義を謳うかぎりにおいて、少なくとも名目上は国家間の「対等な」市場取引を行ない、各国の主体性や合意を重視する。しかし実質的に認めるのは、管理のなかでの「主体性」であり、強制された「合意」以上ではありえない。このような戦略については、すでに七〇年代以来、世界システム分析[18] が明らかにしてきたとおりであり、これが構造的暴力たる所以である。差別化は、開発援助を「自発的に」求めた第三世界においてはしばしば、国内のエリート層や軍部とそれ以外の階層のあいだに持ち込まれ、一国内で社会が分断されることになった。しかし日本の場合には、本土と沖縄という格好の構造がすでに存在したため、この関係を利用して差別化が行なわれたのである。

また、ネットワークに参加する各国内での市場では、さらなる差別化と階層化が生み出されることになる[19]。すなわち、開発を志向する世界において、フォーマルな経済はおのずとシャドウ、つまりインフォーマルな経済を分離させて生み出し、これを差別し、しかしこれに依存しながらみずからの存立基盤を確保するのである。具体的には、当該の国民国家において、そのシステムに完全には属さず、にもかかわらずなんらかのかたちで管理下にあるという、いわば「国境的」な空間が生み出され、そこで通常のものとは異なるかたちの「市場」――インフォーマルな市場（たとえば闇市場）――が機能することになる。さらに具体的には、そこで「内部化」される人間、つまり半ば排除されながら決定的に放擲や抹消はされないという意味でのみ、なお包摂される人間の労働力が必要とされる。というのは、市場システムは、そのインフォーマルな市場において彼らに消費と生産、再生産の生を生存ギリギリのレベルで維持させ、ある程度の低コストを保つからである。じつはこれは、国家の側にとっても好都合である。なぜなら、通常の市場を機能させ、維持するために国家が支払わなければならないコスト、たとえば労働力たる人間に対する保障や、市場の法的・制度的整備などのコストを、インフォーマルな市場は要求しないからである。最貧困層の生存にとって、闇市場は本質的な役割を果たしており、量的にも質的にも、公的な市場と同程度か、それ以上の重要性をもつ[20]。しかも、それはまさに「闇」であることによって、統治構造の構造的暴力に、裏返しに貢献するのである[21]。ところで現代のグローバル世界の文脈では、包摂されつつ排除されるのは、格安な労働力を提供する非合法入国者であり、国籍を取得できない難民や国内避難民である。こうして現代の紛争諸地域と、第二次大戦後の沖縄が二重写しになる。沖縄は、一九九〇年代の冷戦構造崩壊以降、さかんに論じられるようになった「新しい戦争[22]」の「新しい戦時経済」の構造を、いわば先取りして示していたのである。ちなみにそれは、イラク占領の雛形を日本占領期に求めたアメリカが、すでに実証済みである。

戦果アギャーの現在

一九九〇年代以降の紛争や戦争を、グローバル化時代の「新しい戦争」とした代表的論者の一人はM・カルドーである。彼女によれば、当該の国家は破綻して機能不全に陥っているため[23]、暴力が私有化、断片化され、闇市場をはじめインフォーマルな市場がさかんになり、資金調達もこれに沿ったものとなる。たしかにアメリカの要石となった沖縄を捨石にした第二次大戦後の日本は、まさに国家として「破綻」していたに違いない。とはいえ、すでにみたとおり、それはアメリカのグローバル・ニューディールのきわめて意識的な戦略のひとつのなかで、なかば強制されつつ合意した日本の意識的な選択であった。それは、「新しい戦時経済」の概念が示唆するような、先行きのない断片的・恣意的経済世界ではなく、むしろ構造的暴力が示唆する安定性を、良くも悪くも含んでいる。

それでも「新しい戦争」の概念がなお意義をもつと思われるのは、それがはからずも明らかにしているひとつのことがら、すなわち構造的暴力に対抗する力の台頭についてである。カルドーが「重要な点は、政治と経済、公と私、軍人と一般人（軍事と民事）といった近代の様々な区別が崩壊しつつあるということである。（中略）経済と暴力が密接に結びつき、あらたな社会関係の退行とも呼べる状況が確立されつつある[24]」と述べるとき、彼女は、明らかに統治の側に立っている。より正確にいえば、統治しようとしながら、それを達成しきれなくなってきている事態への苛立ちを示している。裏を返せば、統治する側がいかに経済と結びついた暴力を批判し、社会関係の退行として糾弾しようとも、まさにそのことによって逆に、構造的暴力に抵抗したり構造を打破したりする可能性を秘めた力の台頭を認めたことになる。容易には揺るがない構造に対して、たとえば現代世界のように、新自由主義的な政策によって国家がみずからの役割の多くの部分を外注しはじめるとき、抵抗する側の「暴力」は、国家の支配力の弱まった部分を的確に見抜き、そこを突くのである。

もう一度、第二次大戦直後からの沖縄の状況に立ち戻ってみよう。構造的暴力が国家の枠組の内外で何層にも分化しているように、沖縄内部にも重層的な構造が存在した。たとえばB型軍票の導入をめぐる経緯を含め、占領期の社会経済史を明らかにした研究、松田1981においても、米軍の指令が及んだ範囲はおよそ沖縄本島だけであり、本島以南の南西諸島では、たとえば円一本建の時期にもB型軍票との二本建が継続したこと、またそこでは密貿易が盛んで、米軍は何度も繰り返し処罰規定を掲げ、取締りを強化しなければならなかったことなどが述べられている。[25]さらに、密貿易を主要なテーマとした石原2000は、聞取りと新聞等の資料から、戦前、戦中、戦後一九五〇年頃まで持続的に、与那国島や宮古島を中心とした沖縄の南西諸島と台湾・香港との密貿易が、いかに盛んであり、またいかなる程度、黙認されてもいたかを詳細に分析した。[26]ここでは、日本円とB型軍票のみならず、台湾紙幣やのちのドル紙幣もあわせて、通貨の闇市場がかなりの時期まで存在したことが明らかにされている。[27]この研究の副題が示すとおり、大戦直後の占領初期の時代はまさに、「戦果と密貿易の時代」すなわちインフォーマルな経済の時代であった。何が闇取引で、何がそうでないかの境界すら明確でなかったのである。

密貿易の重要性とならんで、特筆すべきはその「戦果」である。それは、「『斬り込み』と称して米軍物資集積所にしのび込み、……米軍物資を抜き取る所業を、『戦果をあげる』と言い、そのひとを『戦果アギャー』と称する」[28]ものである。これを石原 2000 は次のように評している。

沖縄戦で米軍の圧倒的物量の前にひたすら逃げまどい、戦渦をくぐってきた民衆は、米軍が鉾を収めてから「戦闘」を開始した感すら覚える。その行動は、肉親を奪われ三ヶ月近くも生と死の極限状態下に追いつめられていた人間の、怒りの爆発とでも形容できまいか。[29]

もちろんそれは窃盗であり、手放しで賞賛できるものではない。また、戦果のために見かけ上、米兵と共謀するかにふるまった女性たちが、「体当たり」すなわち窃盗の時間を稼ぐべく売春をしたり、それ以外の暴行を受けたりした結果、望まぬ妊娠や中絶を強いられ、心身を極限まで傷めたケースも多かったことを、[30]したたかさとして括ってしまうのは、あまりに無神経だろう。とはいえ、物量と大義名分とを携え、制度や法の正当性さえも振りかざしながら執拗に迫ってくる構造的暴力に対して、ついに「怒りを爆発」させること、最後の抵抗として、射殺の危険を賭して「戦果」の暴力で切り返すことを、たんなる犯罪として片づけることができるだろうか。戦争の恐怖を生き延びた人びとが、なぜ自分は生き残ったかと自問し、やましさに苛まれたり、死んだも同然で生きたりするのではなく、それでも生きている方がいい、生きていくのだとして、とにかくなんとか暮らしを立てていくことこそ、言葉の本来の意味での「戦後経済」の根本ではなかったか。

それは、じつは敗戦直後の一時期だけに限定されたことではない。次第に取締りが強化され、戦果が密貿易とともに下火になった時期から、戦果アギャーのうち、才覚のある者は実業の世界にもぐりこみ、そうでない者はコザをはじめ基地付近で流行り始めた飲食街の用心棒として雇われ、やがて「コザ派」など沖縄暴力団を形成していった[31]。つまり、形態を変えてインフォーマルな経済は持続した。やがて彼らは、本土とアメリカの協同構造による開発に対して、抵抗よりもむしろしたたかな協力の姿勢を示し、フォーマルな経済のすきま産業という形で、インフォーマルな経済の典型的な活力を得た。敗戦直後の戦果が「自爆的抵抗」、つまり自爆の構えで抵抗し、徹底的に生き延びることであったのに対し、今度は表面的な自発的隷従が、自爆的抵抗の心意気をつつみ込んで隠した。インフォーマルな経済は、開発の主体が変わっても、つねに時代が求める開発に従属しながら、なお生き延びるのである。

「自立」と「民営化」の名の下に、法制度的な規制が緩和され、私企業活動の全面的な展開を国家が推奨する新自由主義的政策のもとで、「新しい戦時経済」の抵抗的暴力は、じつは面目躍如の時代を迎えている。その生命力は、開発の暴力にたえず寄り添いながら、あのおもろ街のメイン・ストリートに見られるように、随所にみずからの力を垣間見せている。構造的暴力は、みずから生み出した鬼子の力に、潜在的にたえず脅かされているのである。

〈参考文献〉

石原昌家 2000.『空白の沖縄社会史——戦果と密貿易の時代』(晩聲社)
宇井純 2002.「沖縄の米軍基地と環境破壊」(『沖縄大学法経学部紀要』第2号、2002. 3. 四三—四八頁)
川瀬光義 2008.「復帰35年をむかえて」(『環境と公害』第37巻第3号、Winter 2008. 二七—三三頁)
我部政明 2000/2003.「北東アジアにおける米軍占領の現在的意味」(『世界の中の沖縄、沖縄の中の日本』七七—九二頁。

初出：「情況」二〇〇〇年八月）
佐野眞一 2005.「沖縄コンフィデンシャル――戦後60年の沖縄を作り上げた怪人たち――第3回 密貿易の島と戦果アギャー」（『PLAYBOY』2005. 12. 七〇―七四頁）
竹内宏 1996.「沖縄経済をダメにした霞ヶ関の犯罪」（『This is 読売』1996. 3. 四四―五一頁）
玉野井芳郎
-1978/2002.『エコノミーとエコロジー――広義の経済学への道』（みすず書房）
-1981.「書評：松田賀孝『戦後沖縄社会経済史研究』」（『エコノミスト』1981. 9. 22, 八八―九〇頁。）
鶴見和子 1989.「内発的発展論の系譜」（鶴見和子・川田侃編著『内発的発展論』（東京大学出版会、一九八九年）
中村隆英 1984.「書評：松田賀孝『戦後沖縄社会経済史研究』」（『社会経済史学』Vol. 150. No. 2, 1984. 07. 30. 一一六―一一九頁）
中山智香子 2006.「『帝国』のネオリベラリズム批判――デモクラティックなグローバル・ニューディール・モデル」（科学研究費研究成果報告書『ネオリベラリズムと戦争の変容』二〇―三六頁）
西川潤 2000.『人間のための経済学――開発と貧困を考える』（岩波書店）
松田賀孝 1981.『戦後沖縄社会経済史研究』（東京大学出版会）
真喜屋美樹 2008.「基地解放後の再生の問題点――沖縄本島中南部における基地跡地の開発事例から」（『環境と公害』第37巻第3号、Winter 2008. 四二―四八頁）
三輪隆夫 1986.「玉野井芳郎教授・沖縄の足跡」（『経済評論』vol. 35, No.4, 1986. 4. 二〇―三二頁。）
目取真俊 2005.『沖縄「戦後」ゼロ年』（ＮＨＫ出版）
百瀬恵夫&前泊博盛 2002.『検証「沖縄問題」――復帰後30年 経済の現状と展望』（東洋経済新報社）
Duffield, M. 2005. *Global Governance and the New Wars: the Merging of Development and Security*, London/New York: Zed books.
Galtung, J.
-1969. Violence, Peace, and Peace Research, *Journal of Peace Research*, No. 3, pp. 167-191.（『構造的暴力と平和』高

柳先男他訳、一九九一年、中央大学出版会）
-1971. A Structural Theory of Imperialism, *Journal of Peace Research*, No. 2, pp. 81-117.（前掲）
Hardt, M. and Negri, A. 2000. Empire. Cambridge/London: Harvard University Press.（『〈帝国〉グローバル化の世界秩序とマルチチュードの可能性』水嶋一憲、酒井隆史、浜邦彦、吉田俊実訳、以文社、二〇〇三年）
Illich, I. 1981. *Shadow Work.* (Open forum series), London: Marion Boyars Inc.（『シャドウ・ワーク——生活のあり方を問う』玉野井芳郎・栗原彬訳、岩波現代文庫、二〇〇六年）
Kaldor, M. 1999/2006. *New and Old Wars: Organized Violence in a Global Era*, 2nd ed. Stanford: Stanford University Press.（『新戦争論——グローバル時代の組織的暴力』山本武彦、渡部正樹訳、岩波書店、二〇〇三年）

（1）真喜屋 2008, 四二—四三頁。
（2）西川 2000 は、より長いタイム・スパンで経済思想史上の先行例を確認しつつ、一九七五年にハマーショルド財団が用いた、オールタナティヴとしての「内発的」発展という用語法がおそらく初出であると指摘している。また鶴見和子は、自身が「内発的発展」ということばを初めて用いたのは一九七六年であったとしている（鶴見 1989, 四七頁）。
（3）マルクスやポラニーなど経済思想の検討を経て、開発か環境かという二者択一をのりこえる広義の経済学のビジョンに至り、これを「エコノミーとエコロジー」の問題系として取り組んだ玉野井芳郎は、一九七八年から沖縄に移り住んで七年を過ごし、沖縄国際大学で教鞭をとる傍ら、実践活動に身を投じた。広義の経済学は、産業や生活上の廃棄物が環境に負荷を与えるという前提に立ち、現存の社会・経済システムに自然や生態系という要素を導入して、「社会システムに『地域主義』を導入する」ものであった。一方、工学技術の観点から公害問題に取り組んだ宇井純は一九七一年に『公害原論』を著して以来、全国各地の反公害の市民運動の支えとなり、経済の高度成長が公害の垂れ流しを構造的に含むことを告発し続けていたが、一九八六年から沖縄に移り住んで大学での仕事と社会運動を精力的に展開した。
（4）基地を抱えていた時期の読谷村長は、玉野井にしばしば助言を求めていたとのことである（三輪 1986, 二七頁）。真喜屋 2008 もこのプロジェクトを成功例として示している。

（5）Galtung 1969 は構造的暴力の概念を詳細に説明した。
（6）Galtung 1971 は、構造的暴力の一例として帝国主義の構造を論じ、世界システム論に通じる中心と周縁の概念、不均等発展の概念などを扱った。
（7）目取真 2005.
（8）我部の視野にはアメリカ、日本、韓国というもう一つの構造が同時にあるが、本稿ではこれに立ち入らない。
（9）我部 2000/2003. 八〇頁。
（10）前掲書、八三頁。
（11）米軍政府は一九四六年四月から、日本の新通貨（円）とB型軍票の二種を法定通貨としたが、四ヵ月でこの体制は挫折し、一九四六年八月から日本円のみの一本通貨制度に移行した（松田 1981. 八―一五頁）。
（12）松田 1981. 五一―五二頁。また我部（八四―八六頁）、百瀬&前泊（二二一―二二五頁）などもこれに言及している。
（13）基地建設で働く労働者はB円で賃金を支払われたため、賃金水準は事実上、それまでの三倍に跳ね上がり、軍労働への応募が殺到したとされている（百瀬&前泊、一七頁）。
（14）ただし、これらが当時の日本経済の伸び全体に対して、どの程度の比重を占めたかを確認する必要がある。また一九五八年、米ドルへの切り替えをめぐる議論とその後の影響についても、今後の課題である。これについてはたとえば竹内 1996 が、ある局面を明らかにしている。
（15）百瀬&前泊 2002. 四二一―四三一頁。
（16）川瀬 2008. など。
（17）グローバル・ニューディールの概念は Hart & Negri 2000 に負う。
（18）最も明示的には、I・ウォーラーステインの世界システム論の貢献がある。
（19）この点に関しては、I・イリイチが一九八〇年代の初頭に明らかにしたシャドウ・ワークの概念を、一歩深めて適用することができる（I. Illich 1981）。これまでシャドウ・ワークの概念は、おもに性的分業の問題としてとらえられてきたが、射程はそこにとどまらない。またイリイチ自身はシャドウ・ワークを闇市場と区別したが、現代世界を考えるさいには、むしろ両者の接点を考察することが有用である。

(20) Duffield 2005. p. 147. ただしここで論じられているのは、構造調整の結果、とくに八〇年代以降に顕著になった現象であり、ケース・スタディは九〇年代のスーダンである。

(21) イリイチはこれを、市場の負の外部性とならぶ負の内部性、逆生産性として示している。

(22) Kaldor 1999/2006. とくに序論と第五章を参照。そこでは新しい戦争の時代の「戦時経済」のあり方が論じられ、モデル・ケースとしてボスニア・ヘルツェゴビナが取り上げられている。また Duffield 2005 も、新しい戦争という時代区分を基本的に踏襲している。

(23) Kaldor 1999/2006. p. 97.

(24) Kaldor 1999/2006. 邦訳一七六頁。

(25) 松田 1981. 一二―一三頁。

(26) 石原 2000. ちなみにこれは、同著者の一九八二年の著作、『大密貿易の時代――占領初期沖縄の民衆生活』を改題、加筆修正した新版である。

(27) 前掲書、二二頁、三八―四〇頁、二四〇―二四二頁、など。

(28) 前掲書、一六八頁。

(29) 同上。

(30) 前掲書、一七一頁。

(31) 佐野 2005. 七三―七四頁。

寡黙、吃音、狂気
――〈反復帰〉論の言語と文体をめぐる覚書

中村 隆之

歯を砕く激怒
は言葉になったか？

川満信一「言葉の模索」（1）

〈反復帰〉論の射程

「拒絶すること、それが出発点だ。」大江健三郎の『沖縄ノート』（岩波新書、一九七〇年）に、ある詩人のことばとして書き留められている言葉だ。一九七二年五月一五日のいわゆる施政権返還を前にして「沖縄からの拒絶の声」を発し、沖縄の問題に真摯に取り組もうとする本土の知識人に「したたかな打撃」を喰らわせたこの詩人の名は、新川明。施政権返還を〈復帰〉として迎える時代の趨勢にあって、〈反復帰〉を思想の拠点としてきた詩人である。

この〈復帰〉に対する拒絶の思想が撃とうとするものは、沖縄人の心性のうちに巣食い、また〈復帰〉後にはおそらく決定的なものとなる、「日本人」への同化意識である。このことを予感する詩人は「拒絶すること、それが出発点だ」と告げることで「日本人」であることを潔癖に拒絶する。〈反復帰〉論は、何よりもこの妥協なき拒絶の意志に貫かれた思想であると言える。それが「『拒否』の論理」、「『否』の思想」、「拒絶の論理」等と形容されるのはこのためだろう。[2]

この拒絶には二重の意味が込められているように見える。すなわち狭義には、実体としての本土に対する〈否〉である。このために〈反復帰〉論は現実政治の問題圏で沖縄独立論や自治論に一定の活力を供給する。また広義には、琉球処分以降の沖縄の歴史を規定してきた近代国家日本との関係に対する〈否〉である。新川明の評論集『反国家の兇区――沖縄・自立への視点』（現代評論社、一九七一年／新版、社会評論社、一九九六年）は、反復帰・反国家の視座を明確に打ち出した瞠目の書であるし、またその視座から書かれた歴史書『異族と天皇の国家』（二月社、一九七三年）は、沖縄における自由民権運動の先駆者として知られる謝花昇を批判的に捉え返す視点を含んだ近代沖縄史書き換えの野心的試みだった。[3]

〈反復帰〉論は、この後者の意味で、沖縄人の意識の領野に働きかける想像力である。「優しい沖縄人」等の押しつけられた表象や本土志向の心性を解体し、沖縄人の言い表わし得ない感性の論理にいかなる言葉を与えるのか。〈反復帰〉と呼ばれる一群の思想に賭けられているのはこうした試みであるように思える。

それゆえ、〈反復帰〉論は、〈復帰〉後もその思想の衝撃力を保ち続ける。それは状況論的なものではなく、持続する思想だ。新川明とともに〈反復帰〉論の代表的論客であった川満信一と岡本恵徳が

〈復帰〉前後の時代に書いた文章をまとめた著作を出版するのは、七〇年代後半以降のことだ。川満信一の評論集『沖縄・根からの問い――共生への渇望』（泰流社、一九七八年）は、沖縄の言語論から共同体論までを含む、〈反復帰〉論の射程の広さを窺わせるものである。また岡本恵徳の『現代沖縄の文学と思想』（沖縄タイムス社、一九八一年）は、琉球処分以後、日本のうちに統合された沖縄において始まる近代文学の展開を辿る論考を中心にした文学論、そして〈反復帰〉を基軸にした文化論・思想論によって構成されており、また渡嘉敷島の「集団死」と復帰運動のうちに沖縄人の「共同体的生理」を見出す、深刻な問題提起を含んだ沖縄思想論として言及されることの多い論考「水平軸の発想」を収めている。

〈反復帰〉論の全貌は、ある意味で川満と岡本の著述が刊行された七〇年代後半以降、明らかになったと言えるかもしれない。すなわち七〇年代前後に展開される〈反復帰〉論は、新川、川満、岡本の共振する思想と思索の織物として、「『拒否』の論理」を起点にその裾野を拡げていったと考えられる。たとえば、『現代沖縄の文学と思想』に収められた「『施政権返還』期の思想」は、「本土志向」として表われる、日本人に対する沖縄人の意識の屈折の要因を「普遍性」をめぐる議論から分析した文章を含んでいる。それは〈復帰〉直後の五月二八日から三〇日に「沖縄タイムス」紙上に掲載された文章をもとにした「『進歩』と『普遍』への幻想」という一節だ。岡本はここで、返還による沖縄人の日本国民化が客観的・歴史的観点からは将来評価されるとする進歩的発想のうちに内在する「普遍性」の概念を再考している。「普遍」が「普遍」として機能するためには、その前提として異民族・異集団同士の対立・矛盾が存在しなければならない。しかし、日本と沖縄の関係における「普遍性」の強調は、むしろ異民族・異集団同士の対立・矛盾を隠蔽し、「日本人」という「類」への沖縄の人間の文化的同化・併合の要求を強めることになるだろう。

〝普遍性〟の強調が、現実に力を持つのは、対立・矛盾する集団が存在し、その一つないしは両者に、対立・矛盾を止揚しない限りその存在は不安定であって、対立・矛盾それ自体がその存在をおびやかすものと意識される場合であろう。そして異なった集団において、それぞれの集団の人間的営為の総体を文化と称するならば、文化の比較的後進性を担っている（と意識する）集団において、より〝普遍性〟への志向と〝普遍化〟の努力は強烈に機能するのであり、文化的に劣位な（と意識する）集団の文化的に優位にたつとみられる集団への同質化・同類化が〝普遍性〟の獲得とみなされて現実化されるに違いない。実は、これこそ文化というよりも、政治的な政策に他ならないのだが。（岡本恵徳「『施政権返還』期の思想」『現代沖縄の思想と文学』沖縄タイムス社、一九八一年、二九〇頁）

右の考察は、じつは、この「普遍化」の論理こそ、二度の琉球処分により沖縄が近代国家日本に統合されて以来、沖縄の人間の意識と思いの屈折を生み出してきたものであることを仄めかしている。すなわち、琉球処分以後の「歴史」とは、沖縄人の「普遍化」の努力が近代国家の支配の論理に絡め取られながら、文化的同質化を進行させる過程であり、それが回復不能なまでに進行してしまうのが第三次琉球処分以後、すなわち〈復帰〉後であることが言外に語られている。フランス旧植民地マルティニック島に生まれた詩人・思想家エドゥアール・グリッサンは、一九四六年の生地の海外県化に伴う、旧宗主国フランスへの全局面での同化・統合の動きが取り返しのつかないところにまで進行する過程を「成功した植民地化」と呼んだ。一九八一年の大著『アンティーユのディスクール』のなかでこの黒人詩人は奴隷制度から否定的に生み出された異種混淆的文化が将来消失する可能性を予感し、アンティーユ独自の思想を自前で作ろうと試みる。(4) 西欧的文化への反同化と「普遍化」の論理への否を出発点に形成されるグリッサンのアンティーユの思想はもうひとつの〈反復帰〉論だと言ってよい。そしてこのグリッサンが提唱した「アンティヤニテ」(アンティーユ性)という多島海的ヴィジョンは、〈反復帰〉論の水脈のひとつである島尾敏雄の「ヤポネシア」の発想と響き合う関係性を有している。

岡本の考察に立ち戻れば、この「普遍化」は沖縄の「近代化」のうちに貫徹する論理である。同書の沖縄への導入と結びつけて考察している。「沖縄にとって、『近代化』は、近代日本語の沖縄への導(『現代沖縄の文学と思想』)の巻頭論文「近代沖縄文学史論」は、近代沖縄文学の成立の過程を近代日本語入と結びついていたのであるから、沖縄における近代的なものの表現は、もっぱら近代日本語をもって行なわざるをえないのであり、近代日本語を習得し、それの使用に熟達することによって、近代的なものの表現は可能となったということである。」(同書、五頁)これは近代沖縄文学成立の逆説的条件である。なぜならこの近代的なものの表現は、沖縄人の感性や発想に根ざした言葉との屈折した関係を伴って成立するからである。「ひとりの人間の中で概念と感性、公的な面と私的な面等が器用に分離されるものではないことは言うまでもない。そして、文学表現が、まさしくそのように分離しえない人間のありかたに、その基盤をもつのだとすれば、この言語の二重性は、沖縄の近代文学にきわめて困難な課題を与えることになる。」(同書、一〇~一一頁)この言語の二重性(「標準語」と「沖縄語《ウチナーグチ》」の二重性)を表現が抱え込むとき、「寡黙」や「吃音」という問題が出てくる。

寡黙と吃音

岡本恵徳の近年の文章に「沖縄になぜ詩人が多い――『寡黙』と『吃音』と」という短文（二〇〇三年）がある。[5] 岡本は「沖縄に詩人が多い」と人が抱く印象に対して、避けがたい近代日本語の獲得による「ことば」と「思い」の乖離が沖縄の人びとのうちにはあることを指摘している。この乖離が「寡黙」を生み出し、「ことば」が沈黙に呑み込まれる一歩手前で「切実な思い」を少ない言葉によって表現しうるとき、人は「詩人」となる。岡本はこの短文で「ことば」と「思い」のねじれを抱え込んだ詩人にまなざしを向け、こう書き記す。

〝ことば〟と〝思い〟の乖離は、〝思い〟の切なさが募ったとき、人をして「吃音」に近づけるに違いない。思うに「吃音」は溢れ出る〝思い〟が〝ことば〟に転じようとして思い余って転じきれず、〝ことば〟に躓いて挙げる〝軋み〟にちがいないのである。（岡本恵徳『「沖縄」に生きる思想』、二二九頁）

岡本のまなざしは、そうした躓いた言葉の表出としての新城貞夫の歌に向けられる。ここで拾われるのは一九六四年から六九年までの歌を収めた歌集『朱夏』（幽玄社、一九七一年）に収められた次の三首である。「祖国より鳩を愛して青年は幽暗のごとく吃りき　夏を」「なにゆえにわが倭歌《やまとうた》に依り来しやとおき祖《おや》らの声つまづける」「にっぽんのうたの滅びを念ずれば西の涯よりあかねさしきぬ」（同書、七〇、七一、七四頁）。うち二首は一九九四年に発表された岡本の別の短文でも引かれている。[6] 三十一文字の「倭歌」をあえて表現の形式に選ぶことで、新城貞夫は「溢れ出る〝思い〟」を軋ませながら、日本的美を翳らせる。この歌人の名を「言葉の裂傷の痕跡」[7]として捉える新城郁夫の言葉を借りれば、新城貞夫の歌とは一個の反復帰・反国家の思想であり、その思想に言語的形式において「文学的実質を刻印し得ている」[8]ものだと言えよう。

新城貞夫は『朱夏』のあとがきに歌人にとっての短歌が「呪われた文学」や「吃音の言語学」のようなものであったと言葉少なに語る（七九頁）。岡本恵徳は、こうした「吃音」による言葉の「軋み」がおそらく新城貞夫ひとりのものではなかったと指摘したうえで、[9] 右の文章（「沖縄になぜ詩人が多い」）を次のように締めくくる。

> 数多くの人々が、歴史の記憶を抱え込み、自在に操れぬ「標準語」の壁に遮られて切ない〝思い〟を語れずに、「寡黙」に生きてきたのが沖縄であった。だが、そういう時代も過ぎ去ったらしい。洗練された〝ヤマトグチ〟の間に〝ウチナーグチ〟や〝ウチナーヤマトグチ〟を忍び込ませることが、気の利いた修辞法にさえなっていると聞く。仲宗根政善のいう「ことば」の「かるさ」とは別の意味で、「ことば」はますます軽くなっているのかもしれない。（岡本、前掲書、一三〇頁）

このアイロニカルな言葉のうちに聞き取るべきは、「ことば」と「思い」の乖離を抱え込んでしまった表現への岡本のこだわりである。そのこだわりは、おそらく岡本が宮古本島を出自とする事実と無関係ではないだろう。同じ宮古本島出身の川満信一は『沖縄・根からの問い』所収の「ミクロ言語帯からの発想」（一九七一年）において、近代日本語獲得への道程を次のように記していた。

「たとへば多良間島の一秀才は、小学校を平良の町に卒業し先ず宮古島の語を学び、師範学校時代を首里で送って、ここで沖縄本島語を学んだ」（『沖縄県の標準語教育』）と柳田国男が書いているように、場合によっては日本語（共通語）に達するまでの四重の言語障壁を突破しなければならないような、ことばの重構造というのは、そのまま支配の重構造と一つになっており、それだけに沖縄内の方言、あるいは沖縄方言と共通語の関係は、たんなる方言問題にとどまらず、多様な問題を包括している。[10]

川満もまた、宮古列島多良間島の一秀才のように、この支配の重構造のなかで幾重の言語障壁を突破してきたひとりである。[11]ところでこうした上位言語獲得の道程が、仏語圏カリブでも見られた現象であることは、黒人精神分析医フランツ・ファノンの『黒い皮膚・白い仮面』（一九五二年）第一章におけるアンティーユ黒人の抱える言語的葛藤の分析とともに、南米ギュイヤンヌ出身の黒人詩人レオン＝ゴントラン・ダマスの初期の詩が物語っている。以下は詩集『色素』（一九三七年）所収の「しゃっくり」の一節である。「息子に覚書《メモランダム》になってほしいうちの母／歴史のおさらいをしなければ／晴れ着を着させて日曜日のミサには行かせません／この子はわが家の恥さらし／この子はまったくろくでなし／お黙りなさい／フランス語を話しなさいといったはず／フランスのフランス語を／フランス語のフランス語を／フランスフランス語を」[12]。この「歴史のおさらい」が「われらが祖先ガリア人は」で始まる宗主国フランスの「歴史」のおさらいであったことは想像に難くない。幼年期をめぐる詩人の苦しみの記憶――宗主国文化への同化・統合を象徴するフランス語の習得の記憶――はしゃっくりのようにしつこく反復し回帰する。

この身体化された言語をめぐるダマスの記憶は、「ニッポン語を習わなければ良かったんだ」という川満の最近の詩の一節を想起させる。この一節を含む「吃音のア行止まり」（「前夜」二〇〇六年夏号）は、著者の解説によれば、「長年離れていたシマ（故郷）を久しぶりに訪ねたときの感慨」を綴ったものだ。この詩には公共事業の名のもとに変質してゆく島の風景に対して、また「ニッポン語」と引き換えに「スマフツ（島言葉）」を喪失しつつあるという事実に対して、吃音状態に陥る詩人の悲しみが込められている。最終詩節を引用したい。

ああ、美しいニッポン語、豊かな日本語
名前を失った島の岬よ、風よ、雲よ、
あいやなあ、あい、あえ、あお
すべては吃音のア行止まり
ミャークニー（宮古音）はどこへ消えたのか
アヤグ（彩語）は昇天したのか
ミャークイムムサー（宮古漁師）よ

「あいやなあ、あい、あえ、あお」という「〝ことば〟に転じようとして思い余って転じきれない」この「思い」の悲しみは、川満の七〇年代の文章に触れるとき、より深く感得されることになる。『沖縄・根からの問い』は、「日本国民」の否定態としての「非国民」（日本国民ならざる人々）の立場に定位したところから、「普遍化」＝「近代化」の論理を拒絶し、吉本隆明の思想に触発されつつ「前近代的」と見なされる島の村落共同体の特殊性の論理を掘り下げる試みであった。「ミクロ言語帯からの発想」は同書の冒頭に置かれた文章である。「現代の眼」一九七一年一月号に発表されたこの文章は、著者の「幼年期から現在までの個人的な言語体験」（前掲書、一一頁）を出発点とし、沖縄諸島の「微視的方言帯」を「ミクロ言語帯」と名づけることにより、「広域言語帯」を形成する日本語（共通語）の文化圏の相対化の方途を模索したものだ。この模索には「ミクロ言語帯の崩壊（あるいは埋没）」（同前、一五頁）に対する危機意識をもつ川満自身の言語的葛藤がたとえば次のように刻印されていた。

広域言語帯にあるものが、より狭域の方言帯の人を寡黙と感じているとき、その寡黙の内側にはことばがはぜているのである。死語にも等しい饒舌の襲撃を受けながら、内部の深層にとどいているミクロ方言の領域から汲みあげる意味性を、相手の言語帯で間違いなく機能させるために、ことばは意識の深層と表層を昇降しながら、激しい緊張感を持って発せられる。（同前、一七頁）

「はぜることば」は、しかし、日本語で表現されるとき、「あたかも翻訳文字のような、思い半ばの表現にしかならない」（同前、一八頁）。この軋みは、「文法を無視したり方言直訳の形容詞を使ったりすることで標準語に対する「しがない抵抗」を行なった川満の初期の詩ばかりが抱えるものではない（「異場の思想とは何か」「情況」二〇〇四年七月号、二二頁）。この文章を含めた七〇年代の評論は、「激流に逆らう情念の昂ぶりをテコにして書かれた」（「ミクロ言語帯からの発想」前掲書、二八九頁）ものであるがゆえに、「思い」と「ことば」が乖離する表現の軋み（とくに観念語による軋轢）を抱え込む。それゆえ、川満はこの文章においてむしろ「自分の土着のことば」（同前、一八頁）を出発点に、「ミクロ言語の体内の闇のことばの生霊たちを埋め殺」（同前、二四頁）さない言語論を展開することに活路を見出そうとした。ところがこの文章から三十五年後の「吃音ア行止まり」では、詩人は「ミクロ言語の体内の闇のことば」の喪失の過程を経験せざるを得ない。もっとも、これは喪失の過程であり完全な消失ではない。だからこそ川満はこの詩に附した文章においても三十五年前と同様に島々固有の母語を拠点にした自立論を繰り返し語り、そこに一縷の希望を託すことができた。

「経済発展」や「観光振興」の名のもとに変質する宮古島の風景は、ジャメイカ・キンケイドが『小さな場所』（一九八八年）[13]で語るアンティーガ島の風景ともマルティニック島の風景とも重なり合う。自立的な経済基盤を築けないまま「観光開発」とともに島の姿が観光地に急速に変貌してゆく七〇年代に、グリッサンは小説『マルモール』（一九七五年）を発表した。[14]フランス語で書かれた『マルモール』は、フランス本土の読者をして「読みづらい」と思わせる不透明な文体を意図的に築きつつ、クレオール語の語彙を作中に散りばめる。この語彙に関して作者は巻末に「用語解説」を次の文章とともに附している。

見知らぬ語に慣れないか、全てを理解したい他所の読者のための用語解説。しかしこれはおそらくわれわれのための、われわれの手元から意味が逃れつつある多くの語の語彙集を作成するか、われわれが口ごもりながら話すこの言語のシンタックスをいずれは定めるための用語解説でもあるだろう。ここの読者はこれからである[15]。

「他所の読者」（フランス本土の読者）の「理解」を言外に拒みつつ、衰退の一途を辿るクレオール語が形成する「ミクロ言語帯」を表現において活性化させようとするグリッサンの意志はかたちを変えて後続の世代に受け継がれる。七〇年代後半からクレオール語の詩を書き始めたモンショアシは最初の詩集『異分子』（一九七七年）の序文に「唯一の民衆語」クレオール語で文学作品を作らなければ民衆の感性や渇望を表現することはできないと書いた[16]。書き言葉を有しないクレオール語による文学活動は、島の独立論と結びつきながら、モンショアシやラファエル・コンフィアンをはじめとした少数の闘争的な書き手によって担われ、現在、「クレオール性」を基盤にした「パン゠クレオール性」の発想のもとに新たな展開を示そうとしている[17]。

吃音と狂気

〈反復帰〉論が提起した「言語の二重性」とそれがもたらす「寡黙」や「吃音」の問題は「狂気」の問題に接続する。川満信一の第二評論集『沖縄・自立と共生の思想』（海風社、一九八七年）所収の「わが沖縄・遺恨二十四年──死亡者台帳からの異議申し立て」は、著者が増幅する「自分の狂気」によって「精神病院の鉄格子の中」へ引きずりこまれないようにするための抑制手段として書かれた文章だ。「展望」誌一九七〇年一月号に発表されたこの文章は、施政権返還と米軍基地の維持を取り決めた一九六九年一一月の佐藤・ニクソン会談を直接の背景とし、その言葉は、望まぬかたちでの「本土復帰」に対する戦後沖縄の二十四年にわたる「遺恨」に突き動かされるかのように発せられる。米軍の核基地を有したまま〈復帰〉する沖縄に生きる住民が、すでに死亡者台帳のなかに書き加えられていると直感する川満は、「本土復帰」のうちに沖縄人の潜在的な「死」を見取る不吉な幻視を、書く行為を通じて対象化することにより、「自分の狂気」から距離を保とうとする。

川満の場合、書く行為が内なる狂気を抑制する働きをしている。しかし、この「狂気」の抑制が内面に向かうのではなく外面に表出されるとき、当事者は「狂人」と社会的に見なされる。

一九七〇年七月八日、ある沖縄人が東京タワー特別展望台を占拠し、刃物を手にアメリカ人宣教師を人質にとるという「凶行」に及ぶ。当時の新聞報道で「狂気のタワージャック」や「犯人は精神異常か」というセンセーショナルな見出しで扱われたこの行為の決起者の名は富村順一。富村のシャツの片面には「アメリカ、沖縄よりゴーホーム」、もう片面には「日本人よ、君たちは沖縄のことに口を出すな!」と書かれていた。日本による沖縄支配以後の抑圧を告発し、日本を拒絶する富村の「思い」は、抑圧的暴力に対抗する〈反暴力〉というかたちで噴出したと言える。

岡本恵徳の文学論集『現代沖縄文学の地平』(三一書房、一九八一年)に収められた「沖縄民衆の怨念──『わんがうまりあ沖縄』を通して」は、富村順一の東京タワーでの「告発」と彼の獄中記『わんがうまりあ沖縄』(柘植書房、一九七二年/新版、一九九三年)を題材として書かれたものである。富村の「告発」が「感性の論理」に根ざしたものであり、ひいては「沖縄民衆の怨念」の表出であると述べる一方で、「日本人よ、君たちは沖縄のことに口を出すな！」という明言がじつは「日本人」に「口を出す」ことを要求するものであるという背理を鋭く指摘するこの文章は、感情を抑制する客観的な文体であろうと努める岡本の著述にあって、珍しく観念語が目立つという印象を覚える。たとえば「富村順一は、〔自己の存在を〕沖縄の民衆の持つ怨念の持続する衝撃的存在＝怨念の狂気に転化することによって、民衆の持つ怨念をさえ日常性の腐臭にまみれたエスタブリッシュメントに転化しようとする〈国家〉に対する告発をこころみた[18]」という文章。富村順一は獄中でこの評論を読み「何故に私が狂人なのか」（前掲書、一〇九頁）と怒りを覚えるが、この「伝わらなさ」も含めて、こうした凝縮した抽象度の高い表現のうちにはむしろ岡本恵徳の思いの強さと複雑さが秘匿されているように思える。

　新川明の富村論の場合、書き手の強い思いが決然とした文体から読み取れる。『反国家の兇区』所収の「情念の叛乱」は、一般的風潮では「狂気」と見なされる富村の行為を「天皇を頂点とする支配体系に対する民衆の怨念」、「今日の体制秩序意識が狂気とする情念の叛乱」と捉えたところから、この行為をコザ暴動（一九七〇年一二月二〇日）に結びつけ、その「狂気としての反逆＝叛乱」に可能性を見ようとする[19]。

> すべての民衆叛型の反逆がそうであるように、たとえばコザ暴動のときその叛乱に参加した群衆の一人ひとりを駆りたてた内発的な情念の叛乱は、まさしくその意味の秩序意識に反逆する狂気であり、その夜、コザの街路は忽然として生まれた数千人の富村順一の蜂起で燃え上がったといえる。（新川、前掲書、五四頁）

新川明にとり「狂気」とは、「異族」や「非国民」の発想と同様に、ウチナーンチュ（沖縄人）とヤマトゥンチュ（沖縄人以外の日本人）の対立構図を鮮明にしたところから日本の支配体系とその体系を意識的・無意識的に支える日本人を撃つための方法論であると言える。事実、同書に収められた謝花昇論はまさに「狂気」に陥った謝花から沖縄の解放を出発させなければならないとする主張のもとに書かれた、論争的な性格を帯びた論考であった。[20] だが問題なのは「史実」ではなく〈反復帰〉の思想に基づいた「歴史」を思い描くための想像力である。国家から打ち捨てられた「棄民」の位置から国家を撃とうとする意志が、新川の思想的営為の根幹をなし、それが新川の潔癖の文体を形成しているのである。

したがって、新川明が〈反復帰〉論を代理表象する一般的理由は、新川の徹底した思想性に依るだけではなく、その思想を表現する文体自体にも依っていると思われる。[21] それは言うなれば〈反暴力〉の文体である。新川明が詩から評論へと活動の場を移したのは、詩の言葉に対する見切りがあったからなのかもしれない。切り詰める言葉よりも物語る言葉の方が思想を語るうえでは適切である。〈反暴力〉の文体とは言葉を武器に抑圧に抗する闘争的・論争的文体である。フランツ・ファノンの『地に呪われたる者』（一九六一年）はその好例だ。ファノンは宗主国の言語であるフランス語を言論の武器として積極的に利用した。暴力論を語るファノンの文体自体が植民地世界の拒絶の意志を迷いなく明示している。

新川明にとり日本語とは表現のための言語である以上に闘争のための言語であるように思われる。その意味で新川の文体は、日本語に対する〈反暴力〉である。それに対し、日本語がもたらす表現の屈折のなかを生きる川満信一の文体は、あたかも日本語の〈暴力〉を内側に抱え込んでいるかのようだ。岡本恵徳の場合は、日本語の〈暴力〉を限りなく対象化しようとし、繊細に分析するような書き方に特徴があるように見える。

ひとつの思想はそれを紡ぐ言葉と不可分であるとすれば、〈反復帰〉論もまたその思想を語る言葉と不可分である。とくに、沖縄の思想の固有性を日本語で語らざるを得ないという背理を抱える思想であればこそ、その思想がどのように表現されるのかという視点からこれを考察する必要性がある。この小論はその作業のための覚書として書かれた。

（1）　川満信一『川満信一詩集　一九五三〜一九七二年』、オリジナル出版、一九七七年、八三頁。

（2）　文芸同人誌「琉大文学」一九五四年九月号に発表された新川明の詩「『みなし児』の歌」にはすでにこの「否」の文字が次のように刻み込まれていた。「否《ノン》　一切の圧迫に対する人びとの答え／否《ノン》　一切の権力に対する人類《ヒトビト》の拒否」〔鹿野政直『戦後沖縄の思想像』（朝日新聞社、一九八七年）からの重用〕。

（3）　両書および大里康永『沖縄の自由民権運動——先駆者謝花昇の思想と行動』（太平出版社、一九六九年）を参考資料に沖縄近現代史を書き換えようとした企てに、桐山襲の小説『聖なる夜　聖なる穴』（河出書房新社、一九八七年）がある。

（4）　Edouard Glissant, *Le Discours antillais*, Seuil, 1981.『アンティーユのディスクール』はインスクリプトより近刊予定。なおアンティーユ（アンティル）とは狭義にはフランス海外県マルティニック、グアドループ、南米ギュイヤンヌ（仏領ギアナ）を指し、広義にはカリブの列島全域を指す。

（5）　岡本恵徳「沖縄になぜ詩人が多い——『寡黙』と『吃音』と」『「沖縄」に生きる思想——岡本恵徳批評集』未來社、二〇〇七年、二二六〜二三〇頁。初出は「沖縄を知る事典」編集委員会編『沖縄を深く知る事典』日外アソシエーツ株式会社、二〇〇三年。

（6）岡本恵徳「なにゆえに」『「沖縄」に生きる思想』前掲、一七三～一七四頁。初出は「週刊ほーむぷらざ」第三七四号、〈沖縄雑感〉欄、一九九四年六月。

（7）新城郁夫「『愛セヌモノ』へ——拾い集められるべき新城貞夫の歌のために」『到来する沖縄』インパクト出版会、二〇〇七年、八八頁。初出はDeMusik Inter. 編『音の力　沖縄アジア臨界編』インパクト出版会、二〇〇六年。

（8）新城郁夫「沖縄・歌の反国家——新城貞夫の短歌と反復帰反国家論」『到来する沖縄』前掲、四三頁。初出は「国語と国文学」第九九六号、二〇〇六年。

（9）この指摘は、仲里効がいわゆる「沖縄語裁判論争」をめぐって書いた文章「言葉が法廷に立つ時」のなかで指摘する、「日本語の手前で『ことばの重構造』を難題として抱えながら吃音を囲う多くの『出沖縄』の群像」（『オキナワ、イメージの縁（エッジ）』未來社、五〇頁）を想起させる。

（10）川満信一「ミクロ言語帯からの発想」『沖縄・根からの問い——共生への渇望』泰流社、一九七八年、一六頁。初出は「現代の眼」一九七一年一月号。

（11）たとえば後年、川満はあるインタビューで前述の挿話と自身の経験を重ね合わせ語っている。川満信一「反復帰論から自立の視点へ——近代国家を超える沖縄からの視線」「情況」一九九六年六月号、一三六頁。

（12）Léon-Gontran Damas《Hoquet》in Léopold Sédar Senghor(éd). *Anthologie de la nouvelle poésie nègre et malgache de langue française*(1948), PUF, 1992, p. 16. 本稿では詩集『色素』ではなくサンゴール編『ニグロ・マダガスカル新詩華集』（一九四八年）に拠った。

（13）ジャメイカ・キンケイド、旦敬介訳『小さな場所』平凡社、一九九七年。

（14）小説『マルモール』（未訳）の概要は以下の日本語文献で知ることができる。工藤晋「『われわれ』の行方——『マルモール』読解」「言語態」第5号、東京大学総合文化研究科言語情報科学専攻言語態研究会、二〇〇六年、九三～一〇九頁。

（15）Edouard Glissant, *Malemort*(1975), Gallimard, 1997, p. 235.

（16）Monchoashi, *Dissidan's*, Germinal, 1977, p. 10.

（17）ロドルフ・エティエンヌ、中村隆之訳「パン＝クレオールの概念――国際クレオール語の活性化に果たす都市の役割」「未来」第四八八号（二〇〇七年五月）、八～一五頁。同「パン＝クレオール性とは何か」「未来」第四九三号（二〇〇七年一〇月）、一八～二二頁。

（18）岡本恵徳「沖縄民衆の怨念――『わんがうまりあ沖縄』を通して」『現代沖縄文学の地平』三一書房、一九八一年、一二三頁。初出は「現代の眼」一九七一年五月号。

（19）新川明「情念の叛乱」『反国家の兇区――沖縄・自立への視点』社会評論社、一九九六年、五三～五四頁。初出はシンポジウム「富村さんと沖縄」報告要旨、七一年七月二二日。

（20）新川明「〈狂気〉もて撃たしめよ――謝花昇論ノート2」『反国家の兇区』前掲、一八二～二一二頁。また新川明「反復帰論と同化批判――植民地下の精神革命として」（聞き手：中野敏男ほか）「前夜」二〇〇六年秋号、五九頁も参照。

（21）たとえば小熊英二の労作『〈日本人〉の境界』（新曜社、一九九八年）の最終章「反復帰」では新川明に焦点を絞り書かれている。

軋みと閃光

米谷　匡史

蝶番が軋み、摩擦が閃光を発する。沖縄／日本の狭間で、織りかさなる重圧にたえかね、呻き声があげられる。近現代史における何度目かの節目のときである。沖縄／日本が、非対称な歪みをかかえながら、あらためて出会いなおすときを迎えている。

日本軍による命令・強制の記述を削除させる文科省の教科書検定をめぐって、沖縄各地の市町村で抗議文の決議があいついだ今春の五月下旬、わたしは座間味島を訪れた。「農業組合の壕」付近に立つ慰霊碑には、次の言葉が記されている。

「村長野村正次郎　助役宮里盛秀　収入役宮平正次郎　以下五九名集団自決之地」。

この場所で亡くなった人々は、日本軍によって「玉砕」戦争へと動員された被害者である。ただし、彼らがみな同等の意味で被害者なのではない。碑文にも名前があがっている村役場の幹部たちは、日本軍による「軍官民共生共死」の動員体制への協力者たちでもあった。彼らは、日本軍による「玉砕」戦争への動員に率先して呼応し、老若男女の島民たちを死へと誘導した。そこには、加害／被害が重層する解きほぐしがたい傷がある。生き残った島の人々も、その傷を抱えながら「戦後」を生きてきた。その記憶の傷痕に、今春の教科書検定は、土足で踏みこみ、塩を塗りこんだのである。最大の責任がある日本軍を免責し、島の人々に責任を転嫁することによって。

この虚偽と欺瞞を克服するためには、「玉砕」戦争へと住民を動員した日本軍の責任を明確にするとともに、島の幹部たちを協力者として組みこんでいった同化・皇民化の構造への批判を深めるべきだろう。

同化・皇民化の質は、世代や性差によっても異なる。宮城晴美「『同化政策』の結末——沖縄・座間味島の『集団自決』をめぐって」（奥田暁子編『マイノリティとしての女性史』三一書房、一九九七年）によれば、座間味島の「集団自決」の犠牲者のうち、女性や子どもが八三パーセントを占めるが、「教育を受けてない、いわゆる無学文盲の年寄りの圧倒的多数が『自決』を拒否した」。同化・皇民化教育をうけた若い母親たちは、「良妻賢母」思想と貞節を守る「日本婦道」を内面化して死へと向かったが、「無学文盲の年寄り」は、「子どもを殺そうとする嫁や娘から孫たちを奪いとって守りとおした」という。「集団自決」をめぐる極限状況において、生死を分ける境界に、同化・皇民化が関わっていた。ここにもまた、沖縄／日本の狭間で軋みと閃光がまたたいている。

間をおいて九月下旬、ふたたび沖縄に向かったわたしは、渡嘉敷島の慰霊碑を訪れ、二九日に宜野湾海浜公園で開催された「教科書検定意見撤回を求める県民大会」にも参加した。保守・革新の対立をこえ、世代や性差をこえて人々が結集した、まさに「島ぐるみ」の抗議集会である。

登壇した人々のさまざまな声のなかで、とりわけ印象深かったのは、渡嘉敷島の「集団自決」を生き延びた吉川嘉勝氏の証言のなかで伝えられた、「自決」現場での母の声である。手榴弾を破裂させようとあせる軍国少年の息子（吉川氏の兄）に向けて、母親が叫んだ。「手榴弾やしてぃれー、にんじんや生ちかりーるうぇーかー、生ちちゅしやさ（手榴弾を捨てなさい。人間は生きられる間は生きよう）」（『沖縄タイムス』二〇〇七年九月三〇日）。死の淵から家族の命を救ったのは、同化・皇民化を内面化して死にいそぐ息子を制して、母親が発したウチナーグチの言葉だった。

沖縄各地での「集団自決」を生き延びた人々は、同化・皇民化をめぐるこのような境界線を経験している。同化・皇民化に導かれ、「皇国臣民」として「玉砕」へ向かう力の臨界を、それに逆らう他の力によって越境し、生き延びることができたのだ。

しかし近年、ふたたびこのような境界線を沖縄社会に持ちこみ、人々を分断しながら、日本社会へより深く包摂していく力が強まっている。一九九九年には、稲嶺保守県政のもとで、平和祈念資料館の「反日的」な展示が修正・改竄されようとした。そして、辺野古新基地建設をめぐって、日本政府は振興費をちらつかせながら、基地を受け入れ協力する人々を誘引し、地域社会を分断しつつある。

今回の県民大会は、反基地運動を海上自衛隊の導入によって威嚇し、沖縄社会を分断しながら、歴史を無惨に書き換えていく力にたいして、「島ぐるみ」で結集し、抵抗の声を挙げるものであった。沖縄に織りかさなる重圧をかけ、人々を分断しながら、力づくで日本社会へと包摂していく構造を克服していけるかどうか、試練のときを迎えている。

かつて、「日本復帰」を前に沖縄が揺れうごいた一九七〇年前後、「反復帰」をとなえる論客の一人であった岡本恵徳は、次の言葉を書き記している。「誤解をおそれずあえていえば、『渡嘉敷島の集団自決事件』と『復帰運動』は、ある意味では、ひとつのもののふたつのあらわれであったといえよう」（「水平軸の発想」、『現代沖縄の文学と思想』再録、沖縄タイムス社、一九八一年）。

これは、近代以来「復帰運動」までつづく、沖縄人の「内なる同化志向」を内破することによって、沖縄の自立を立ちあげようとする賭けの言葉である。ここには、沖縄／日本が鋭角的に出会いなおす軋みのなかで、それを経験する主体のあり方をめぐる、きびしい問いかけがあった。沖縄／日本の狭間で、蝶番がふたたび軋みをあげている今、その問いを想起し、深めるべきときが訪れている。

（「世界」二〇〇八年一月臨時増刊号「沖縄と『集団自決』」より転載）

沖縄・揺れる活断層

西谷 修

鳴動する沖縄

二〇〇七年九月二十九日の沖縄、ときに通り雨もないではなかったが、動きの早い雲が散るとまだ夏の陽射しが照りつけ、じっと座っていても背中に汗が流れるほどの暑さだった。だが、宜野湾市の海浜公園には一〇万を超える人びとが、沖縄戦時の「集団死」への日本軍関与の記述を教科書から削除させるという、今年の文科省の検定結果に抗議して集まっていた。一口に一一万人というが、これがどれほどの数字か考えてみよう。いま沖縄本島の人口がおよそ一一〇万というから、その約一割にあたる。ただし、この島には鉄道がなく、車かバスでないと移動できない。そのためこの日は、宜野湾市の沖縄国際大学などが大きな駐車場を提供し、そこまで車で来た人たちをバスで会場までピストン輸送するという態勢が用意された。集会を報じる地元紙には、バスのチケットが付録で印刷されていた。もちろん他島からも本土からも人は来た。その場合はもっと手間ひまがかかる。そうして集まったのが一一万人だ。人口一二〇〇万の東京で、その一割はおろか一分が参集するような集会が想像できるだろうか。かつて一九六〇年六月に、岸内閣が日米安保条約改訂を強行採決したとき、国会を二〇万の市民・学生が取り巻いたといわれるが、いまではその一〇分の一程度の集会を開くことさえむずかしい。

なぜ、沖縄ではこれだけの人が集まるのか。たとえば東京では、これだけの人を結集させるテーマが見あたらない。あるいは、日々の活動の目まぐるしさのなかで人びとの意識が拡散している。それに、わずかの規模の集会も（たったひとりのビラまきでさえ）押さえ込む公安警察が、そんな集会を容認しはしないだろう。東京で人が集まるといえば、少し前ならお台場、そして六本木ヒルズ、いまでは新丸ビルといった、泡銭と娯楽を象徴するような拝金の門前町ばかりだ。

たしかに沖縄にはテーマがある。それもあらゆる社会的立場や政治党派を超えて、沖縄としてまとまるテーマがある。それが沖縄戦の経験だ。そのときから六〇年以上の歳月が経っているが、依然としてそれが現在の沖縄の原点である。もちろん米軍基地の問題もある。けれども基地に関しては、それがどんな安全上のあるいは生活上の問題を引き起こそうとも、基地で潤う経済があるとされ、基地受入れに伴う多大な財政援助があるということで、住民の意見はそれぞれの生活とも結びついて分断されがちだ。

けれども沖縄戦は別である。当時、人口四〇万弱の島に約一〇万の日本軍が配備され、五〇万の米軍を迎え撃つために全島が戦争に巻き込まれた。ただ巻き込まれたというのではない。島全体が軍事基地と化され、実質的に全住民が軍の指揮下・監視下に置かれて、逃げ場もなく、離脱も許されず、その閉塞状況のもとで多くの若者たちが実際命を惜しまず献身しもしたが、その結果、兵士でもない一五万近くの島民が命を落とすことになった。近代の戦争では戦闘員と非戦闘員とを区別し、後者は基本的に攻撃対象にしないというルールがあったが、「軍民一体」があらゆるかたちで進められた沖縄ではその原則も反故となり、民間人の犠牲者が兵員の死者をはるかに上回る稀有の戦場となった（そのためにフランスの映画作家クリス・マルケルは、一九九五年に半世紀の思いを込めて『レベル5』を制作した）。文字どおりの「少年兵」として動員された鉄血勤皇隊や、少女たちのひめゆり部隊、そして極限状況を象徴する村々や各所の濠で繰り返された「集団死」。これらすべては事実上、「本土防衛」を掲げる日本軍沖縄守備隊の指揮下で起こったことであり、その日本軍は米軍侵攻に際して、住民を助けるどころか犠牲の拡大を意に介さず、ただ戦闘を長引かせることを作戦として選んだのである。

この強いられた状況での悲惨な死が、「自発的献身」として賛美されたり、ましてやその動機が「愛であった」（曾野綾子）などと謳われては、悲痛な思いに引き裂かれて子や親を手にかけみずからも死んでいった人びとは浮かばれない。結局そのような惨劇を美談に仕立て上げるのは、住民をそこまで追い込んだことに責任のある者たちを免責することにしかならない。その沖縄は戦後米軍に占領され、本島の二〇パーセント近くの土地が接収され、基地や関連施設に改造されてしまう。戦場となった労苦の辛酸を報われるどころか、アメリカの軍事支配のもとで長い忍従を強いられることになった。そのことの認識においては保守も革新もない。それは「復帰」後も変わらぬ沖縄の原体験なのである。「美しい国」を掲げて歴史の整形美談化をはかった安部政権の路線に口裏を合わせたかのような今回の教科書検定結果は、ここに触れたら沖縄はみなひとつというその一点に触れたのである。

8の字の環

沖縄は明治初年の一連の琉球処分によって、近代国家形成の途上にあった日本に統合された。けれどもそれは、環を投げかけてひとまとまりに囲い込み本体に融合させるといったものではなく、はじめから例外として外部に繋ぎとめるようなものだった。もちろんそこには地理的条件もかかわっているが、構造的に沖縄は本土に、8の字の捩れた輪によって繋がれるかのように、分離されつつ組み込まれたのである。

そのことは沖縄戦が「捨石作戦」とされたことに如実に露呈したが、その構造は戦後、沖縄が日本から分離され二七年間米軍統治下に置かれることで新たに刻み直された。一九七二年の日本への施政権返還は、「日本復帰」としてこの分断を解消するかに見えたがそうではなかった。米軍統治下の沖縄の人びとは、たしかに「平和な日本」への「復帰」を強く求めたが、当の日本はアメリカの核の傘に身を寄せ、冷戦下のアメリカの意向に便乗して再軍備を進めていた。日本政府が「施政権返還」に動いたのは、沖縄での反基地・反戦平和の運動が米軍基地の安定した維持を難しくするほどに高揚し、沖縄の基地を要とする日米安保体制にとっては、この島々を日本が統治したほうが得策だとみなされたからだった。このことは、いまでは公開されている当時のさまざまな公文書から明らかになっている。沖縄の人びとが基地に埋もれて夢見た「祖国」は、島を基地の重圧から解放するのではなく、日米安保体制で「平和」を享受するために沖縄を質に入れ続けただけだった。「復帰」によってそのことが明らかになると、米軍基地存続の代償として政府からさまざまな振興資金が投入され、沖縄は慰撫され懐柔されることになる。そして日本政府のそのやり方が、「基地依存」をめぐって沖縄を内部から分断することになってきた。

沖縄と日本との8の字構造は、米軍の世界的再編の動きのなかでいままた別の様相で浮かび上がっている。沖縄が日本に「復帰」して三五年が経つ。だが、世界に展開する米軍にとって、沖縄が極東だけでなくアジア全体の枢軸基地であることは変わらない。それは九・一一以後のアフガニスタン爆撃やイラク戦争でも確認されたが、つい最近、公開されたアメリカの外交文書から、沖縄返還に際しての核兵器の持込みに関する日米間の「密約」が明らかになった（「読売新聞」二〇〇七年十月七日）。そこでは、日本は沖縄基地の運用に関して「同盟国」米軍のすることに口出ししないことになっている。それは、力関係からして「できない」ということではなく、日米安保条約の主旨からして積極的に口出し「しない」ということだ。そこから見えるのは、沖縄の戦略的役割を決定し基地を運用するのはアメリカであり、日本政府が果たすのは、それに対する地元の不満や反発、つまり米軍の活動にとって「障害」になる状況に対処し、それを処理する役割だけだということだ。それが日米安保体制下における沖縄をめぐるアメリカと日本との関係である。要するに、面倒が生じやすいアメリカの直接統治の負担（沖縄の人びとの反発や抵抗への対処）を、日本政府が肩代わりしているということだ（このことは、三年前の沖縄国際大学への米軍ヘリ墜落事件のときあからさまになった。米軍は日本の警察さえ現場に寄せつけず、沖縄警察の責任者さえ「治外法権」状況に抗議したのに対し、当時の日本政府の川口外相は、米政府に抗議するどころか、米軍のスポークスマンのような発言しかしなかった）。

もちろん、「復帰」によって沖縄の人びとは主権国家の国民となり、そのかぎりで法的保護も受けられるようになったし（ただ、土地収用の特別措置法など、沖縄にだけ適用される権利制限のための法律もある）、沖縄と本土との往き来も自由になり、そのことは沖縄の人びとにとっても大きな意味をもっている。けれども、戦前には沖縄人にとって日本がいわば跨がってきた「祖国」だったとしたら、戦後のそれは「逃れ去った」、あるいは「奪われた」夢でしかなかった。「奪われた」と言うのは、沖縄が払った筆舌に尽くしがたい苦難の果てに「平和憲法」ができたのに、軍事占領下同然の沖縄はその「恩恵」にまったく浴さなかったからだ。そしてその「祖国」の懐に戻れると思ったとき、沖縄は希求した「祖国」がまったくの幻影にすぎなかったことに気づかされる。その幻滅を印象づける形象には事欠かないが、とりわけ思い出されるのは、「復帰」祝いのその日に、集めた使用人の前で「オキナワは今日からニッポンだ！」と叫んで、豚の化身の愛人だけを道連れに腹に巻いたダイナマイトで自爆する、高嶺剛監督の『ウンタマギルー』の登場人物だ。「復帰」によって締め出され、行き場もなく窒息するようにして無意味に「自爆」するしかない、そんな何かがあったのだ。

「復帰ぬ喰ぇーぬくさー」

結局、帰るべき「祖国」などなかった。日米両国政府は基地の維持と支障ない運用のために「密約」を交わし、「施政権」を取り戻した日本政府は、「復帰」の実利としてさまざま経済援助を沖縄に与えた。けれどもその援助の多くの部分は、ＯＤＡ（政府開発援助）と同じように本土の大企業に還流し、本土の企業にはいわゆるビジネス・チャンスを作り出したが、沖縄に残るのはそうした開発の残す箱物や廃棄物と、風土に不釣合いな自然や土地の大規模な改変だけだった。そのために沖縄には安定した経済基盤ができず、県の失業率はいまでも全国一だ。

沖縄戦時の空襲で那覇の街は壊滅し、島の南半分は地形が変わるほどの砲撃を受け、その後は米軍にとっての「太平洋の要石」として、基地建設のために山は削られ平地は均され、沖縄の居住空間はまったく昔の面影をとどめていない。戦前にはいくらかあった鉄道も破壊され、交通手段としては道路だけになってしまったこの島に、四年前、那覇空港から首里まで二七キロの区間、はじめてモノレールが通うようになった。このモノレールは、建物の四、五階あたりの高さで街を横切って走っており、そこから、半世紀にわたって乱雑に造り変えられてきた那覇近辺の様子がよく見える。その路線上に古風な名を冠した「おもろまち」という駅があるが、そのあたりが最近「副都心」として開発された区域だ。駅の隣にはDFSの文字を書き込んだ巨大な免税ブランド品ショップのビルが建ち、その先にはツタヤや無印といった全国チェーンの大規模店舗が並んでいる。いちばん目立つのは真ん中に遊歩道を配した広い道路だが、気温が高く陽射しの強い沖縄では散歩する人はいないだろう。周辺には本土の不動産屋の経営する高級高層マンションも建ち、そこそこの売行きを示しているそうだが、買い手の半数は本土在住者だという。

じつはこの一帯は、宜野湾から首里に向かう途中にあり、沖縄戦でもっとも激烈な戦闘が繰り広げられた場所だった。この激戦地跡は、戦後まっ先に米軍に強制接収され、将校用の居住地区に充てられたが、八七年に返還され、一〇年ほどは使われないまま都市の真ん中の開放地になっていたという。それが最近の基地再編に伴う経済開発のターゲットになり、亜熱帯の都市には不似合いな「陸のお台場」に改造されてしまった。かつてを偲ぶよすがとして唯一残っているのは、米軍によってシュガーローフと呼ばれていた低い丘の断片ばかりである。それさえなくなれば、ここが屍を累積した凄惨な戦場であったこともきれいに忘れられてゆくことだろう。

この沖縄の変貌を目の当たりにすると、この島ではいまでも「戦争」が続いていると思わざるをえなくなる。かつては「鉄の暴風」によって島の姿が無惨に変えられ、ついでブルドーザーがそこを広大な基地の島に変えてしまったが、「復帰」後のいまは、本土からやってきて本土に還流してゆく「資本の嵐」が島を不条理なまでに改造し続けている。この島では沖縄戦以来、このような破壊が止んだことがないのだ。


一部で都合よく使われる「平和ボケ」という言葉があるが、8の字の環で日本に繋がれたこの島には、ボケさせてくれる「平和」などなかった。朝鮮戦争、ベトナム戦争、そして最近ではアフガニスタンやイラクでの戦争、米軍基地とともにあるこの島は、いつもさまざまな戦争の影に覆われてきた。日本がアメリカの敷く新たなグローバル軍事秩序にいそいそと参入しようとし、そのために沖縄に印された過去の戦争の汚点を拭い去ろうとするとき、その沖縄の、「復帰」で掠め取られた「希望」の灰と見えたものが再び身をもたげ、8の字の環を大きく揺るがせる。だがその鳴動は、どれだけもうひとつの環の「ボケ」を覚まさせることができるのか。

去年（二〇〇七年）の春、『オキナワ、イメージの縁』（未來社）で、「復帰」前後に作られたさまざまな映像作品を分析し、沖縄と日本との縫合線に軋み合う諸力を読み解いて、「自発的隷従」に埋もれない「抵抗」の力線を描き出した仲里効は、沖縄戦を生き延びた人びとが自分たちを「艦砲ぬ喰ぇーぬくさー」（艦砲射撃の喰い残し）と表現したのをもじって、「復帰ぬ喰ぇーぬくさー」と自称した友人のことばに、みずからのあり様を重ねている。「復帰の喰い残し」とは、潰えた夢の残滓などではない。砲弾の嵐や札束のブルドーザーで抹消することのできない、灰の中からもよみがえるたわむことのない自立の「志」だ。それは同じ8の字の環に繋がれた「ヤマト」の住民のもつべき「志」のありようをも照らし出している。

ひと房の〈共出現〉

——あとがきにかえて

この書を閉じ、読者に向かって開いていくための言葉を認めるにあたって、私はまず、遠い、だが、そのことなしにはこの本が生まれることはなかったであろう出来事について語ることから始めたいと思っている。

那覇の泊港と安里川の支流に囲まれ「前島」と名づけられた歓楽街の一角に建つ、かつては結婚式場だったところを会場にしての、クリス・マルケル監督の『レベル5』の上映会である。二〇〇一年二月十七日のことだった。沖縄と東京を往還する対話のはじまりを仲立ちしたのが、この映画であったということは、その後、断続的ではあるにせよ、途切れることなく行なわれたいくつものプロジェクトの性格を方向づけることにもなった。それは〈レベル5〉が最も困難な閾、不可能を孕んだレベルを意味していたことからくる、思い入れだけでは必ずしもなかった。

決して長くはない、さりとて短いともいえない八年の歳月を振り返ってみると、そのつどテーマを変えながら沖縄をめぐって交わされた複数の対話の集積に気づかされる。三年連続して取り組まれ、その成果の一部は『沖縄の記憶／日本の歴史』（上村忠男編、未來社、二〇〇二年）にまとめられている「沖縄・映像と記憶」をはじめ、「沖縄・未来のドキュメンタリー」、「グローバルボーダー・沖縄」、そして「沖縄／暴力論」。これらのプロジェクトは遊撃的なメンバーシップに裏うちされた、たしかに断続的としかいいようがない時間の継ぎ方をしながら、沖縄のもつ可能性に向かって接合を試みる共同の作業であった、と言ってもよい。

ところで、では、これらの「共同なるもの」を可能にしたのは何であったのだろうか。そう問うとき、そこに到来するのは〈パルタージュ〉としかいいようがない関係の思想である。分割、分有、分配、分け前、劈開などの意味をもつという、この〈パルタージュ〉こそ、「共同なるもの」を持続させた力線であった。そして、そのはじまりを導いたのが、クリス・マルケルの『レベル5』であった。この映画には、たとえば、亡き夫が作成したコンピューター・ソフトにログインを繰り返すローラのいくぶん愁いを帯びた声、沖縄戦の激しい戦闘で精神に失調をきたした元米兵の震える声、そして母親と妹を自ら手にかけた金城重明牧師の抑制された声など、複数の声がある強度をもってモンタージュされていたが、第二次世界大戦最後の戦場となり、軍人よりも多くの住民の死者を出し、もっとも凄惨を極めた「集団自決」の記憶への分有の試みでもあった。

だからこそ「前島」と名づけられた歓楽街の迷宮での上映会に寄せて「この映画のねらいは『歴史』にはない。むしろ『記憶』の側にある。記憶が生きている人々によって担われる出来事の痕跡だとすれば、その出来事を経験しなかった者が、いかにしてその記憶に接近しそれを分有することができるのか」（西谷修「沖縄タイムス」二〇〇一年二月十三日）と書いたのには理由があった。「歴史」ではなく「記憶」。「記憶」への接近と分有。そう、その接近と分有がひとつの次元を越えたとき、私たちはゆるぎない呟きを聴いた。

「オキナワ・モナムール」――ローラが自らの不幸を沖縄の不幸に重ねたところに訪れた稀有なラン

デブーの瞬間の声ともとれるが、それよりもむしろ、沖縄戦の記憶の分有のリミットを廻ったところで発せられた声として聴くべきなのかもしれない。とはいえ、この声はなんとパラドックスに満ちた、そのゆえにこの映画の深い動機を言い当ててもいた。ローラの呟きに促されるように〈パルタージュ〉の思想へと出頭する。考えてみれば、私たちの対話にはいつも映像が特別なポジションを振り当てられていた。ドキュメンタリーとフィクションの技法から、そしてドキュメンタリーとフィクションの目を通してこの世界の窓を開け放とうとするかのように。

沖縄戦の記憶の分有への試みは、私たちをもうひとつのテーマへと導き入れずにはおれなかった。アメリカ軍の従軍記者をして「考えられる限りの地獄を一ヵ所に集めたような戦争」と言わしめた沖縄戦とその極限的現われとも言える「集団自決」は、暴力の内と外が接する結界を開示してみせた。「記憶」の分有から「暴力」の析出へ、そこに到る道筋はまた、私たちの思考の来歴を物語ってもいた。そしてやはり映画があった。クリス・マルケルもかかわったフランスにおけるシネクラブ運動に触発され、マルケルのように、だがマルケルのはるか前に「集団自決」の闇への探索を目指した、間宮則夫監督の『それは島』である。沖縄の「日本復帰」直前の一九七〇年、渡嘉敷島の元日本軍守備隊長の来沖が大きな波紋を巻き起こし、あらためて「集団自決」と日本軍の関係が問われたが、その直後に渡嘉敷島に渡り製作されたドキュメンタリーである。ところが、この映画は不幸にも無関心に晒され、長いあいだ顧みられることはなく、保管庫の暗がりで眠りつづけていた。沖縄の日本への併合を再審する目が、この映画の意義を探り当て、眠りから覚めさせた。いや、そういうことではない。それは私たちのもとにやってきたのだ。

三五年の眠りから覚め、私たちの前に到来したこの映画は、もうひとつの〈レベル5〉であったといっても過言ではない。なぜなら、このドキュメンタリーもまたある不可能性を孕んだ分有の試みであったのだから。一九九七年の『レベル5』と一九七一年の『それは島』。『レベル5』から『それは島』へ、この二つの作品は、二重の意味でパルタージュの思想を編み上げてみせた。『レベル5』のラスト近く、ローラの「オキナワ・モナムール」の呟きを聴いたこと、『それは島』の冒頭で糸満アンマーが「ワジワジー」する怒れる声を聴いてしまったこと、ここに「記憶」から「暴力」への、声による批評を聴いたとしても決して不当ではないだろう。それとも沖縄から遠く離れたローラの沖縄への「モナムール」と、沖縄戦の地獄の近傍から湧き上がった糸満アンマーの「ワジワジー」のあいだの径庭を、径庭のまま接合する思想の張力にこそ賭ける、と言うべきだろうか。

誤解を招く言い方になるかもしれないが、沖縄戦は暴力の思考の練成場でもある。とするならば、「考えられる限りの地獄を一ヵ所に集めたような戦争」としての沖縄戦の、その〈地獄〉とはどのような構造と内実において語られなければならないのか。まず言えることは、国家と国家の総力戦の無惨な帰結であったこと、そしてそのことがまた「本土決戦」を引き延ばすための「捨石作戦」でもあったということによって、多くの住民を戦闘に巻き込み、住民の四人に一人の死者を出すことになった。そして何よりも日本軍の沖縄住民観のなかに刷り込まれた植民地主義的な眼差しによって引き起こされた、スパイ容疑による住民虐殺や加虐と被虐がねじり合わされた「集団自決」は、沖縄戦の「特異性」を刻み込んでいった。

沖縄戦とは一五年戦争の帰結として、まさに植民地主義的な暴力の発現の場であったということである。国家と軍隊と島共同体が絡み合い、国家から軍隊へ、軍隊から島共同体へ、さらに階層や性別を縦断して暴力は移譲されていく。だが、国家から下降する暴力は目に見えるむきだしのものであったとしても、島共同体の底点から上向するそれは必ずしも明示されていたわけではなかった。それはただ予兆として感じ取れるものであった。その予兆はやがて戦争の継続としての占領のプロセスで現実のものとなり、コロニアル沖縄で立ち上げられた独特のエネミーをもつことになった。「集団自決」は、沖縄の近代のアポリアに深くかかわっている。このアポリアに注目するとき、国家から遠く離れた島共同体で、逆に天皇とその国家を深く内面化した目も眩むほどの逆説に撃たれる。親が子を、子が親を、兄が弟と妹を手にかけてしまった出来事の深淵に、島共同体の内深く投錨された「国家」の倒像をみないわけにはいかない。国家としての日本が沖縄という独自性の強いパトリを版図に組み入れるときの、矛盾や葛藤や対立の内にアポリアは住み着いている、と言えば言えようか。

沖縄と暴力、あるいは沖縄をめぐる暴力。このテーマは、一見すると不似合いなカップリングのようにも思える。これまで沖縄についての集合的イメージといえば、「暴力」の語彙からはもっともかけ離れた親和的なイメージに同一化されてきた。だが、それは間違ってはいないにしても、沖縄の歴史と現実によってすぐに訂正されるはずだ。地獄絵のような日米の総力戦は、人間と自然を徹底して破壊し尽くし、破壊された土地を今度は銃剣とブルドーザーで取り上げ、その地に極東最大の戦略的キーストーンを築き、さらに言えば、日本国家の合意のもとに、政治的・経済的・社会的空間を軍事植民地に書き換えたアメリカによる占領があった。復帰後は格差是正・本土との一体化の名のもとに、莫大な振興資金の投下と開発という名の暴力が島空間を変形させ、囲い込む。

したがって、沖縄と暴力というカップリングは、沖縄の経験に目をそらせることなく向き合おうとする者にとっては、避けて通ることはできない。そして沖縄と暴力というときの〈と〉という格助詞は、この島を横断し、この島で交差したいくつものへゲモニーによって組合せを変え、位階化させられる。沖縄と暴力は、まずもって沖縄への暴力として理解されなければならないだろう。この沖縄へ行使された暴力の始原は、日本の版図を確定しようとするときの併合として表出された。近代日本の黎明に、軍隊を派遣して強制的に併合した出来事が「琉球処分」と言われた武断的性格だったということからも納得できるはずだ。さらに言えば、併合の暴力は分離の暴力と決して矛盾するものではないということを、沖縄戦を挟んだ沖縄の近・現代の歴史は教えている。とはいえ、こうした構造は、ブーメランのように沖縄からの暴力を呼び込まずにはおれない。もっともここでの「暴力」が意味するのは、力のオルタナティブとしての「抵抗」に近い。「暴力」という現象にいくつもの線を引き、選り分けることが必要であるということである。

〈記憶〉の分有から〈暴力／反暴力〉の析出へとたどった思考の道筋は、帝国と植民地主義、戦争と占領、冷戦による世界分割、グローバリゼーションとリージョナリズムの交差を、群島的地勢によって身体化していた沖縄においてこそよく核心をみせるはずだ。〈暴力〉の問題に接近していくことは、この世界の不条理に降り立つことである。降り立つ深さが〈反暴力〉の根拠を探り当てる。ここにこそ「暴力論」が書き込まれなければならない理由がある。

沖縄をめぐる時空を行き来しての対話にはじめからかかわり、粘り強い問題関心と射程の長い視野で、沖縄からのざわめきに応答してくれたのは西谷修さんだった。本書が生まれる直接的なきっかけとなったのは、昨年十一月の東京外国語大学で行なわれた「『集団死』の特異性」と「暴力とその表出」をテーマにした、二日間の映画上映とシンポジウム「沖縄・暴力論」であったが、八年の時の声の刻み音が木霊していることを忘れるわけにはいかない。

この書が西谷修さんとの共編として上梓されることに感慨を深くさせられる。あらためて沖縄をめぐる対話を練り上げた〈パルタージュ〉の思想に思い至る。これはいわば、ひと房の〈共出現〉のようなものである。そしてこの穏当ならざる房を紡いでくれた西谷能英社長に感謝したい。

いわゆる文字で書かれた沖縄ものは、バブルの感が否めない。ときに沖縄へ注がれる眼差しは、分有の衣をまとった領有の顔をもっている。多くの関心が向けられ、過剰すぎるほどの言説が生産されているにしても、はたしてそれらは沖縄の死者たちのマブイの鼓動に呼応しているだろうか。そのほとんどは避けて通るか無関心を装う。本書がそれらの隠蔽機能からまったく無縁だという保証はどこにもないが、沖縄から／沖縄へと往還するところに生まれた分有の思想として、いまや内戦状態の様相を呈しつつある沖縄の現実を走査していくための〈人文〉であることを願ってやまない。

仲里　効

二〇〇八年六月十五日

著者略歴

西谷修（にしたに・おさむ）1950年生まれ。東京都立大学大学院人文科学研究科博士課程中退。東京外国語大学大学院地域文化研究科教授。専門はフランス現代思想、戦争論、世界史論。主な著書に『不死のワンダーランド（増補新版）』（青土社、1991年、2006年）、『テロルとの戦争』（以文社、2006年）、『世界史の臨界』（岩波書店、2000年）、『増補〈世界史〉の解体』（以文社、1999年）、『戦争論（増補版）』（講談社学術文庫、1998年）、『離脱と移動』（せりか書房、1997年）など。

仲里効（なかざと・いさお）1947年、沖縄県南大東村生まれ。法政大学社会学部卒。批評家。1995年に雑誌「EDGE」（APO）創刊に加わり、編集長。著書に『オキナワ、イメージの縁（エッジ）』（未來社、2007年）、『オキナワン・ビート』（ボーダーインク、1992年）『ラウンド・ボーダー』（APO、2002年）など。映像関係では『嘉手苅林昌　唄と語り』（1994年）共同企画、『夢幻琉球・つるヘンリー』（高嶺剛監督、1998年）共同脚本、2003年山形国際ドキュメンタリー映画祭沖縄特集「琉球電影列伝」のコーディネーターなど。

土佐弘之（とさ・ひろゆき）1959生まれ。東京大学大学院総合文化研究科修士課程修了。現在は神戸大学大学院国際協力研究科教授。専門は国際関係論、比較政治学。著書に『安全保障という逆説』（青土社、2003年）、『アナーキカル・ガヴァナンス』（御茶の水書房、2006年）など。

中村隆之（なかむら・たかゆき）1975年生まれ。東京外国語大学大学院地域文化研究科博士後期課程修了。明治大学・法政大学兼任講師、東京外国語大学非常勤研究員。仏語圏カリブ文学。論文に「フランツ・ファノンとニグロの身体――「黒人の生体験」再読――」（『相関社会科学』東京大学大学院、2008）など。

中山智香子（なかやま・ちかこ）1964年生まれ。早稲田大学経済学研究科博士後期課程単位取得退学、ウィーン大学経済学研究科博士後期課程卒業。現在は東京外国語大学大学院地域文化研究科准教授。専門は経済思想史、社会思想史。主な論文に「リベラル・インターナショナリズム批判――ポラニーとシュンペーター」（平井俊顕編著『市場社会とは何か』上智大学出版、2007）など。

真島一郎（まじま・いちろう）1962年生まれ。東京大学大学院総合文化研究科博士課程単位取得退学。東京外国語大学アジア・アフリカ言語文化研究所准教授。専門は西アフリカ民族誌学。編著に『だれが世界を翻訳するのか』（人文書院、2005年）、訳書にアマドゥ・クルマ『アラーの神にもいわれはない』（人文書院、2003年）など。

間宮則夫（まみや・のりお）1929年、東京市杉並区生まれ。早稲田大学専門部法律科卒。1951年日本映画社新人会に入社。その後、東京シネマ、日経映画社を経てフリーとなる。PR映画を撮る一方で「記録映画製作協議会」、「映像芸術の会」、「杉並シネクラブ」、「日本映像民俗学の会」など新しい映画運動に参加。主な作品に1959年『沖縄』、1962年『長さのスタンダード』（教育映画祭最高賞）、1971年『それは島』など。

目取真俊（めどるま・しゅん）1960年、沖縄県今帰仁村生まれ。琉球大学法文学部卒。警備員、塾講師、高校教師などを経て小説家。1997年『水滴』で第117回芥川賞、2000年『魂込め』で川端康成文学賞と木山捷平文学賞受賞。著書に『風音』（リトル・モア、2004年）、『虹の鳥』（影書房、2006年）『沖縄・地を読む　時を見る』（世織書房、2006年）など。

米谷匡史（よねたに・まさふみ）1967年生まれ。東京大学大学院総合文化研究科中退。現在は東京外国語大学外国語学部教員。専門は日本思想史、社会思想史。著書に『アジア／日本』（岩波書店、2006年）、編著に『尾崎秀実時評集』（平凡社、2004年）などがある。

沖縄／暴力論

発行――二〇〇八年八月十五日　初版第一刷発行

定価――本体二四〇〇円＋税

編　者――西谷修・仲里効

発行者――西谷能英

発行所――株式会社　未來社

東京都文京区小石川三―七―二

電話　〇三―三八一四―五五二一

http://www.miraisha.co.jp/

email: info@miraisha.co.jp

振替〇〇一七〇―三―八七三八五

印刷・製本――萩原印刷

ISBN978-4-624-11200-4

〔消費税別〕

仲里効著

オキナワ、イメージの縁（エッジ）

笠原和夫、大島渚、高嶺剛、間宮則夫の映像やテキストを媒介に沖縄の戦後的な抵抗のありようを描出し、沖縄戦後世代の経験の位相と一九七二年の「復帰」を再考する〈反復帰〉の精神譜。　二二〇〇円

岡本恵徳著

「沖縄」に生きる思想

〔岡本恵徳批評集〕近現代沖縄文学研究者、戦後沖縄を代表する思想家岡本恵徳氏の未刊行作品集成。情況に応じた発言を続け、戦後沖縄の知識人のあるべき姿勢を鮮明に、誠実に体現した。　二六〇〇円

上村忠男編

沖縄の記憶／日本の歴史

日本近代における国民的アイデンティティ形成の過程において「沖縄」「琉球」のイメージがどのように動員されたのか。村井紀、藤井貞和、太田好信、宮城公子、屋嘉比収、仲里効ほか。　二二〇〇円

上村忠男著

超越と横断

〔言説のヘテロトピアへ〕ポストコロニアル批評や記憶をめぐって、歴史的社会的事象を貫く政治と思想の対立点と問題点をえぐりだし、歴史をどう表象するかを歴史の哲学として提示する。　二八〇〇円

下嶋哲朗著

豚と沖縄独立

沖縄戦後の飢えを救おうとハワイのウチナーンチュ〔沖縄系移民〕が太平洋を越えて豚を送った運動のあったことをつきとめる。独立の努力がまやかしの日本復帰にからめとられる秘史。　二四〇〇円

高良鉄美著

沖縄から見た平和憲法

〔万人（うまんちゅ）が主役〕日本国憲法の平和主義・国民主権の原理は、復帰後の沖縄にも適用されたのか？　住民の平和的生存権という視点から、沖縄米軍基地問題を考える。　一七〇〇円